MYKONOS

Das komplette Reisehandbuch

von Anne Walser

UNTERWEGS VERLAG

Impressum

Dies ist eine Originalausgabe des
UNTERWEGS VERLAG MANFRED KLEMANN
Postfach 426 D-78204 Singen
Telefon 0 77 31/6 35 44 Fax 0 77 31/6 24 01

E-Mail: info@unterwegs.com
Internet: www.reisefuehrer.com, www.unterwegs.com

Aktueller Text und Überarbeitung: Thomas Schlegel
Recherche: Natalia Cid Rodriguez, Pablo Klemann
Erstausgabe/Fotos: Anne Walser
Fotos: Natalia Cid Rodriguez, Pablo Klemann, www.shutterstock.com
Inselkarten und Ortspläne: Susanne Handtmann
Herstellung/Layout: Miriam Jäger

Haftungsausschluss

Alle in diesem Buch enthaltenen Angaben, Daten usw. wurden von den Autoren und dem Verlag nach bestem Willen erstellt und mit größter Sorgfalt überprüft. Gleichwohl sind inhaltliche Fehler nicht vollständig auszuschließen. Daher erfolgen die Angaben usw. ohne jegliche Verpflichtung oder Garantie des Verlages oder der Autoren. Beide übernehmen keinerlei Verantwortung und Haftung für etwaige inhaltliche Unrichtigkeiten.

Bibliografische Information der Deutschen Nationalbibliothek

Die Deutsche Nationalbibliothek verzeichnet diese Publikation in der Deutschen Nationalbibliografie; detaillierte bibliografische Daten sind im Internet über http://dnb.d-nb.de abrufbar.

Inhalt

Mykonos

Den idealen Ort für alle gibt es nicht. Und doch:

Die Hausfrau freut sich über Mykonos Strände, die anmuten, als wären sie fein säuberlich aus Hochglanz-Magazinen ausgeschnitten. Der Schwule freut sich über die endlose Auswahl an straffen Jungs. Eitle Schönheiten können endlich nahtlos braun werden. Der Gourmet befindet sich auf einer Insel, deren Hauptort fast nur noch aus Kneipen, Tavernen und Restaurants besteht. Der Brave wähnt sich legal in einem Sündenbabel. Der Dichter genießt die tiefblauen Wellen, die die Ufer umspülen und seine tiefen Gedanken mit sich tragen. Der Exhibitionist findet auf Mykonos sein Publikum, während der Schüchterne sich an der vergnüglichen Non-Stop-Show erfreut! Der Autor eines Reiseführers unterliegt der Gefahr, klischeehaft zu verallgemeinern. Er muss ein Land oder eine Region vorstellen, ohne sie allzu blumig zu umschreiben, aber auch ohne dem Leser gleich jede Freude im Voraus zu nehmen. Und er ist bestrebt, auch bei den Lesern eine Faszination zu „seinem Ort" zu entfachen. Denn diesen hat er „auserwählt", dorthin ist er immer wieder gereist, ist den Menschen dort begegnet, hat Bekanntschaften geschlossen und Neues erfahren, um nun beredt „sein Mykonos" vorzustellen. Was Henry Miller über Griechenland sagte, gilt allemal für Mykonos: „Griechenland ist das, was jedermann kennt, auch wenn er noch nie dort gewesen ist, auch wenn er ein Kind oder ein Idiot oder noch ungeboren ist. Griechenland ist so, wie man erwarten würde, dass die Erde – gäbe man ihr die Möglichkeit dazu – aussähe …"

Als Autor und Reisende habe ich „mein Mykonos" lieben gelernt. Ganz allein stehe ich mit meiner Mykonos-Manie nicht: Mykonos ist eine Insel, die auch vor kritischen Augen besteht. Mit ihrem zeitlosen Charakter und ihrer charmanten Unverbindlichkeit verkörpert sie die Urlaubsinsel schlechthin … ein Paradies, das einem erlaubt, die buntesten Früchte zu pflücken! Und selbst in stürmischen Zeiten, deren Turbulenzen den griechischen Staat, seine Finanzen und seine Ökonomie in ihren Grundfesten zu erschüttern wissen, wird dieses Paradies, wird Mykonos nie untergehen.

Anne Walser

Mykonos

Die kleine Insel Mykonos gehört zur Präfektur der Kykladen-Inseln. 94 Seemeilen von Athen entfernt, hat sie eine Gesamtfläche von nur 85 km^2. Die Küstenlinie zählt 88 km. Sind mancherorts steile Felsenklippen unüberwindbare Hindernisse, vermischt sich anderswo das Meer sanft mit dem Strand.

Mykonos entbehrt fast jeglicher Vegetation. Nebst einigen wenigen Tamarisken (Feigenbäumen) scheinen auf der windigen Insel nicht einmal baumähnliche Pflanzen zu gedeihen, denn auf den kargen Böden können nur Gewächse wachsen, die sich über die Zeiten hinweg dem Wassermangel der Insel angepasst haben. Der natürliche Bewuchs der Insel nennt sich **Phrygana** wegen der kleinen Zwergsträucher, die mit stacheligen Distelarten (barfuß wandern nicht zu empfehlen) durchwachsen sind. Wer mit Griechenland saftig-grüne Olivenbaumhaine assoziiert, wird auf Mykonos so lange enttäuscht sein, bis er durch die traumhaften Strände und die romantische Schönheit des Eilands vertröstet wird!

Trotz ihrer kleinen, landschaftlich unauffälligen Gestalt ist die Okkupation der Insel Mykonos in den Sommermonaten unerbittlich. Die Ansprüche der Ferienhungrigen an Mykonos sind groß – manchmal zu groß, um Traditionen und natürliche Begebenheiten der Insel noch zum Zuge kommen zu lassen. Dennoch ist Mykonos ein Spezialfall in der griechischen Inselwelt, den zu entdecken sich lohnt und den zu lieben fast unumgänglich ist!

Mykonos ist längst zum Nesthäkchen Griechenlands geworden! Etwas ungezogen, aber einfach liebenswert. Die großmütigen Kykladenschwestern Páros, Náxos, Tinos und Co. überlassen dem vergnügten Nachzügler Mykonos großzügig allen Ruhm, die Griechen sonnen sich im Glanz ihres durch Mykonos neu gewonnenen internationalen Ansehens und die Touristenzahl steigt stetig. Mykonos ist stolz und eigenwillig geblieben. Man kann Mykonos nicht nur als griechisches Urlaubsparadies abstempeln. Es wäre ebenso falsch, die Insel, losgelöst von der griechischen Rückständigkeit, als einen internationalen Dreh- und Angelpunkt zu bezeichnen: Man muss sie als einen ursprünglichen Schatz Griechenlands betrachten!

Mykonos ist einmalig – aufgrund seiner Historie und seiner Gegenwart –, farbenfroh und grenzenlos!

Während sich der Tourist unaufhörlich die Frage stellt, weshalb, um Himmels willen, es ihm so auffallend gut auf dieser Insel geht, die sich kaum ersichtlich von anderen Eiländern abheben kann, so schilt er sich gleichzeitig, seinen Enthusiasmus und sein genüssliches Wohlwollen zu hinterfragen, wo er doch vielmehr die Lust empfindet, die naive Freude auszurufen und zu zelebrieren!

… und genau letzteres soll der Tourist auch tun, denn auf der Touristenhochburg der Kykladen wird Toleranz groß geschrieben. Wer auf Mykonos weilt, ist für einmal nicht, was er tatsächlich ist, sondern das, was er sein will! Eine proklamierte Narrenfreiheit und eine exzessive, befreiende Exzentrik sind in Mykonos allgegenwärtig.

Die Ägäis

Seit globales Reisen und Billigflüge das Gefühl von Distanz und Ferne schrumpfen lassen, hat das Mittelmeer einen seiner letzten Reize verloren: Für Mitteleuropäer ist es an die mediterranen Gestade nicht mehr als ein Katzensprung! Tempi passati! Hinz und Kunz haben die Wellen des Atlantiks, die Korallen des Pazifiks und das Türkis

des Indischen Ozeans kennengelernt und träumen nicht mehr von Ferien an der Adria. Die Seebäder des Mittelmeers sind zwar noch immer rege besucht, doch müssen Cannes, Rimini und die Costa Brava mit aufwendigem Nachtleben, lukullischen Genüssen und Shopping-Erlebnissen locken, um von fehlenden Palmen, Riffen und Kokosnüssen abzulenken. Für pures Badevergnügen stehen heutzutage die Malediven, Thailand und die Karibik.

Die Ägäis mit ihrem blauen und klaren Wasser scheint das letzte Juwel des Mittelmeeres zu sein. Man muss weit reisen, um ein solches Farbenspiel an Blautönen, eine solche Lebendigkeit der Wellen und ein solch sauberes Wasser zu finden! Das seichte, türkisfarbene Wasser in den kykladischen Buchten erinnert an die französisch-polynesischen Atolle, die Schaumkronen vor Mykonos' Küste an die tiefblaue See Australiens und die Wellen, die an die Klippen schlagen, an die dramatischen Küstenstriche Kaliforniens! Die Heimat von Poseidon hält, was die blumigsten Ferienkataloge versprechen!

Aufgrund der ergreifenden Schönheit der Ägäis wundern wir uns nicht, dass viele Segler und Yachtbesitzer der berühmten Sage von Odysseus Seefahrten nacheifern: Wenn auch nicht jahrelang, so doch monatelang durchkreuzen moderne Seebären die erschreckend- blaue Ägäis und in zufriedener Eintracht haben „Wasserfreaks" diesen Teil des Mittelmeers zu ihrem Paradies erklärt.

Eine Vielzahl an schmucken Kapellen überdeckt die ganze Fläche der Insel Mykonos

Die Kykladen

Mykonos gehört zur Inselgruppe der Kykladen im zentralen und östlichen Ägäischen Meer. Ideal positioniert, um vom Sonnenschein erwärmt und von der Meeresbrise gekühlt zu werden! Symbolisch gesehen, bilden die Kykladen einen Kreis von Steinen, die sich wie Perlen an einer Kette um die heilige Insel Delos gruppieren. Ursprung des Namens „Kykladen" ist das griechische Wort „Kyklos" (dt. „Kreis"). In der griechischen Antike wurde die geographische Positionierung der Kykladen als Demut der Natur der heiligen Insel Delos gegenüber interpretiert. Dass diese Deutung nicht nur mythologischer Humbug ist, erkennt man auf der Landkarte: Tatsächlich schließen sich die 30 größten Kykladeninseln schützend und ehrerbietend um das ehemalige Heiligenzentrum Delos.

Insgesamt 24 bewohnte Hauptinseln bilden mit ca. 15 unbewohnten Inseln und einer Vielzahl kleiner, kaum nennenswerter Felshaufen im Meer die Inselwelt der Kykladen. Das Landschaftsbild der Kykladen ist rau und trocken. Viele Inseln sind gebirgig und erreichen Höhen von bis zu 1000 m. Geologen führen die zerklüftete Gestalt der Kykladen auf die bewegte Vergangenheit dieser Region zurück: Erdbeben, Vulkanausbrüche und tektonische Verschiebungen, die den Meeresgrund zu Hunderten von Inseln aufgefaltet haben oder ganze Festlandteile im Meer versenken ließen. Selbst das sagenumwobene Atlantis soll der erdgeschichtlichen Entwicklung des Kykladenraums zum Opfer gefallen sein.

Die auffälligste Gemeinsamkeit der Kykladen wird der Tourist nicht in deren Landschaft finden, sondern im ausdrucksstarken Baustil der Kykladenhäuser! Schon Corbusier soll sich an der weißen, kubischen Kykladenarchitektur inspiriert haben und ungeachtet des übrigen Griechenlands wurde die Baukultur der Kykladen zum Inbegriff dessen, was man als typisch griechisch nennt: Das Postkartengriechenland mit den weißgewaschenen, würfelförmigen Häuschen, rot beziegelten Kirchen, die Schwindel erregend an Felsvorsprüngen kleben, und karge Landschaft, umspült vom tiefen Blau der Ägäis!

Von den rund 9 Mio. Griechen leben ca. 1,4 Mio. auf den ägäischen Inseln. Versucht das griechische Festland durch exklusiven Lebensstil und Kultur seinen humanistischen

Einfluss auf Europa geltend zu machen, so haben auch die Inselgriechen ein spezielles Interesse an den europäischen Nachbarn. Im Gegensatz zu ihren Festlandbrüdern sind sie aber nicht gezwungen, einem alten Bild nachzujagen! Sie gewinnen die Herzen der Mitteleuropäer durch Sonne, Freude und Leichtigkeit! Glasklares Meer, strahlend blauer Himmel, das diffuse Licht der Sonne, goldene Sandstrände in spektakulären Buchten, schlichte Architektur auf kargem Gestein … Die „Inseln des Lichtes" – wie die Kykladen oft genannt werden – sind perfekte Superlativ-Träger.

Griechenland wäre ohne die Kykladen um einige Bewunderer ärmer. So sind die Gäste dankbar, dass vor Millionen Jahren solch herrliche Inselwelt aus versunkenen, überfluteten Gebirgen aufgefaltet wurde

… Atlantis hin oder her! Sind die Kykladeninseln visuell kaum voneinander zu unterscheiden, hat sich in ihrer Runde eine Insel besonders hervorgehoben. Erstaunlich, dass ausgerechnet Mykonos als trockenste und landschaftlich ödeste Insel der Kykladen den Ruhm des modischsten und weltoffensten Eilands eingeheimst hat!

Mykonos – Die Sonneninsel

Sommer, der unbestrittene Favorit unter den Jahreszeiten! Der Teint ist knackig, die Geschäfte billigen tagelange Siestas und es bietet sich keine Möglichkeit, kaschierende Rollkragenpullover zu tragen, die, kaum sind sie weg, böse Überraschungen entblößen! Wir Mitteleuropäer leiden oft darunter, dass unsere Breitengrade mit dem Son-

Strandvergnügen auf Mykonos – besser könnte es nicht sein!

nenschein nicht allzu verschwenderisch gesegnet sind und die südliche Dolce Vita zu oft mit Regengüssen verhindert wird. Grund genug, sich wenigstens in den Ferien dem Risikofaktor „Wetter" nicht auszusetzen. In zweieinhalb Flugstunden gelangt man zu den sonnigen Gestaden von Mykonos, die mit ihren durchschnittlich 3000 Sonnenstunden im Jahr ein wahres Sonnenparadies sind!

Die leichtlebige Insel, die sich sonst von nichts und niemandem etwas vorschreiben lässt, hat sich der Laune der Sonne angepasst. Statt geschäftiges Treiben vorzutäuschen, überlässt sich Mykonos der einlullend-beruhigenden Droge der Sonne und übt sich in Selbstzufriedenheit, die der berauschte Zustand mit sich bringt! Wer auf Mykonos ankommt, wird mit einer angenehm wohligen Trägheit durchflutet. Die von der Sonne erhitzten Tage scheinen endlos und der Übergang zu den lauen Nächten fällt kaum auf. Das flimmernde Sonnenlicht scheint jegliche Realität zu verunmöglichen, nur zu gerne setzt sich der Tourist auf das träge Rad der Zeitlosigkeit, das sich genauso schnell bewegt, wie man es selbst antreibt. Wenn der Sommer kommt, steht Mykonos Kopf: Der bleiche Deutsche suhlt sich am Strand, der stiere Holländer tanzt auf der Bar, der ordentliche Schweizer vergisst die Zeit und der treue Ehemann sich bei der Betrachtung eines schönen Männerhinterns!

In unseren nördlichen Gefilden ist der südländische Typus klischeebehaftet: als lebensbejahender Genießer, dem ausgedehnte Siestas heilig sind und der sich instinktiv gegen den einengenden Geschäftsalltag wehrt. In Griechenland findet man dafür herrliche Paradebeispiele. Während die romantische Seite in uns dieses Savoir-vivre zu imitieren versucht, belächelt die korrekte Seite diesen lässigen Lebensstil, hinter dem wir den Ursprung der wirtschaftlichen und politischen Ungeschicklichkeit der Südländer vermuten. Trotz aller Nachsicht herrscht ein gewisses Misstrauen gegen die sonnenverwöhnten Länder der Welt, das wir nur dann abzulegen bereit sind, wenn wir uns selbst in der Sonne suhlen und wünschen, die Siesta ginge nie zu Ende …

Die Griechen lieben es, Geschichten zu erzählen, besonders die, die ihre südländischen Vorzüge zur Geltung bringt und uns Schattengewächse samt unserem Ehrgeiz in den Schatten stellt. Der Hauptakteur einer Geschichte ist für einmal geschichtlich nachweisbar: Diogenes von Sinope. Dieser Name, der uns heute vor allem an einen Buchverlag erinnert, soll im 4. Jh. n. Chr. für die Befreiung von gesellschaftlichen Zwängen gestanden haben. In der folgenden Sage, die in Griechenland Kultcharakter genießt, lernen wir Diogenes allerdings weniger als leidenschaftlichen Vorgänger der Anarchie kennen, sondern als sympathischen, weisen Herrn.

Mykonos – Insel der Touristen

Die Statistik beweist es: Die griechischen Inseln sind dem Tourismus zum Opfer gefallen! Während es in den 1950er Jahren knapp 200.000 Urlauber waren, die jährlich an die Gestade Griechenlands reisten, liegt die heutige Besucherzahl bereits bei ca. 12 Mio. im Jahr. 75 % der Urlauber konzentrieren sich auf die Monate Juli und August. Nebst deutschen und britischen Urlaubern findet man Mykonos vor allem von griechischem Ferienvolk überflutet. Mykonos ist nicht nur ein mitteleuropäischer Ferientraum, sondern auch ein Urlaubsfavorit der Griechen! Besonders die lebensfreudigen Stadtathener zieht es im Sommer auf die kosmopolitischste

der griechischen Inseln. Wer es sich leisten kann, nistet sich gleich für die vollen drei Monate Juli, August und September in einem Luxushotel auf Mykonos ein und kommuniziert per Fax und Internet mit den Geschäften in der Hauptstadt. Finanziell eingeschränktere oder jüngere Athener beschränken sich darauf, an den Wochenenden via Fähre auf die Partyinsel zu reisen. Wen wundert's, dass böse Zungen behaupten: „Wer auf Mykonos ist, ist ebenso in Athen!"

Mittlerweile ist Mykonos völlig abhängig vom alljährlichen Touristenstrom. Das Jahreseinkommen muss im Sommer eingenommen werden, wenn die Insel zu bersten scheint. Statistiken zeigen, dass der Mykoniote 79 % seines Jahreseinkommens von Juni bis September verdient. Wegen dieser saisonalen Abhängigkeit müssen sich die Einheimischen im Sommer vollends von der privaten Welt zurückziehen und sich auf ihre gewinnbringenden Gäste konzentrieren. Familie und Sozialleben halten Sommerschlaf! 16 bis 18 Arbeitsstunden pro Tag sind üblich. Von diesem Druck befreit sind nur die älteren Mykonioten. Sie werden von den jungen Generationen traditionsgemäß umsorgt und mischen sich vergnügt unters Sommerpublikum.

Diogenes und Alexander

Trotz seines durch Krieg und Zerstörung geprägten Alltags war Alexander der Große aufgrund seiner Erziehung durch den Philosophen Aristoteles sensibilisiert auf die Weisheit und Klugheit des Menschen. Ermüdet von all seinen Heldentaten, soll sich der wackere Jüngling eines Tages müde an einem Fluss niedergelassen haben. Und er freute sich, als er am selben Flussbett den weisen Diogenes sitzen sah. Bis zu jenem Tag war Alexander diesem weisen Herrn noch nie begegnet, allerdings bewunderte er jenen für die messerscharfe Intelligenz, die man ihm nachsagte. Zielstrebig, wie Alexander war, wollte er sich seinem Idol sofort erkenntlich zeigen. So trat er vor den gemächlich auf einem Stein in der Sonne sitzenden Diogenes hin und versprach ihm, jeden Wunsch zu erfüllen, den er hege. So groß sei seine Bewunderung!

Diogenes soll kaum aufgeschaut, geschweige denn dem eifrigen Verehrer einen Blick geschenkt haben. Nach langem Schweigen sprach er schließlich zum ungeduldigen Alexander: „Ich habe keinen Wunsch, den Du mir erfüllen könntest! Wenn Du aber schon fragst, so antworte ich Dir: Du stehst mir in der Sonne und beraubst mich so des Kostbarsten." Diesen stillen Sieg des Genusses über Reichtum und Macht unterstrich Diogenes mit einem trägen Handwink und verharrte dann wieder in unbeweglicher Haltung.

Eine schöne Geschichte … Und erröten wir nicht alle ein bisschen, wenn wir bedenken, wie ellenlang die Liste unserer Wünsche gewesen wäre? Die Sage von Diogenes nimmt voraus, was jeder Griechenlandreisende feststellen wird: Griechenland ist ein Land, in dem der Sonnengott allmächtig ist und die Muße alles überschattet. Wie sähe die griechische Lebenskultur heute wohl aus, wenn Diogenes damals tatsächlich Materielles dem Genuss vorgezogen hätte. Vielleicht bräuchten griechische Behörden dann nicht Jahre, um simpelste Entscheide durchzuringen? Vielleicht wäre Zeit auch Geld und das halbe Volk befände sich nicht im wohligen Sommerschlaf? Ist mitteleuropäische Effizienz wirklich nur auf stete Regenschauer und den bewölkten Himmel zurückzuführen?

Überall, wo man sie nicht vermutet: die Maskottchen der Insel, die Pelikane

In den paar wenig verbliebenen typischen Kafenions auf Mykonos sitzen hauptsächlich ältere Menschen, die rauchen, trinken und es sich gut gehen lassen.

Ohne Tourismus wäre die karge Kykladeninsel kaum noch lebensfähig. Als Mykonos zum touristischen Dreh- und Angelpunkt wurde, fanden seine Bewohner plötzlich neue ökonomische Sicherheiten. Als der Tourismus Ende der 1960er Jahre bereits zum fast wichtigsten Wirtschaftsbereich der Insel geworden war, konnten fast 45 % aller jungen Mykonioten im Dienstleistungssektor einen Lebensunterhalt finden. Die jüngste Generation hatte plötzlich wieder Aussicht auf Arbeit und blieb ihrem Eiland und ihren Familien erhalten. Die Abwanderungswellen stoppten und die Heimatinsel durfte das Zuhause bleiben.

Petros – ein selbstbewusstes Federvieh

Wer hätte das gedacht! Der bekannteste Inselbewohner des selbstverliebten Mykonos ist weder ein braun gebrannter Adonis noch eine sagenumwobene Schönheit, sondern ein leicht zerzaustes Federvieh mit gläsernen Augen und einem langen, schnellen Schnabel: Petros, der Pelikan. Über das Maskottchen der Insel kursiert folgende Geschichte:

Im Herbst des Jahres 1955 soll ein junger Pelikan erschöpft an den Ufern von Mykonos gelegen haben. Das Tier hatte wahrscheinlich einer Gruppe Zugvögel angehört, die auf der Winterreise vom kühler werdenden Balkan nach Afrika waren, doch der Pelikan war noch zu jung, um die Strapazen einer solchen Distanz auf sich zu nehmen und wurde von seinen Gefährten an der Küste von Mykonos zurückgelassen. Als der erschöpfte Jungvogel von Fischern gefunden wurde, sah es so aus, als würde er den nächsten Tag nicht mehr erleben. Doch einer der Fischer nahm sich dem Tier mit besonderer Zärtlichkeit an und bald gedieh der Pelikan wieder prächtig. Der bettelarme und freundliche Fischer Theodoris Kyrantoni, ein Inseloriginal wie auch der Vogel eines werden sollte, wurde zum Ziehvater des Pelikans. Theodoris benannte den Pelikan nach dem Kapitän Petros Drakopoulos, einem mykoniotischen Helden, der im Zweiten Weltkrieg unmittelbar neben ihm gefallen war.

Petros wuchs zu einem stolzen, wunderschönen und starken Pelikanmännchen heran und war bald auf der ganzen Insel bekannt. In seiner jugendlichen Ungestümheit wagte Petros eines Tages einen Ausflug auf die nahe Insel Tinos und brachte damit den Stein seiner dramatischen Berühmtheit ins Rollen.

Petros erlebte auf Tinos böse Überraschungen: Die Tinioten stutzten die Flügel des Pelikans und sperrten das Tier ein. Sie wollten Petros nicht verlieren, denn man hatte gehört, dass das majestätische Tier auf Mykonos als Glücksbringer galt. Selbstverständlich waren die Mykonioten mit den Nachbarn nicht einverstanden und forderten ihren Petros zurück. Eine verzwickte Angelegenheit, denn die Mykonioten mussten beweisen, dass jener Pelikan, der sich im Besitz der Tinioten befand, tatsächlich mit dem berühmten Pelikan von Mykonos identisch war. Ohne Beweise stellten

sich die Tinioten stur und wollten von einer Rückgabe nichts wissen! Von da an schlug die Sache Wellen:
Der Streit der Inselnachbarn kam vor den Petitionsausschuss des Parlaments, schließlich vor den Premierminister und wurde von diesem auf den ordentlichen Gerichtsweg verwiesen.

Irgendwann wurde es den hitzigen Mykonioten zu bunt. Sie brachen mit einer Flotte von 12 Booten zur Nachbarinsel auf und wollten der Sache mit einer Gegenüberstellung ein Ende setzen. Der entscheidende Moment musste in Anwesenheit der Presse stattfinden – die Affäre Petros war schließlich zum beliebten Thema der griechischen Regenbogenpresse geworden: Auf Geheiß von Ziehvater Theodoris biss Petros seinen neuen, tiniotischen Wächter, einen dicken Kneipenwirt, in die Nase und flatterte glücklich auf die Schultern des gutmütigen Theodoris zurück. Petros Identität war aufgrund dieses Liebesbeweises sofort geklärt. Die Mykonioten zogen in einem Triumphzug nach Hause und den Tinioten blieb nichts als Hohn, Spott und eine kaputte Nase.
Damit der Pelikan auf weitere Ausflüge verzichtete, beschlossen die Mykonioten, ihrem Maskottchen ein Weibchen und ein paar Artgefährten zukommen zu lassen. Es war niemand anderes als Jackie Kennedy-Onassis, die 1963 zwei weitere Pelikane nach Mykonos einschiffen ließ. Leider starben beide Tiere kurz nacheinander. Auch der Fischer Theodoris ist längst gestorben und die Versuche, Petros eine Gefährtin zukommen zu lassen, scheiterten. Entweder war die Beziehung zwischen dem verkuppelten Pelikanpaar rein platonisch, die Pelikandamen gingen wegen Petros Ignoranz beleidigt ein oder wurden Opfer eines Unfalls. Auch Petros gibt es längst nicht mehr. Seine präparierten Überreste kann man im Inselmuseum besichtigen.

1986 flog ein deutscher Reiseveranstalter Petros II, einen munteren, drei Jahre alten Nachfolger, per Charter ein. Dieser Pelikan und mit ihm bald weitere Pelikangefährten wandern noch heute durch die Gassen von Mykonos. Morgens sind die Tiere vor allem im Hafenviertel zu sehen, wo sie den Fischern ihre Beute streitig machen. Die wirklichen Namen dieser Tiere weiß niemand genau, und so nennt man alle stolz Petros in ehrwürdigem Gedenken an den ersten, eigentümlichen und schwulen(?) Pelikan der Insel, der Mykonos einmal mehr mit schillernden Vorkommnissen in die Presse brachte.

Mykonos von A–Z

Baden

Die Wassertemperaturen sind ab Anfang Juni angenehm und steigen bis August auf 24 °C an. Alle Strände auf Mykonos sind mit einer einzigen Ausnahme (Privatstrand des Hotels Santa Marina) öffentlich. An etwas ruhigeren Stränden lohnt sich eine Schnorchelausrüstung. Vor allem entlang der Felsen können viele Fische, Seeigel und Rochen beobachtet werden (z.B. Eliá Beach). Seeigel kleben meist an den vom seichten Wasser umspülten Klippen und Felsstücken. Dort ist beim Einstieg Vorsicht geboten. Ein Igelstachel im Fuß kann sehr schmerzhaft sein und die Wunde sich entzünden. Das private Tauchen mit Sauerstoffflaschen ist bis auf wenige Ausnahmen verboten (am besten schließt man sich einer Gruppe an).

Beauty

Beste Adresse auf Mykonos für die Pflege der eitlen Freuden des Lebens: Friseur, Beauty Salon Kenios, direkt am Fabrica Square, neben der Busstation. Gepflegte Räumlichkeiten, kompetente Bedienung, leider meist weit im Voraus ausgebucht. Das Programm des Salons bietet Körperpackungen, Wachsbehandlung, Gesichtspflege, Maniküre, Make Up und Hairstyling. Es können auch Sonnenbetten gemietet werden … doch wieso das Übel des Solariums auf sich nehmen, wenn man in wenigen Minuten das Sonnenbett am Strand beziehen kann?

Drogen

Junge, moderne Frauen sind ein Zielpublikum der Drogenanbieter. Allerdings werden auch sie selten direkt zum Kauf aufgefordert. Die Drogenpolitik Griechenlands ist streng und konsequent. Während in unseren Gefilden leichtere Drogen wie Hasch auf der Kippe zur Legalisierung stehen, drücken die Griechen auch bei einem Joint kein Auge zu (hohe Geldstrafen oder gar Gefängnis). Auch die strengsten Gesetze haben den Drogenkonsum noch nirgends wirklich stoppen können. Mit Sicherheit benebeln Mykonos Sommergäste ihre Gemüter nicht nur mit Sonne und einem kleinen Bierchen, das „Woher" und das „Durch-Wen" ist allerdings schwer feststellbar. Eine eindeutige Drogenszene existiert auf Mykonos nicht und der Absatz, falls es einen gibt, läuft äußerst unsichtbar ab.

Einreise

Bei der Einreise nach Griechenland genügt es, einen amtlichen Personalausweis bei sich zu tragen, ein Reisepass ist nicht erforderlich. Kinder über zehn Jahren müssen entweder einen eigenen Ausweis besitzen oder im Pass der Eltern eingetragen sein. Die maximale Aufenthaltsdauer in Griechnenland beträgt für Ausländer 3 Monate. Wer länger bleiben will, muss mindestens 20 Tage vor Ablauf dieser Frist bei der Fremdenpolizei einen Verlängerungsantrag stellen. Verlängerunganträge werden zwar meist bewilligt, aber die griechische Beamtenschaft verlangt etwas Geduld!

Grundsätzlich gelten für EU-Bürger in Griechenland keine Einfuhrbeschränkungen. Nicht-EU-Bürger dürfen zollfrei die folgenden Artikel einführen: Geschenke im Gesamtwert von € 250, 200 Zigaretten (eine Stange), 100 Zigarillos, 50 Zigarren oder 250 g Tabak. 2 Liter Wein, 1 Liter Spirituosen über 22 % Alkoholgehalt oder 2 Liter unter 22-prozentigem Alkohol. (Reisende unter 18 Jahren dürfen überhaupt keine Tabakwaren und Spirituosen einführen), 500 g Kaffee, 100 g Tee und 50 g Parfüm. Die Einreise mit PKW oder einem Motorrad wird, wie die Einfuhr von Sportbooten, Surfbrettern und Mopeds, im Pass eingetragen.

Reisende, die mit eigenem Transportmittel einreisen, müssen beachten: Im direkten Reiseverkehr innerhalb der EU sind keine besonderen Grenzdokumente für Kraftfahrzeuge erforderlich. Wird das Fahrzeug nicht vom Eigentümer selbst gefahren, muss der Fahrer im Besitz einer Benutzungsvollmacht des Eigentümers sein. Nationaler Führerschein und nationale Zulassung reichen aus (auch für Schweizer). Die internationale „Grüne Versicherungskarte" muss unbedingt mitgeführt werden. Kraftfahrzeugsteuer wird für vorübergehend eingeführte Touristenfahrzeuge nicht erhoben.

Wer mit seinem Vierbeiner anreist, muss bei der Einreise ein amtstierärztliches, beglaubigtes Gesundheitszeugnis in englischer oder französischer Sprache bei sich haben und einen Nachweis der Tollwutimpfung vorweisen können. Die Ein- und Ausfuhr von Antiquitäten, Ikonen und archäologischen Funden ist strengstens verboten und wird mit heftigen Geldstrafen belangt.

Exkursionen

Die Nachbarinseln von Mykonos sind zu nahe, um nicht wenigstens ein bisschen mit ihren Reizen zu locken. Lokale Reisebüros bieten Exkursionen zu den Inseln an.

Sunshine Excursions: Anstatt dass jedes Reiseunternehmen eigenständige Touren anbietet, die wegen der wenigen Anmeldungen stets abgesagt werden müssen, haben sich die lokalen Büros zusammengeschlossen und bieten an Exkursionen alles an, was an einem Tag überhaupt durchführbar ist. Buchen kann man an den meisten Hotelrezeptionen oder in den Reisebüros in der Stadt.

Das breite Angebot bietet für jeden etwas: Die Reisebranche hat jede Insel mit einem „landestypischen"

Programm versehen. Doch die Inseln weisen weit mehr als die jeweiligen Attribute und angebotenen Sehenswürdigkeiten auf. Eine Ahnung der einzelnen Eiländer kriegt man dennoch auf diesen Touren. Es gibt Tagestouren nach Tinos (Insel der Künstler), Syros (Besuch im größten Kasino Griechenlands), nach Délos, Páros, zum fruchtbaren Náxos und zur Vulkaninsel Santoríni.

Auf Mykonos gibt's weit mehr zu tun, als am Strand zu liegen und das Nachtleben, z.B. durch Sunshine Excursions: Von der klassischen Inselrundfahrt im Bus (nicht zu empfehlen), Reiten am Strand, Strand-Picknicks, Jeep-Safaris durch

Mykonos – die Insel der Hobbyfotografen und Romantiker

unwegsames Gelände der Insel, einem griechischen Abend mit Syrtaki und allem, was so herrlich urtypisch ist, bis hin zur Segeltour in entlegene Buchten, die allerdings immer verschoben wird, weil am besagten Tag stets der Wind zu stark sein wird.

Festspiele

Die Kykladen bieten mit ihrer dramatischen Landschaft die beste Kulisse für Konzerte und Aufführungen. Vor allem Mykonos mit der anspruchsvollen Intelligentia der Athener bietet einiges an kulturellen Attraktionen. Ende August/ Anfang September finden klassische Open-Air-Konzerte statt, u.a. im ehemaligen Amphitheater der Insel.

Fotografieren

Selbst Verächter der Ferienfotomanie werden der fotografischen Inspirationen auf Mykonos gewahr. Immerhin ist man auf der Insel des Lichtes und die Freundin hat wohl noch nie so schmeichelnd ausgesehen wie im gold-warmen Licht der Kykladen. Die Vorabendstunden mit dem diffusen, weichen Licht lassen das Fotografenherz höher schlagen und die vielen Kirchen, Esel und Gassen sind dankbare Sujets, so dass der Tourist von sämt-

lichem kreativen Druck befreit ist. Wer seine Kunstwerke gleich zu sehen wünscht, findet in der Hora Fotoläden mit 1-Stunden-Service. Die Entwicklung ist etwas teurer als normal, aber die Qualität durchaus in Ordnung.

Kodak Express, Laka (unterhalb der Busstation), Tel. 22890-23911
Kodak Express, Agía Ioannoú (neben der Taverne Niko's), Tel. 22890-22773

Wer hat nicht gern gute Fotos von sich? Das Geschäft mit der Eitelkeit rentiert immer und so treiben sich vor allem am Super Paradise und Paradise Beach die Fotografen herum. Bewaffnet mit ihrem Portfolio und Kamera schleichen sie am Strand herum und versuchen ihre Opfer zu sinnlichen Schwarz-Weiß-Sessions zu überreden. Das Geschäft läuft gut und Tausende von Fotos im David-Hamilton-Stil werden auf den Felsen geknippst. Die Hoffnung auf Entdeckung und senkrechte Modellkarriere lässt Touristen verschwenderisch werden und horrende Preise akzeptieren!

Gesundheit

Die ärztliche Grundversorgung auf der Insel ist gewährleistet, doch bei schwerwiegenden Verletzungen oder Erkrankungen sollte man umgehend das Festland oder die Heimat aufzusuchen. Ärztliche Behandlungen, zahlt man am besten bar gegen Quittung (apódixi), sofern ein Arzt nicht im Rahmen des staatlichen Gesundheitssystems praktiziert. Die Rechnung kann zu Hause von der persönlichen Krankenkasse zurückerstattet werden. Es besteht ein Sozialversicherungsabkommen zwischen Griechenland und Deutschland, so dass man sich auch auf Krankenschein verpflegen lassen kann … aber die bürokratischen Wege sind lang. Mit der European Health Insurance Card (EHIC) sind Behandlung und Aufenthalt in einem staatlichen Krankenhaus oder Health Center grundsätzlich kostenlos. Medikamente müssen im Voraus bezahlt und später mit der Krankenkasse verrechnet werden. Bei jedem längeren Auslandsaufenthalt ist eine private Auslandskrankenversicherung empfehlenswert.

Trotz Sprechstunden bis knapp vor Mitternacht sind die 15 Ärzte der Insel im Sommer völlig ausgelastet. Die brennende Sonne führt nicht nur zu schlimmen Sonnenstichen, sondern kratzt auch an der Vernunft: Waghalsige Felstouren, Klippenspringen in unergründete Tiefen, schnelles Autofahren und übermäßiger Hitze-, Alkohol- und Drogenkonsum … Reihenweise warten Patienten mit Schürfwunden, offenen Fleischwunden und Sonnenbränden in den Wartezimmern. Leider kommt es auf Mykonos jedes Jahr zu tragischen Unfällen! Also Vorsicht, wenn man mit dem Leihauto über die Insel braust und mit dem Mofa unberechenbare Sandstraßen befährt.

Staatlich: Health Center, Mykonos-Stadt (Straße in Richtung Àno Méra), Tel. 22890-23994, 24.-Std.-Notdienst
Privat: Medical Center, Mykonos-Stadt, Agía Ioannoú (an der Ringstraße neben der Tankstelle), Tel. 22890-27407, im Notfall Tel. 6977654737.

Für kleinere Wehwehchen gibt es mehrere Apotheken in Mykonos-Stadt, die das übliche Sortiment an Pillen, Cremes und Säftchen feilbieten. Man erkennt sie an den weißen Schildern mit grünem Kreuz. Nebst praktischen Körpertrösterchen verkaufen sie auch Kosmetikprodukte gängiger Marken, diese allerdings schändlich teuer.
Farmakia Koukouzelis, Matogiani, Tel. 22890-23250 (neben der Bar Pierro's)

Informationsstellen, Botschaften und Konsulate

Praktische Informationen kann man – mit etwas Druck – auf den griechischen Verkehrsämtern, den **EOT** (Ellinikos Organismos Tourismou), bekommen:

Griechische Zentrale für Fremdenverkehr, Opernring 8, 10105 Wien, Tel. 0043/(0)1/5125317
Griechische Zentrale für Fremdenverkehr, Löwenstraße 25, 8001 Zürich, Tel. 0041/(0)1/2210105
Griechische Zentrale für Fremdenverkehr, Neue Mainzerstraße 22, 60311 Frankfurt, Tel. 069/236561, -3, Fax 069/69236576

Regionalbüros der Hauptzentrale befinden sich in:
10789 Berlin, Wittenbergplatz 3a, Tel. 030/2176262, Fax 030/2177965
20149 Hamburg, Abteistraße 33, Tel. 040/454498, Fax 040/454404
80333 München, Pacellistraße 5, Tel. 089/222035, Fax 089/297058

Griechische Botschaft in Deutschland: Koblenzerstr. 104, D-53177 Bonn, Tel. 02 28/8 30 10
Deutsche Botschaft in Athen: Odos Karalokike Dimitriu 3, 10675 Athen, Tel. 00 30/(0)1/7 28 51 11
Österreichische Botschaft in Athen: Leoforos Alexandras 26, 106 83 Athen, Tel. 00 30/(0)1/8 21 10 36
Schweizerische Botschaft in Athen: Odos Iassiou 2, 11521 Athen, Tel. 00 30/(0)1/7 23 03 64, -5, -6

Inselhüpfen

Dieser Begriff muss auf den Kykladen geprägt worden sein. Nirgendwo sonst im Mittelmeer liegt eine solche Vielzahl von Inseln dicht beieinander, von denen auch noch jede ihr eigenes Programm anbietet! Die Schiffsverbindungen sind gut, regelmäßig und günstig. Was gibt's schöneres, als auf dem hölzernen Schiffsdeck zu liegen und die Weite der Ägäis zu genießen.

International Press Stand

An der Rückseite der Agía-Kyriakí-Kirche gegenüber der Bar Pierro`s findet man alles, auf das man auch in den Ferien nicht verzichten kann. Ein reichhaltigeres Angebot an Tages-, Wochen- und Klatschzeitungen findet man kaum in einer europäischen Großstadt.
Geführt wird der Laden von Iannis Terzopoulos. Er nennt sich der Identifikation halber John – jeder zweite Grieche heißt nämlich Iannis –, wobei bereits viele vor ihm zu dieser Hilfe griffen. Englisch kann er eigentlich nicht. Nur in Zahlen ist er ein Genie und selbst die fremdlän-

dischste Zeitung kann er akzentfrei beim Namen nennen. 8 Monate im Jahr sitzt er in seinem Laden, eine Zigarette nach der anderen rauchend. Wie viel uns Europäern das ständige Informationspotenzial am Herzen liegt, sieht man am Umsatz dieses unauffälligen Ladens. Bringt er doch eine halbe Million Euro im Jahr zusammen.

Kafenion

Einer der bedeutendsten Verluste, die Mykonos infolge des Tourismusbooms erlitt, sind Konkurs und Schließung zahlreicher Kafenions. Die Kaffeehäuser mit den kahlen Wänden, der spartanischen Einrichtung und dem Neonlicht, die erstaunliche Ähnlichkeit mit der schmuddeligen Bahnhofshalle einer Vorstadtprovinz aufweisen,

Internet-Adressen

www.mykonos.gr – offizielle Mykonos-Website mit aktuellen Terminen, Öffnungszeiten, Infos über Sehenswürdigkeiten, Strände, Wetter etc.
www.mykonos-web.com – rudimentäre Auswahl in diversen Sparten
www.griechische-botschaft.de – Presseabteilung der griechischen Botschaft mit Infos über Politik, Wirtschaft und Medien
www.mykonos-accomodation.com – Top-Hotelübersicht des mykoniotischen Verkehrsamts mit Buchungsoptionen und Infos über Ausflüge etc.
www.griechenland-infos.de – Super-Site! Mit ausführlichem ABC über Land und Bevölkerung
www.greektravel.com – thematisch geordnete Infos in Englisch
www.mykonosgreece.com – Überblick an Basisinformationen
www.travelinfo.gr – übersichtliche Hotellisten mit verlässlichen Preisangaben und Bildern
www.hellasproducts.net – Was bewegt Griechenland? Wöchentlich aktualisierte Schlagzeilen
www.surfreisen.de – Surf-Angebote auf Mykonos
www.mykonosbars.com – etwas antiquierte Auswahl an Ausgehtipps
www.mykonoshouses.com – Auswahl an Ferienhäusern
www.gaytravel.co.uk – der „schwule" Reiseplaner

mussten gestylten, kulinarisch ge-
witzten Lokalen weichen.

Einige wenige Kafenions sind noch
übrig geblieben. Für die wenigen
Bewohner auf Mykonos reichen
sie aus und sind oft bis auf den
letzten Platz gefüllt. Wenigstens ist
jetzt die Möglichkeit der Bildung
von gruppiererischen, parteiischen
Kaffeehaus-Burgen verschwunden,
und fehlende Alternativen lassen
Jung und Alt, Feind und Freund in
denselben vier Wänden schmoren.

Diese „Kaffeehäuser" sind der eigentliche Inbegriff des griechischen Lebens. Als Dreh- und Angelpunkt des Alltags sind sie eine
Bühne der griechischen Mentalität.
Kaffeehäuser sind nirgends nur Kaffeehäuser: Nach zwölf Uhr mittags
wird Oúzo getrunken, und wenn
die Sonne am höchsten steht, wird
mit Weißwein abgekühlt.

Das Kafenion spiegelt im Kleinen
die Struktur der gesamtgriechi-
schen patriarchalischen Gesellschaft wider. Hier sind die Männer
unter sich, vom Rentner bis zum
Bankdirektor. Da wird leidenschaft-
lich Tavli (Backgammon) und Karten gespielt oder über Politik diskutiert, und dies meist sehr lautstark.
Aber hauptsächlich wird die Zeit
totgeschlagen mit süßem Nichtstun.

Kaiks

Ob 10 oder 30 Meter lang, 5 oder
10 Tonnen schwer, Popularität und
Vertrauen in diese Boote bleiben
sich gleich. Seit 300 Jahren schwören die Seefahrer auf die simple
Bauweise mit Spitzbug und fla-
chem Kiel: Die zugespitzte Form
des Buges hält das Boot auch bei
hohem Wellengang stabil, der flache Kiel verringert die Auflaufge-
fahr auf unsichtbare Klippen und
ermöglicht, dass das Boot bequem
an Land gezogen werden kann. Der
bauchige Rumpf der Kaiks bietet
viel Stauraum – ideal, um ihn mit Fi-
schen oder mit Touristen zu füllen.

Kleidung

Da Mykonos fast niederschlags-
frei ist, kann auf Regenschutz und
Schirm verzichtet werden. Leichte,
praktische Strandkleidung ist angesagt. Nützlich sind zusätzliche
Hand- und Badetücher, da der Bedarf selten von den Hotels gedeckt
werden kann. Für das Nachtleben
benötigen Sie alles Unpraktische
und Auffällige: Die durchschnitt-
liche Rocklänge liegt knapp unter dem Po, die Highheels sind
trotz der unebenen Pflastersteine
Schwindel erregend hoch und alles
andere fast nicht vorhanden. Für
zuweilen etwas frische Nächte hat
man einen warmen Pullover dabei.

Klima

Die geographische Lage Griechenlands zwischen Europa und Afrika sorgt für milde Winter und fast tropisch heiße Sommer. Die Kykladen sind mit ca. 3000 Sonnenstunden im Jahr eine der sonnenreichsten Regionen im Mittelmeer.

Der Wind bläst auf Mykonos jährlich 200 bis 300 Tage, ohne etwas von seiner Energie zu verlieren. So ist die Sommerhitze trotz 40 °C angenehm. Dafür verantwortlich sind die berüchtigten Nordwinde „Méltemi". Ihre Heftigkeit hat schon oft die gesamte Schifffahrt stillgelegt und auch mit schönen Frisuren ist dann nichts. Diese Winde sorgen für die bekannte Klarheit der Luft über der Ägäis, die die Farben so intensiv leuchten lässt. An manchen Tagen kann man fast 200 km weit sehen. Der Méltemi setzt etwa Mitte Mai ein, im Juli und August erreicht er manchmal für die Schifffahrt bedrohliche Windstärken. Dann kann es sein, dass die Fährschiffe für ein paar Tage festliegen und nicht auslaufen. Der Méltemi bläst bereits am Morgen stark, doch sein Temperament lässt er meist in den Mittagstunden so richtig gehen. Meist dann, wenn man sich gerade bequem am Strand eingerichtet hat und sich plötzlich von einer Sand-

schicht bedeckt findet. Am Abend lässt der Wind etwas nach.

Was heute als Trend gilt, haben griechische Inselfrauen schon längst für sich gepachtet: das Kopftuch! Wer dies als Flause abtut, wird bald belehrt werden. Der Besserwisser wird sich dem Trend ebenfalls beugen, wenn er frisch frisiert nach draußen tritt, um innerhalb von Sekunden wieder zu jenem Haarzustand zu gelangen, wie vor der stundenlangen Spiegel-Zeremonie. Eine Legende erzählt, dass unverheiratete Männer, die nach Mykonos kommen, durch die starken Winde ihres Willens beraubt werden und ein Mädchen von Mykonos heiraten werden. Diese Legende hat vermutlich heute mehr Wahrheitsgehalt als früher … nur das Heiraten kommt seltener dazu.

Kykladenarchitektur

Mykonos besitzt anders als die anderen Kykladeninseln eine reine Kykladenarchitektur ohne genuesische, byzantinische oder türkische Elemente. Um diese zu erhalten, gibt es strenge Bauvorschriften. Baumaterialien sind selten Beton, Ziegel oder Maxit, sondern einheimischer Schiefer, Kalk, Gneis, Granit und Lehm.

Nutztiere

Zuhauf leben Schafe und Ziegen in den trockenen Ebenen. Manch einer wird die Tiere etwas bemitleiden. Als wäre es nicht genug, dass die Heiden nicht grün und saftig sind, sind meist auch noch ihre Hinterbeine aneinander gebunden. Die Bewegungsfreiheit der Tiere ist dadurch eingeschränkt und der Besitzer muss sie nie weit suchen gehen. Doch könnten sie auch wie unsere Ziegen frei herumspringen, kulinarische Genüsse würden sie sowieso nicht finden. Die Nutztiere sind noch heute für die Einwohner Mykonos wichtig als Fleisch-, Milch- und Wolllieferanten.

Öffnungszeiten

Die Nachfrage bestimmt das Angebot. Die Läden passen sich der Kundschaft, den Touristen an. So ist denn ein Großteil der Geschäfte bis spät in die Nacht offen und die Gassen werden von spendablen und leichtmütigen Menschen durchforstet. Da jedoch die Anzahl der Touristen steigt und diese nicht nur Nachtschwärmer sind, zahlt es sich auch aus, am Mittag offen zu haben. Siesta oder beschränkte Öffnungszeiten haben nur noch Geschäfte, die es nicht auf Touris abgesehen haben, also neben Banken und der Post eigentlich niemand. Durch die steigende Präsenz von Bankautomaten ist dies nicht problematisch. Und Museen und Ausgrabungsstätten wissen schon lange, dass ab einer gewissen Stunde – in Mykonos ab 17 Uhr – der Reiz der Kultur von anderen Reizen abgelöst wird.

Periptero – der Kiosk

Sind bei uns Kioske zu kleinen Supermärkten mit automatischer Glastüre geworden, sind sie in Griechenland, speziell auf Mykonos, immer noch kleine 4–6 m² große Kabäuschen mit gespitztem Dach. Diese Tante-Emma-Läden im Kleinformat sind vollgestopft mit Waren und der Verkäufer hat gerade mal noch Platz für sich und seinen Stuhl. Zwischen Zigaretten, Aspirin, Postkarten, Kondomen, Strumpfhosen und Shampoos dudelt fröhlich ein Radio mit griechischer Musik. Peripteros sind bis nach Mitternacht geöffnet, populär und in Griechenland eine soziale Institution. Der Staat hat die Führung der Peripteros auf die sozial Schwächeren beschränkt. Eine gute Idee, wenn sie strikt durchgezogen werden würde.

Post

Die Post (griech. Tachidromio) befindet sich am Lákka-Platz beim

*Der Periptero, der griechische Tante-Emma-Laden,
ist bei den Griechen und Touristen gleichermaßen beliebt.*

Amphitheater und ist wie viele öffentliche Einrichtungen in Griechenland nur vormittags geöffnet, dafür aber auch sonntags. Mo.–Fr. 7.30–14.00, Sa. 8.30–14.30 und So. 9.00–13.30 Uhr, Tel. 22890-22238. Für die lieb gemeinten Urlaubsgrüße braucht man die Post nicht: Briefkasten hängen in vielen Gassen, Briefmarken (grammatossimo) kann man an jedem Kiosk oder Touristenshop, wo auch Postkarten verkauft werden, kaufen. In vielen Hotels kann man Post an der Rezeption in einen Kasten einwerfen. Falls man eine Postkarte nach Hause schicken will, am besten nicht erst gegen Ferienende. Postsendungen dauern meist bis zu einer Woche. Standardbriefe und Post-

karten von Griechenland ins europäische Ausland kosten 65 Cent.
Die Post bietet alle üblichen Postgeschäfte an: Der Zahlungsverkehr über Postkonto läuft spesenfrei, jedoch mit einem Limit von € 200. Postlagernde Sendungen können deponiert und gegen Vorweisen des Ausweises abgeholt werden. Die Anschrift für solche Sendungen lautet: Name Vorname, Poste Restante, GR 84600 Mykonos.

Sonne

Sonne ist schlimmer als Donner und Blitz, sagt der griechische Volksmund. Nicht nur in der Sage von Ikarus. Dieser bekam vom Vater Dädalus ein schönes Paar Flügel geschenkt, das dieser aus Vogelfedern und Wachs angefertigt hatte. Die Flügel sollten sie in ihre Heimat zurücktragen, doch der Sohnemann wurde übermütig und versuchte sich der Sonne zu nähern. Das Wachsgebilde der Flügel schmolz und Ikarus stürzte in die Ägäis. Die Sonne über der Ägäis brennt kräftig und es braucht keine Wachsflügel, deren Wirkung zu erfahren.

Strom

Außer auf Schiffen und Fähren (110 Volt Gleichstrom) gibt es überall 220 Volt Wechselstrom. Adapter sind nicht erforderlich, alle gängigen Flachstecker passen.

Surfen

Der Méltemi-Wind kommt in den Sommermonaten schräg ablandig bis sideshore über die Berge. Dadurch entsteht Flachwasser, ein Traum für alle, die Speedsurfen oder Manöver lieben. Die geschützten Buchten verhindern ein Abtreiben ins offene Meer. Einige Strände sind zu wahren Surfeldorados geworden, vor allem der Kalafáti Beach, wo sich die Surfschule von Ali und Pezi befindet.

Tauchen

Nicht gerade das Barrier Reef, dennoch hat die Insel für Taucher viel zu bieten. Neben den feinsandigen Stränden und versteckten Buchten erwartet sie die faszinierende Wasserwelt der Ägäis mit Sichtweiten von 30–40 m. Unterwasserfotografen werden begeistert sein, die hier ein Paradies für Macro- und Nahaufnahmen finden. Näheres zu Tauchschulen im Kapitel „Strände".

Telefon

Telefonzellen gibt's viele auf Mykonos. Sie funktionieren ausschließlich mit Karten, die an Kiosken erhältlich sind. Das Telefonamt OTE befindet sich nahe dem Archäologischen Museum. Der Ausbau des Funknetzes ist sehr gut.

Internationale Ländercodes:

- Deutschland 0049
- Österreich 0043
- Schweiz 0041

Die Vorwahl nach **Griechenland lautet 0030,** für **Mykonos 22890**, danach folgt die fünfstellige Nummer des Anschlusses. Auch bei Anrufen innerhalb von Mykonos wählt man zuerst die 22890 und dann die Rufnummer.

Wichtige Telefonnummern:

- Notruf Polizei: 100
- Feuerwehr: 199
- Pannenhilfe: 104
- Deutschsprachiger Notfalldienst Athen: 1-7775644

- Touristenpolizei Mykonos: 22890-22482 – Bei finanziellen, rechtlichen Schwierigkeiten oder für einfache Informationen über die Insel wendet man sich an die Touristenpolizei. Die Büros befinden sich am Hafen und sind von 8–22 Uhr geöffnet.
- Hafenverwaltung: 22890-22218 – Ob man ein eigenes Boot hat oder die letzten Updates von Ankunft und Abfahrt der Fähren nach Athen will, die Hafenverwaltung bemüht sich, Auskunft zu erteilen. Das Büro ist 24 Std. pro Tag geöffnet und befindet sich direkt über der National Bank an der Wasserfront.

Trinkwasser

Wasser wird in Kanistern oder durch Röhren von der Nachbarinsel importiert. Leitungs- und Brunnenwasser sind nur zum Zähneputzen, nicht als Trinkwasser geeignet. Eine Warnung, wie sie bei uns auf Schildern angebracht ist, fehlt auf Mykonos. Am besten verwendet man das ohne Kohlensäure versetzte Mineralwasser in den 1,5-l-Petflaschen. Wer in Restaurants Wasser bestellt, bekommt stilles Wasser vorgesetzt. Man muss San Pellegrino oder Sodawasser bestellen, wenn man auf die Kohlensäure im Wasser nicht verzichten will.

Zeitzone

In ganz Griechenland gilt die OEZ, die der MEZ um eine Stunde voraus ist.

Anreise

„Wenn einer eine Reise tut, so muss er zuerst die Liebe zum Land mitbringen!" Goethe mag ja recht haben, doch es wird wohl keiner, der noch nie in Griechenland war, diesen Flecken Erde von vornherein aufrichtig zu lieben. Wie auch? Blinde Liebe ist out und passé! Der moderne Mensch ist misstrauisch und reist zuerst, bevor er sich in ein Land verliebt. Die Länderfahrten des ferienhungrigen Zeitgenossen erinnern kaum an Goethes Italien-Reise: Anstatt zu Hause vom gefundenen Seelenfrieden zu zehren, jammern wir dem Ferienflirt nach und keine wertvollen Notizen, sondern braune Haut ist das Resultat der Ferientage. Urlauber suchen selten Umbruch und Bildung, sondern Entspannung und unterhaltende Ablenkung. Die Medien geben uns genug Ahnung von anderen Ländern, so dass wir unsere Reisen weder unbelastet noch ahnungslos antreten. Der Überraschungsgrad einer Reise ist berechenbar und die Fahrt ins Unbekannte in Ferienkatalogen durch die Kategorisierung „Abenteuerreise", „Strandurlaub" und „Kinderferien" vollends entromantisiert.

Wie will man reisen? Schnell und bequem oder endlos und abenteuerlich? Sind die übrigen Kykladeninseln oft kurzweilige Haltestellen der Inselhüpfer, ist Mykonos das Ziel sonnenhungriger Nachtschwärmer (also alle, die tagsüber braungebrannt am Strand dösen, um sich nachts in schillernde Diven zu verwandeln), die die Hochburg des Vergnügens so schnell nicht wieder verlassen wollen. Als was oder wer will man reisen? Als übermütiger Abenteurer, der so viel wie möglich zu sehen wünscht? Als schwerfälliger Intellektueller, den Neugierde und Bildungsdruck vom bequemstem Weg abhalten? Als schnelllebiger Genießer oder als identitätssuchender Szenengänger, dem in rechter Begleitung alles recht ist?

Mit dem Flugzeug

Von Anfang Mai bis Ende Oktober bieten Chartergesellschaften wie Condor, Air Berlin und Germanwings Direktflüge nach Mykonos an. Rückflugtickets kosten ca. € 300–500. Bevorzugt werden Reisende mit einem Pauschalarrangement (Flug-&-Hotel-Paket), nicht rechtzeitig verkaufte Plätze werden auch Individualreisenden preisgünstig angeboten. Die Charterflüge heben von den meisten Flughäfen bloß einmal die Woche ab und sind im Juli und August bereits früh ausgebucht (rechtzeitig reservieren!). Der Flug dauert 2 ½ Std. Wer nur 7 Tage Ferien hat, muss kaum Zeit für die Anreise opfern. Pauschalarrangements eignen sich für diejenigen, die die Insel noch nicht kennen und die Hotelwahl dem Reiseveranstalter überlassen. Ferienpakete werden von den bekannten Reiseunternehmen wie TUI, Jahn Reisen, Helvetic Tours etc. angeboten und können Flug, Transfer, Unterkunft mit Halb- oder Vollpension, Miete von Mofas oder Autos und organisierte Ausflüge beinhalten. Je nach Hotelkategorie, Buchungsumfang und Saison schwanken die Preise zwischen € 500 und 900. Ein bewährtes Internetportal mit Top-Angeboten in allen Kategorien ist www.reise.com. Wer nur den Flug bucht, muss Insel und Hotels per Taxi oder Mietauto so lange erkunden, bis die Traumferienunterkunft gefunden ist! In der Hochsaison, der Zeit der „Bettenknappheit", ist es weiser, die Hilfe der Hoteldesks am Flughafen zu beanspruchen. Diese Vermittlungsstellen sind über die freien Zimmer informiert und froh, alles für die Urlauber arrangieren zu können. Allerdings hapert Anfang August die umgehende Benachrichtigung der Vermittlungsstelle aufgrund der schnellen Touristenfluktuation. Viele Hoteliers schicken zusätzlich ihre Untertanen an den Flughafen, um ankommende Touristen mit Swimmingpool- und Frühstücksbuffet-Bildern beklebten Pappkartons auf ihre Hotelzimmer aufmerksam zu machen.

Ende Juli, Anfang August ist alles ausgebucht! Die Hotelhalle wird leer von Hotelvertretern, die Hoteldesk-Angestellten seit Stunden in der Kaffeepause sein. Und die Hoffnung gegenüber südlichen Ländern in Bezug auf spontane Weiterhilfe weicht der Ernüchterung. Wer sein zentral gelegenes Hotel auf eigene Faust suchen will, sollte wissen: Zentral gelegen heißt „Mykonos-Stadt" und „Mykonos-Stadt" heißt autofrei! Neben den Annehmlichkeiten, die dieser Umstand mit sich bringt, ist auch die Unannehmlichkeit des eigenen Koffer-Tragens inklusive.

Via Athen

Nicht nur für den Kosmopolit, der sich in Großstädten zu Hause fühlt,

lohnt es, die Ferien auf Mykonos mit einem Zwischenstopp in Athen zu verbinden. Athen ist zwar keine Primadonna unter den Metropolen, doch so schmutzig sie ist, so lebendig ist sie – und die Athener lieben ihre Stadt. Von jedem größeren Flughafen heben mindestens einmal täglich Linienflüge nach Athen ab. Ob Swissair oder Lufthansa, die Preise für einen Linienflug werden bei ca. € 300 liegen. Olympic Air, die privatisierte staatliche Fluggesellschaft Griechenlands, fliegt vom deutschsprachigen Raum nur noch ab Genf und Wien direkt nach Athen. Der Athener Flughafen Hellinikon liegt 14 km außerhalb des Stadtzentrums und kann per Zubringerbus oder Taxi erreicht werden. Bei einem Zwischenaufenthalt sollte genug Zeit für einen Terminalwechsel eingeplant werden. Die ausländischen Fluglinien verkehren ab dem Eastern Terminal, während die Inland-Verbindungsflüge nach Mykonos vom Western Terminal starten. Bis Mitternacht gibt es im Halbstundentakt kostenpflichtige Busverbindungen vom International zum „Domestic"-Terminal.

Für alle, die nicht nur Mykonos, sondern Griechenland kennen lernen möchten, sind ein paar Tage Athen unverzichtbar. Hier präsentiert sich die griechische Antike nicht nur dank Akropolis und Archäologischem Nationalmuseum in geballter Kraft. Wer mit dem Schiff weiterreist, erlebt im Hafen von Piräus eine urgriechisch-mediterrane Hafenatmosphäre und den Aufbruch ins endlose Blau der Ägäis.

Inlandflüge

Von Athen fliegen Olympic Air (www.olympicair.com), Aegean Airlines (www.aegeanair.com) und Athen Airways (www.athenairways.com) mehrmals täglich nach Mykonos. Der Preis von/nach Athen beträgt ca. € 50–60. Der Flug in einer kleinen Propellermaschine dauert 45 Minuten und ist bei ruhigem Wetter ein tolles Erlebnis: Kurz nach dem Start breitet sich unter einem der tiefblaue Meeresteppich aus, dessen Unendlichkeit nur durch die goldenen Flecken der Inseln unterbrochen wird. Ist der Tag aber windig, dehnen sich die 45 Minuten zur Ewigkeit … der Flug scheint aus einem einzigen Luftloch zu bestehen und Mykonos plötzlich unerreichbar.

Innergriechische Fähren

Ausgangshäfen sind das südlich von Athen liegende Piräus und das Fischerdorf Rafina, ca. eine Fahrstunde von der Stadt entfernt. In Piräus ist es am einfachsten, sich von einem Taxi direkt an den Pier fahren zu lassen. Der Weg nach Rafina ist weit und eine Taxifahrt teuer. Die stündlichen Busverbindungen der KTEL-Gesellschaft enden direkt im Hafen von Rafina. Die Überfahrt nach Mykonos dauert von Piräus 6 Std., von Rafina 5 Std. Schneller als die behäbigen Fähren sind die schnittigen Tragflügelboote, die bereits nach 2 ½ Std. Mykonos' Küste erreichen. Die Schiffstarife liegen zwischen € 15 und 30. Zögern und Feilschen bringt nichts, die Preise sind staatlich festgesetzt. Tickets werden von den Büros der Schifffahrtslinien am Hafen angeboten. Die Verbindungen sind ganzjährig und regelmäßig. Bei den griechischen Zentralen für Fremdenverkehr kann man die aktuellen Fahrpläne bestellen. Diese sind allerdings ohne Gewähr, denn Fahrplanwechsel und Kursausfälle sind immer möglich und bleiben vorbehalten. Auch Verspätungen und Änderungen der Route sind an der Tagesordnung. Oft ruht der Fährverkehr wegen starkem Seegang oder Streik für einige Tage „bis auf weiteres" … Vor allem Tragflügelboote bleiben bei größeren Windstärken im Hafen. Die griechischen Fähren haben 24-Std.-Betrieb, so ist die Chance groß, in den Genuss einer romantischen Schifffahrt unter leuchtendem Sternenhimmel zu kommen.

Schifffahrtsgesellschaften: z.B. Minoan Lines Highspeed Boats (www.minoan.gr). Hier reist der VIP für € 60 und der Rucksacktourist bereits ab € 15 in 2 ½ Std. nach Mykonos. Auskünfte über www.ferries.gr, direkt bei den großen Schiffsgesellschaften, z.B. Ilio Lines, oder den Hafenverwaltungsstellen Port Authority Piräus (Tel. +30/21045/50000) oder Port Authority Rafina (+30/22940/28888).

Mit dem Auto

Nur geeignet, wenn man viel Zeit hat. Ansonsten sollte man das eigene Fahrzeug bei einem Kykladen-Besuch zu Hause lassen. Auch wegen Griechenlands dürftigen Straßen, der Statistik der jährlichen Parkschäden und Auto- und Motorradunfälle (obwohl für Motorräder in Griechenland das Tempolimit 70 km/h besteht). Die gängigste Route führt nicht über den Balkan, sondern nach Italien und von dort mit der Fähre nach Griechenland, z.B. Ancona–Pátras. Die Fahrt dauert ca. 33 Stunden. Die genauen Preise hängen von Fahrzeug, Unterbringung und Personenanzahl ab. Eine Person an Deck mit einem Motorrad kostet ca. € 150. Express-Fähren brauchen ca. 20

Stunden. Diese Super-Fast-Ferries sind neuere Monsterschiffe, die mehr Komfort bieten als ihre langsameren Kollegen. Dafür sind die Preise doppelt bis dreifach so hoch (€ 300 für die Unterbringung, € 90 für Fahrzeuge). Weitere Fährhafen sind Brindisi, Bari, Venedig und Trient. Die Überfahrt sollte rechtzeitig gebucht werden, auch online, z.B. ANEK (www.anek.gr), Blue Star Ferries (www.bluestarferries.com) oder Minoan Lines.

Mit dem Bus

Eine strapaziöse und langwierige Anreisevariante, ca. 1 ½ Tage (inkl. Fähre, ansonsten dauert's noch länger), mehr in Begleitung von griechischen Gastarbeitern denn mit anderen Urlaubern. Immerhin genießt man im klimatisierten Bus ein feuchtfröhliches Campleben. Busse fahren ab diversen deutschen Städten mehrmals wöchentlich. Informationen bietet die Deutsche Touring GmbH, Am Römerhof 17, 60486 Frankfurt, Tel. 069/790350, www.deutsche-touring.com.

Mit dem Zug

Endlose Stunden im Zug, ca. 40 bis zum Ziel, also via Thessaloniki nach Athen und von dort … Nur geeignet, wenn man mit verschiedenen Zwischenstopps und Umsteigen mehr von Griechenland sehen will. Von München fährt beinahe täglich ein Eurocity über Budapest nach Thessaloniki. Den Abteilnachbar gut aussuchen, denn während der gesamten Zugfahrt nach Thessaloniki wird nur zweimal umgestiegen: in Budapest und im exotisch klingenden Ort Lököshaza. Wenn man sich kein günstiges Sonderangebot der Bahn ergattern kann, liegen die Preise für ein Rückfahrticket bei über € 300! Infos über www.bahn.de und www.sbb.ch.

Mit dem Segelschiff

Griechenland ist das Land für Segelfreaks. Die Ägäis ist für erprobte Seebären ein wahres Paradies, auch das Chartern einer Yacht mit Besatzung ist möglich. Dieser Luxus sprengt mittlerweile nicht mehr sämtliche finanziellen Grenzen und man kann sich von der Crew bekochen und verwöhnen lassen. Da die Gewässer der Ägäis weder große Flut- und Ebbebewegungen aufweisen, man vor Riffen geschützt ist und nirgends enge Kanäle lauern, kann man sich ganz auf das Spiel von Wasser und Wind konzentrieren. Nebel hat es fast keinen, die Distanzen zwischen den Inseln liegen durchschnittlich bei 15–30 Meilen. Man findet überall sichere Ankerplätze mit gut haltbarem

Sandgrund in etwa 12–20 Fuß tiefem Wasser.

Unterwegs auf Mykonos

Reisen auf Mykonos ist einfach. Öffentliche Verkehrsmittel pendeln zwischen den wichtigsten Orten der Insel und dies in ungriechisch regelmäßigen Abständen.

Kaiks

Eine Fahrt mit den Kaiks sollte man sich nicht entgehen lassen! Kaiks sind die typisch griechischen Motorboote, die im Gegensatz zu den normalen Barkas einen abgespitzten Bug besitzen. Die ehemaligen Fischkutter fahren sonnenhungrige Touristen an die Südstrände. Ihre Kapitäne sind frühere Fischer und entsprechen zur Freude der Touristen dem Klischee des alten, schweigsamen Seebären. Als der Fischfang in der Ägäis immer mühsamer wurde, brachten es nicht alle Seemänner übers Herz, das Meerleben ganz an den Nagel zu hängen, und der öffentliche Seeverkehr bietet ihnen die Option einer sicheren Existenz. Wie ihre Kollegen, die zu Hotel- oder Restaurantmanagern mutierten, sind Kaikkapitäne über die Jahre reich geworden. Die brummigen Seebären sind's des-

halb zufrieden, tuckern den Sommer über von Bucht zu Bucht und setzen Touristen in der gewünschten Bucht ab.

Die Kaiks sind längst feste Institution der Insel. Vorsichtige Touristen, abgeschreckt vom schlechten Straßenzustand der Insel, schwören auf die romantische Transportart! Wer nicht seefest ist, sollte nur bei harmlosen Windverhältnissen auf ein Kaik steigen. Mutet das Meer vom Strand aus auch ruhig und friedlich an, so tobt weiter draußen zuweilen heftiger Wellengang, der die „Nussschalen" zu gewagten Tänzen auf den Schaumkronen auffordert. Ansonsten ist die Fahrt entlang den wilden Klippen traumhaft und vermittelt einen wunderbaren Eindruck von der Südküste.

In der Hochsaison pendeln die Kaiks tagsüber zwischen Ornós, Platís Gialós, Paranga, Paradise, Super Paradise, Eliá und Agrári. Das etwas besser ausgestatte Kaik „Delfini" steuert die Strände von Mykonos-Hafen aus an. Retourtickets kosten je nach Zielstrand € 3–4. Bevor man sich absetzen lässt, sollte man sich beim Kapitän über die Rückfahrtszeiten informieren. Die letzten Retourboote (je nach Strand zwischen 17 und 20 Uhr) werden zwar mit einem Schiffshorn angekündigt, aber dennoch leicht verpasst. Kaiks können auch gechartert werden, um sich vom Steuermann in entlegenere Buchten fahren zu lassen (Kaik-Zentrale: Tel. 22890-22032).

Straßen

Mykonos ist eine Ferieninsel – das Vergnügen hat Priorität. Man baut immer mehr Restaurants, Bars und Clubs, der Straßenbau blieb vernachlässigt. „Mykonos bietet eine hohe Qualität an Straßenverbindungen, die die ganze Insel bedeckt." So beschreibt eine lokale Mykonos-Broschüre den Straßenzustand der Insel. Dabei existierten gerade mal vier Straßen auf Mykonos: Die Nord-, Ost-, West- und Südstraße. Alle vier Achsen flossen vor den Toren der Hauptstadt Hora in einer Art Ringstraße um die autofreie „City" zusammen. Wollte man von Süd nach Nord oder von West nach Ost, war die Durchfahrt durch Mykonos-Stadt unumgänglich. Vor allem, wenn kurz vor Sonnenuntergang ganz Mykonos in die Stadt strömte, wurde man als Autofahrer angeflucht, angefahren oder zum Amokläufer. Erst seit 1999 existiert auf Mykonos eine neue Straße, die diese vier Hauptachsen der Insel verbindet.

Nur wenige Straßen sind geteert, zudem fordern Schlaglöcher, haarsträubende Kurven, Sand und Steine Fahrzeug und Fahrer heraus. Die kleinen Nebenstraßen im Landesinneren weisen größere Tücken auf. Als wären Enge und Unebenheit der Wege nicht mühsam genug, verhindern beidseitig Steinmäuerchen das Ausweichen gegenüber entgegenkommenden Fahrzeugen. Die Mykonioten kennen ihre Straßen und überlassen den Ärger von Beulen und platten Reifen kopfschüttelnd den Touristen. Besonders amüsieren sie sich über unwissende Touristen, die ihren teuren Mercedes auf die Insel verschiffen lassen. „Eine Schande ist es! Schade um die schönen Autos", meint Marco Voulgaris, Chef der Avis-Dienststelle auf Mykonos. „Ein Fahrzeug ist auf Mykonos ein Nutzgegenstand, kein Statussymbol!"

Taxis

Taxis sind in Griechenland populär und preiswert, die Fahrpreise auf Mykonos standardisiert. Es gilt als Ehrenkodex unter den mykoniotischen Taxichauffeuren, die Richtpreise einzuhalten. Es muss deshalb nicht beunruhigen, wenn die Batterie des Taxameters ausgegangen ist oder ein solcher gar nicht vorhanden ist. Je nach Ziel kostet eine Taxifahrt zwischen € 3 und 7. Die Hotelrezeption kennt die Tarife. Es gibt ca. 30 Taxis auf Mykonos, allerdings selten dort, wenn man gerade gern eines hätte. Die beiden offiziellen Taxistände sind direkt am Hafen, unmittelbar neben der

Büste der Heroin Manto am Platz Mavrogennous, und beim Stadteingang (Laka c/Platía Niochóri, beim Busbahnhof). Da die Schlange der Wartenden oft lang ist, lohnt es sich, etwas vom offiziellen Taxistand entfernt mit Handzeichen auf sich aufmerksam zu machen. Die mykoniotischen Taxifahrer sind der Einstellung treu: Der Schnellere ist der Geschwindere und man wird Sie wortlos einsteigen lassen. Oft fragt der Chauffeur weitere Wartende nach deren Ziel. Falls sich die Richtung einigermaßen mit jener des Fahrgasts deckt, zögert der Fahrer nicht, diesem ein paar Umwege zuzumuten. Man zahlt trotzdem den gleichen Fahrpreis und weder Schimpfen noch Fluchen bringen den Chauffeur aus der Ruhe. Wenn Nachtclubs und Bars gegen 4 Uhr morgens schließen, ist es schier unmöglich, ein Taxi zu bekommen. Viele übernächtigte Personen lungern dann am Taxistand herum. Erhitzt von den Abenteuern der Nacht warten sie geduldig auf ein freies Taxi und scheinen sich nicht daran zu stören, dass selbst bei den ersten schüchternen Sonnenstrahlen des Tages noch immer kein Taxi in Sicht ist. In der Nacht verdoppelt sich der Taxitarif!

Taxizentrale Mykonos: Tel. 22890-22400, Nachttaxi: Tel. 22890-23700

Bus

Die Busverbindungen auf Mykonos sind gut. Die staubbedeckten Busse sehen zwar nicht aus, als kämen sie überhaupt den nächsten Hügel hoch, knarren in jeder Kurve und bleiben nur knapp nicht in den engen Gassen stecken. Es gibt zwei Busterminals in der Hora. Die Laka-Haltestelle liegt im Süden der Stadt. Busse verlassen Laka in Richtung Ágios Ioánnis (via Ornós), Ornós, Áno Méra, Platís Gialós, Paradise Beach, Paránga Beach, Eliá und Kalafáti. Das zweite Terminal liegt oberhalb vom alten Hafen im Westen der Hora, an der Odos Polikandrioti. Von hier fahren Busse nach Ágios Stéfanos (via Toúrlos), Áno Méra, Eliá und Kalafáti. In der Hauptsaison besteht ein Halbstundentakt. Ankunfts- und Abfahrtszeiten sind auf einer Kreidetafel an den Busstationen aufgelistet.

Rückfahrscheine (€ 1–2) werden direkt im Bus gekauft. Selbst wenn der Bus bis auf den letzten Zentimeter gefüllt ist, drängen sich die kleinen Brüder der Chauffeure durch den Gang, um das Fahrgeld einzuziehen. So kommt man trotz vieler Leute und kurzer Fahrzeiten selten zu einer Gratisfahrt: Chauffeur und Geldeintreiber sind ein eingespieltes Team und das Tempo des Busses genau so schnell, wie

das Kassieren braucht. Die Busfahrer sind die Herren von Mykonos' Straßen. Ihre vernichtenden Blicke lassen alle anderen Verkehrsteilnehmer unweigerlich bremsen und wehe dem, der einem Bus in die Quere kommt! Die Busse fahren in der Hauptsaison bis ca. 2 Uhr morgens. Bei speziellen Anlässen werden Extrafahrten bis 5 Uhr morgens angeboten. Auskünfte erteilt die **Buszentrale** (Tel. 22890-23360).

Esel

Nach wie vor werden Esel auf Mykonos als Lasttiere verwendet und von Bauern als Transportmittel gebraucht. Auf beiden Seiten mit Körben behangen, trotten die sympathischen Tiere in der größten Mittagshitze die Straße entlang und lassen sich von johlenden Moped- und hupenden Autofahrern nicht aus der Ruhe bringen. Um das Bild Urgriechenlands zu vervollständigen, sind es meist weißhaarige, schwarz gekleidete Omas, die im Damensitz elegant auf dem Eselrücken sitzen und den Anschein geben, direkt aus dem letzten Jahrhundert angeritten zu kommen.

Trikiklos-Mobile

Das Trikiklos-Mobil ist ein kleines Transportauto auf drei Rädern (gr.

tri = drei und gr. kiklos = Rad). Auf den Trikiklos beliefern die Mykonioten die Läden und Stände im Zentrum der Hora und dürfen als einzige Ausnahme das Fahrverbot missachten. Mit erstaunlicher Wendigkeit zirkeln die knatternden Dreiräder durch die Gassen, schrecken Touristen auf und füllen die morgendliche Stadt mit reger Geschäftigkeit. In der „City" sind Trikiklos unentbehrlich: Ein normales Fahrzeug hätte keine Chance, hier nicht stecken zu bleiben.

Mofas/Vespas/Scooters/ Motorräder

Mofas, Vespas, Scooters und Motorräder sind auf Mykonos die populärsten Fortbewegungsmittel. Wind und Sonne ausgesetzt über die Insel zu brausen, scheint verlockender, als in einer erhitzten Blechkiste eingeschlossen zu sein. Schwärme von Mofas, Vespas und Motorräder brausen im Sommer in Richtung Strand. Der warme Wind im Haar, die Wildheit der Natur und Abenteuerlichkeit der Landstraßen geben den Fahrern ihr Freiheits- und Feriengefühl. Bikinimädchen klammern sich quietschend an ihre braungebrannten Schönlinge, harte Naturburschen mimen „Easy Rider" und reifere Damen freuen sich verschämt über die eigene Dreistheit, mit vom Fahrtwind hochgewirbelten Rock über die Straßen zu flitzen … Die Straßen zu den Südständen sind denn auch zur „Anmachmeile" geworden, wo nicht nur Telefonnummern, sondern auch gleich Rücksitzfahrer ausgetauscht werden und Pannen oft vorgetäuscht sind.

Zum Mieten von Mofas und Vespas braucht man einen mindestens 12 Monate alten Fahrausweis. Für größere Maschinen sind die üblichen Motorradausweispapiere und ein Mindestalter von 19 Jahren erforderlich. Je nach Größe und Ausstattung des Vehikels kostet die Miete ab 20 €/Tag aufwärts. Außerhalb der Saison können sich die Preise bis um 50 % senken. Eine Versicherung ist nicht obligatorisch, aber wegen der hohen Unfall- und Schadensrate empfehlenswert. Schleuderunfälle sind auf Mykonos häufig und Parkschäden können zu kostspieligen Reparaturen führen. Es gibt auf Mykonos viele Vermieter für Motorräder und deren kleinere Kollegen. Besser wählt man ein größeres Unternehmen, die zwar teurer als die kleinen Straßenbuden sind, jedoch einwandfreie Zweiräder vermieten. Vor Abschluss des Mietvertrages sollten Licht, Bremse und Benzintank begutachtet werden,

ebenfalls sich vom Vermieter genau instruieren lassen, bevor man davonbraust.

Moto Speed, Vrissi, Tel. 22890-25990: große Auswahl vom kleinsten bis zum größten Zweirad

Autovermietungen

Mietwagen sind je nach Größe und Gewicht in Kategorien unterteilt. Um ein Auto der Kategorie A, B, C oder D mieten zu können, muss man mindestens 21 Jahre alt sein. Kategorie F, d.h. Minibusse, bekommt man ab 23 Jahren. Der Fahrer muss mindestens 1 Jahr im Besitz des Führerscheines sein. Mietfahrzeuge werden meist bei Beendigung des Mietverhältnisses bezahlt. Vermieter verlangen bei Barzahlung ein Depot von mind. € 200, Kreditkartenbenützer bürgen mit ihrer Kreditkartennummer (Eurocard, Visa, American Express und Diners werden generell akzeptiert). Die Mindestmietdauer beträgt 24 Stunden.

Beim Mieten ist auf die inbegriffenen Versicherungen zu achten. Die großen Unternehmen versichern die Fahrer oft automatisch gegen Körperverletzung einer nicht im gemieteten Fahrzeug fahrenden Person, Sachschaden an Dritten und Sachschaden am Mietobjekt.

Die Größe des Selbstbehalts hängt von Fahrzeugkategorie ab.

Zusatzversicherungen (LIS) werden gegen Aufpreis angeboten. Babysitze oder Gepäckträger können bei vielen Vermietern günstig gemietet werden. Seriöse Vermieter bieten eine 24-Std.-Notfallstelle (darauf ist jedoch nicht 100%ig zu bauen wegen der lockeren Einstellung gegenüber Zeit und Verantwortung auf Mykonos). Fahrzeuge größerer Unternehmen können am Flughafen retourniert werden. Wenn man dem Vermieter Abflugsdatum und die genaue Flugzeit mitteilt, wird ein Vertreter der Firma das Mietauto am Flughafen in Empfang nehmen.

Die Standardmieten betragen € 40–80/Tag, Wochenpauschalen € 200–350. Die Preise für unbegrenzte Kilometer beziehen sich auf eine Mindestmietdauer von drei Tagen. Die Preisdifferenzen zwischen den einzelnen Autokategorien sind drastisch! Nicht nur für Sparer gilt: Ein Fiat Panda tut's allemal auf Mykonos!

Vermieter mit tadellosem Service und ordentlichen Fahrzeugen:

Pier1, Port of Mykonos, Tel. 22890-24004, -11, info@pier1.gr, www.pier1.gr – Direkt am neuen Hafen von Mykonos reicht ihr Sortiment von Minibussen, Suzuki Jeeps bis zu Renaults und Subarus. Die Bedienung ist effizient, die Preise sind angemessen. Pier1 stellt allerdings keine eigenen Stadtparkplätze zur Verfügung.

Moto Speed, Rent a Bike & Car, Vrissi, Tel. 22890-23854, 25990 – Diverse Automarken, Schwerpunkt Fiat und Ford. Günstige Angebote, vertrauenswürdiger Service, leider etwas außerhalb der Stadt.

Die stolzen Mykonioten lassen sich durch keine Touristenkamera aus der Ruhe bringen

Pegasus, Maouna, Tel. 22890-23760, Fax 24417, info@pegasus-group.com – Einer der etabliertesten Vermieter. Die Tagespreise sind hoch, doch die Wochenpauschalen akzeptabel. Das Auto kann direkt am Stadteingang bei der Vermietungsstelle parkiert werden und der Mieter erspart sich so die mühsame Parkplatzsuche.

Avis, Alter Hafen, Tel. 22890-27580, Flughafen, Tel. 22890-24171, www.avis.com – Die Filiale am Flughafen ist bis spät in die Nacht hinein besetzt. Buchen online oder per Telefon – und das Auto steht auch bei mitternächtlicher Ankunftszeit am Flughafen von Mykonos parat. Der Geschäftsführer Marco Voulgaris, braun gebrannt und mit leuchtenden Augen das Urbild eines Griechen, ist immer für einen Schwatz zu haben. Seit über 20 Jahren sitzt er jeden Sommer in der Hauptfiliale am Alten Hafen und beobachtet die Passanten. „Mykonos hat sich verändert", meint er, „früher hätte niemand die Mühe auf sich genommen, sein eigenes Auto via Fähre nach Mykonos zu bringen …" Sein Geschäft läuft trotzdem gut, auch wegen dem tadellosen Service.

Tankstellen

Es gibt auf Mykonos vier Tankstellen, was angesichts des kleinen Straßennetzes vollends ausreicht. Auf jeder der vier Hauptstraßenachsen ist für Benzinnachschub gesorgt:

BP, Tel. 22890-22651 (an der Straße nach Áno Méra) – **Shell,** Tel. 22890-22651 (die der Stadt nächstgelegene Tankstelle liegt an der Straße nach Áno Méra) – **Eko-Tankstelle Platís Gialós,** Tel. 22890-22409 (auf dem Weg nach Psarou und Platís Gialós) – **Eko-Tankstelle Áno Méra,** Tel. 22890-71838 (5 Fahrminuten westlich von Áno Méra auf dem Weg nach Liá, Eliá, Kaló Livádi, Kalafáti)

Öffnungszeiten: Mo.–Sa. 8–19, So. 8–13 Uhr. Alle Tankstellen sind bedient und ziehen Cash-Bezahlung vor. Auf guten Inselkarten sind die Tankstellen eingezeichnet. Auch Autovermieter stellen auf Anfrage eine detaillierte Straßenkarte zur Verfügung.

Straßenverkehr

Die Begründer der Demokratia präsentieren sich im Straßenverkehr als eifrige Verfechter der Anarchia! Der griechische Straßenverkehr – und der von Mykonos – kann bei Fremden einen prägenden Eindruck hinterlassen. Ob schlechte, ungeübte, nervöse oder auffallend aggressive Fahrer …, die Griechen fahren traditionsgemäß zu schnell! Sie sehen sich gerne als sichere, begabte Mobilisten und treiben ihr Fahrzeug oft ans Limit – meist zum Unglück anderer!

Die üblichen schlechten Angewohnheiten wie signalloser Spurenwechsel oder Missachten von Lichtsignalen entfallen auf Mykonos simplem Straßensystem glücklicherweise – es gibt keine mehrspurigen Straßen und Ampeln. Es mag am antiquierten Straßenzustand liegen, dass man sich gar nicht erst die Mühe nahm, Stoppsignale aufzuzeichnen: „Der Schnellere ist der Geschwindere" ist eines der gefährlichsten Lebensmottos der Griechen.

Schlecht ausgebaute Pfaden, eine kaum existente Nachtbeleuchtung und der fahrlässige Zustand des Straßenbelags, der kaum Haftung bei einer Vollbremsung gewährt, erfordern zudem höchste Konzentration des Fahrers. Wenn es einmal regnen sollte, verwandeln Schlamm und nasser Sand die Straße in eine dreckige Rutschbahn. Sand und Rollsplitt können ein Fahrzeug böse ins Schleudern bringen. Wer als ungeschützter Mofafahrer auch nach dem Strand weiterhin Bein zeigen will, sollte besonders vorsichtig sein. Straßenhindernisse sind selten gekennzeichnet. Die Ölspur bemerkt man, wenn man schleudert, die Baustelle spätestens dann, wenn der gemietete Jeep reingefahren ist, und überraschend auftauchende Schlaglöcher haben schon manch vorwitzigem Motorradfahrer das Lachen einfrieren lassen. In Mykonos Unfallstatistik sind fast ausschließlich Touristen involviert.

Radarkontrollen gibt es auf Mykonos nicht, dafür werden Parkbußen, auch bei Motorrädern und Vespas, en masse ausgestellt. Bußzettel werden auch direkt an den Fahrzeugvermieter weitergeleitet, so dass der Mieter erst bei der Endabrechnung seine wahren Sünden erkennt.

Geld

Geschäfte und Hotels mögen Kreditkarten, einige Restaurants jedoch nur Bargeld. Die verbreitetsten Kreditkarten sind Euro-/Mastercard und Visa. Die Plastikkarten sind zwar immer mehr auf dem Vormarsch, doch das griechische Volk gehört zur vom Aussterben bedrohten Spezies der Barzahler. „Nur Bares ist Wahres", mag ihnen durch den Kopf zu gehen, wenn sie mit genüsslicher Miene ihre seit der

Drachmen-Ablösung nicht mehr so üppigen Banknotenbündel aus dem Hosensack ziehen (eine Geste, die, je mehr Geld im Sack, umso öfter angewendet wird). Die Griechen betonen partout ihre finanzielle Lässigkeit. Während Touristen Geldscheine dezent aus der Taschenfalte ziehen, breiten Griechen die Bündel auf dem Tisch aus – ein kindlicher Versuch, die bewunderte und dem Patriarchentum zugeschriebene Süffisanz nachzuahmen.

Wechselkurse sind im Euro-Land Griechenland günstiger als in der Schweiz. Schweizer sollten ihr Feriengeld auf Mykonos wechseln und bei Reiseantritt nur einen bescheidenen Handbestand für die ersten Tage mitnehmen. In Wechselstuben ist der Devisenwechsel Mo.–Fr. bis Mitternacht und am Wochenende bis 20 Uhr möglich. Ihr Wechselkurs ist schlechter als derjenige öffentlicher Banken und oft sind Kommissionen von 2–4 % fällig.

Mit EC, Visa, Mastercard, Diners und American Express ist an den meisten Bankomaten der Insel sofortiger Barbezug möglich. Gegen Eingabe der PIN-Nummer können so lange unbeschränkt Euro bezogen werden, bis das Kartenlimit den Bezug verweigert. Während der Kreditkartenbezug kostenlos ist, werden im Ausland bei jedem EC-Bezug happige Gebühren (ca. € 3–5) erhoben.

Trinkgeld

In Griechenland und auf Mykonos herrscht zwar keine prozentual festgesetzte Trinkgeldregelung, doch Trinkgeld wird speziell von den Griechen gern und großzügig gegeben. Es ist unüblich, das Trinkgeld einem Kellner direkt in die Hand zu drücken. Vielmehr pflegt man das Sympathiegeld in auffälliger Manier auf den Tisch zu werfen. So kann der Grieche beweisen, wie wenig sein Geist von einer erdrückenden Sparsamkeit beherrscht wird.

Preisniveau – Mykonos Hang zur Exklusivität

Das Preisniveau von Mykonos ist deutlich höher als das Griechenlands und seiner Nachbarinseln wie die Kykladeninseln Náxos oder Páros. Wer komfortabel und wohl versorgt auf Mykonos leben will, muss entsprechende Geldleistungen erbringen. Mykonos orientiert sich an den internationalen Preisrichtlinien inkl. „Jet-Set-Zuschlag"! Die meisten Mykonos-Besucher lassen sich ihr Vergnügen gern etwas kosten. Der Tag ist lang, die Nacht noch länger und für einmal soll man sich etwas gönnen dürfen! Der Übermut von Mykonos inspiriert nicht dazu, das knapp bemessene Feriengeld akribisch zu zählen oder zu verwalten. Vielmehr überkommt einem die Lust, das Ersparte mit plötzlicher Leichtigkeit zum Fenster rauszuwerfen, jede Grenze zu überschreiten und sich ganz auf das Vergnügen zu konzentrieren. Anspruchslose Touristen haben's etwas leichter: Campingplätze und billige Pensionen gedenken dem dünnen Sparheft ihrer vorwiegend jugendlicheren Gäste, Kebabstände und Imbissbuden sind auch vertreten.

Mykonos teuerster Monat ist der August. Dann kann sich die Insel finanziell alles erlauben, ohne die Ankunftszahl der Touristen auch nur im Geringsten zu schmälern. Selbst Pauschalreise-Anbieter, die die billigste Ferienvariante auf Mykonos vertreten, verdoppeln in diesem Monat ihre Preise. Dennoch steht Griechenland noch lange nicht auf der Stufe des teuren Deutschlands, geschweige denn erreicht das Preisniveau von Mykonos dasjenige der geschäftstüchtigen Schweiz!

Reisezeiten

Ferien sind zu jeder Jahreszeit schön. Mykonos Schönheit ist wenig launisch … doch Sommer ist nicht gleich Sommer. Seine Monate haben ihre Eigenheiten, Vor- und Nachteile.

Mai/Juni:

Im Wonnemonat blühen sogar auf Mykonos die Blumen. Zwar nicht als exotisches Vegetationsparadies, doch die sonst das Jahr über graugrünen, von der Sonne verbrannten Matten zaubern plötzlich sattgrüne Flecken hervor, die von wildem Mohn und anderen Wiesenblumen durchwachsen sind und einen zauberhaften Anblick bieten. Mai ist offizieller Saisonbeginn, die Restaurants und Hotels öffnen und rüsten sich für das lange Sommergeschäft. Die touristischen Menschenmassen sind noch fern, die Preise für Übernachtungen, Flüge und Fähren erstaunlich tief, teiweise sogar günstig. Einheimische und Hoteliers zeigen sich freundlich und motiviert. Der Winter ist vorbei und sie freuen sich auf die neue, erfolgreiche Saison. Die Gärten sind geputzt, die Häuschen frisch getüncht und alles glänzt für die Invasion der Sommergäste. Mai und Juni sind auf Mykonos herrlich, allerdings die

Nächte noch kühl und das Meer geradezu uneinladend kalt.

Mai-Feiertag: Die Griechen beweisen an den 1.-Mai-Feierlichkeiten eine lockere Einstellung zur Arbeit. Statt mit Demonstrationen und Krawallen wird Mykonos von einem Blumenmeer überflutet! Eifrig dekorieren die Mykonioten ihre Häuschen mit Blumengebinden und Kränzen.

Pascha: Das griechische Osterfest ist der bedeutendste Tag des griechisch-orthodoxen Glaubens.

In den Wintermonaten stehen die Restaurants leer und Mykonos gehört den Mykonioten

Einmal dabei zu sein, ist ein ergreifendes Erlebnis. Das ganze Dorf versammelt sich in der Kirche und wehe dem, der sich davor drückt! Traditionell bringt jeder Dorfbewohner eine weiße Kerze mit. In stummer Andacht wird den Anwesenden durch den Priester das heilige Licht weitergereicht, bis alle Kerzen in der Kirche entbrannt sind. Die stille Feierlichkeit ist wunderschön mitanzusehen! Mit dem Osterfest endet die Fastenzeit. Auf den Dorfplätzen wird das aufgespießte Osterlamm über glühender Holzkohle gegrillt. Mit Feuerwerk und üppigen Speisen wird bis früh morgens gefeiert.

Juli:
Die Tourismuswirtschaft ist im Gange. Mykonos wird von ausländischen, vor allem deutschen und Schweizer Touristen überflutet! Im Juli sind die Griechen noch bei der Arbeit und das Fehlen ihres südländischen Temperaments stiehlt Mykonos etwas von seinem Reiz. Die Hotels sind trotzdem ausgebucht, die Restaurants gut besucht und am Strand nähert sich die Stimmung dem Siedepunkt! Die Lufttemperatur liegt täglich bei ca. 35 °C, das Meer ist angenehm erfrischend und nicht mehr kalt. Mit den Gästen beginnt auch für

die Einheimischen der Stress. Die Freundlichkeit lässt zu wünschen übrig. Da Restaurantplätze sowieso besetzt werden, scheinen sich eine speditive Bedienung und zuvorkommender Service zu erübrigen.

August:

Jetzt erlebt Mykonos seinen Höhepunkt. Am 15. August beginnen in Griechenland die großen Ferien und das halbe Land scheint unbedingt auf die Lieblingsinsel Mykonos reisen zu wollen. Wer nicht frühzeitig reserviert, bekommt spontan nicht mehr viel. Zusammen mit den ausländischen Touristen strömen die Festlandgriechen völkerwanderungsähnlich nach Mykonos. Die Zustände an den Fähranlegestellen sind chaotisch. Selbst die übelsten Hotels können sich horrende Zimmerpreise leisten, Sonderwünsche werden von Kellnern und Hoteliers nur müde belächelt.

Im August ist auf Mykonos die Hölle los! Die vollen 24 Stunden des Tages wollen genossen werden. Durch die Überzahl von griechischen Touristen findet man als Ausländer genug Gelegenheiten, griechische Feste und deren Ausgelassenheit kennen zu lernen. Man muss sich nicht auf die vom Reiseveranstalter angepriesenen „Greek Nights" verlassen und kann sich auf prickelnde Nächte freuen! Obwohl die kleine Insel zu bersten droht, ist es schwer, sich nicht von der übermütigen Atmosphäre anstecken zu lassen. Das Wetter auf den Kykladen ist nie schöner als im August. Die Hitze wird durch die angenehmen Nordost-Winde gemildert, der Himmel ist wolkenlos und das türkisblaue Wasser lockt verführerisch. Regen ist im Monat August fast ausgechlossen.

September:

Nach dem großen Trubel ist die Insel im September einem kleinen, ausgesuchten Publikum überlassen, in deren Lobbies kein Unkundiger Zutritt hat! Jetzt gehört Mykonos den passionierten Griechenlandgängern und den Liebhabern des Nudismus. Man kennt und grüßt sich, die Insel gehört wieder denen, die sie zu dem gemacht haben, was sie heute ist! Die Feste werden in privatem Rahmen abgehalten, am Strand die laute Musik heruntergedreht, man diskutiert und spielt in Ruhe Backgammon. Restaurants kümmern sich mit wiedergefundener Muße um die alten Stammgäste! Die offizielle Ferienzeit ist vorbei und nach Mykonos kommt, wer genug Geld und Einfluss hat, sich Ferien zu nehmen, wann er will, und jene, die keine öffentliche Unterhaltung suchen.

Panagiris: Das Fest der Heiligen Jungfrau Maria (griech. Panagia) findet am letzten Samstag im September statt. In der kleinen Kirche an der Hafenmole von Ágios Ioánnis werden am frühen Nachmittag Tische auf die Mole gestellt. Männer bereiten an langen Bankreihen Tomaten, Zwiebeln und andere Leckerbissen vor. Panagiris ist religiöser Feiertag, der offizielle Freitag der Frauen! Die Gattinnen sind an diesem Tag von ihren häuslichen Pflichten entbunden und vergnügen sich mit Kindern und Freundinnen am Strand. Erst wenn es dunkelt, gesellen sie sich zu den Männern und demonstrieren, wer eigentlich das Sagen hat! Nach Sonnenuntergang wird das Buffet eröffnet. Alle sind zu freiem Speis und Trank eingeladen. Dampfende Schüsseln, verlockende Teller und brutzelnde Grillspeisen stehen bereit. Bis spät in die Nacht hinein wird Ágios Ioánnis von den traurigen Klängen der Santuri erfüllt und auf dem von Feuerschein beleuchteten Platz bleibt das ganze Dorf bis früh morgens sitzen.

Oktober:
Gegen Mitte Oktober ist „kehraus".

Die Restaurants stuhlen hoch, die Liegestühle am Strand kosten nichts mehr. Die Nächte werden kühler und das erfrischende Nass schien auch schon einladender. Das touristische Mykonos bereitet sich auf einen langen Winterschlaf vor, während das Mykonos der Mykonioten erste zaghafte Schritte nach dem Trubel macht. Schwarz gekleidete Frauen halten ihr Schwätzchen in den Gassen, wo vor kurzem noch knapp bekleidete Boys ihren zweideutigen Hüftschwung übten, und der eitle Pelikan Petros verfällt in eine manische Depression, wenn seine Bewunderer verschwunden sind. Die verschlafene Atmosphäre des mykoniotischen Oktobers hat seinen Reiz, besonders für jene, die sich mehr am goldenen Herbstlicht erfreuen als an langen Nächten und wilden Eskapaden.

Unterkünfte

Hotels und Hotelkategorien
Wo es Touristen en masse hinzieht, schießen Hotels wie Pilze aus dem Boden! Die strengen Bauvorschriften haben die Ausmaße der „Pilzplage" im Griff halten können. Auf der Entdeckungsreise durch Mykonos können Urlauber sich an schönen Hotelgebäuden erfreuen.

Kategorie A Deluxe: Hotels der Luxusklasse mit allem, was das Herz begehrt. Sie gehörenen meist einer renommierten Hotelkette an und sind nach deren Treu und Glauben perfekt organisiert. Zimmer sind von € 200–650 pro Nacht erhältlich.

Kategorie A: Schöne, große Hotelkomplexe mit breitgefächertem Angebot. Swimmingpool und Sonnenterrasse sind ein Muss. Die Zimmerpreise liegen zwischen € 120 und 300 pro Nacht. In der Vor- und Nachsaison kann mit drastischen Preisnachlässen gerechnet werden!

Kategorie B: Hotels und Pensionen der Mittelklasse! Oft Familienbetriebe mit gutem, zuverlässigem Service, ohne auf Sonderwünsche und spezielle Bedürfnisse einzugehen. Die Kat. B schließt die praktischen Lieblingsabsteigen einer Familie mit Kleinkindern mit ein. Zimmerpreise: € 100–200

Kategorie C: Die verbreitetste Kategorie auf Mykonos, die für anständige, saubere Zimmer ohne großen Komfort und unnötigen Schnickschnack steht. Der Service ist unterschiedlich: von übertriebener Freundlichkeit und Fürsorge bis zu schnippischer Kaltschnäuzigkeit! Zimmerpreise: € 80–160

Kategorie D: Laut Beschreibung des Griechischen Tourismusbüros bietet diese Kategorie kleine, bescheidene Hotels und Pensionen für den Gast mit einfachen Ansprüchen. Auf Mykonos gibt es darunter einige wahre Perlen, die bis anhin noch nicht herausgefunden haben, dass Charme und familiäre Atmosphäre oft reizvoller sind als Pool und Tennisplatz. Zimmerpreise: € 45–90

Kategorie E: Pensionen ohne Dienstleistungen und Sonderservice. Dem Gast muss ein spartanisches Bett und eine winzige Toilette genügen. Eine eigene Dusche ist nicht immer garantiert. Die meisten Hotels dieser Sparkategorie befinden sich im Herzen der Stadt und werden im Sommer zum Revier der jugendlichen Partylöwen. Diese Zimmer gibt's teilweise schon ab € 25 pro Nacht.

Ziehen Sie die charmanten Gassen der Hora den weiten, goldenen Stränden vor, genügt Ihnen ein freundlicher Service oder erwarten Sie, wie griechische Schiffsreeder bedient zu werden? Die Wahl liegt bei Ihnen!

In Griechenland werden touristische Unterkünfte mit den Kategorien A–D bewertet. Die Höchstauszeichnung A vertritt die Kategorie der Firstclasshotels, Häuser der Kategorie D sind kleinere Hotelbetriebe oder Pensionen, identisch mit den 1- bis 2-Sterne-Hotels bei uns. Die Klasseneinteilung der Hotels wird in Griechenland nicht immer nach mitteleuropäischen Maßstäben vorgenommen. Den Griechen ist z.B. ein kleines Radio über dem Bett oder eine Klimaanlage viel wichtiger als die Aussicht vom Hotelzimmer.

Fast 90 % der Mykonos-Urlauber buchen einen Pauschalurlaub. Der Pauschaltourist darf sich getrost für jenes Hotel entscheiden, welches das Reisebüro speziell preisgünstig anbietet oder jenes, welches auf dem winzigen Reisekatalogbild dem gängigen Griechenlandklischee entspricht: weiße Mauern, Blumen, rot gestrichene Balkone … Mykonos-Kenner suchen sich

ihr Feriennest nach eigenen Maßstäben aus. Zögern Sie nicht, zuerst die freien Zimmer eines Hotels anzuschauen, um dann erst eine Wahl zu treffen, auch wenn der Rezeptionist Sie nur widerstrebend auf dem Hotelgelände herumführen wird und Ihre Vorsicht als Flausen abtut! Viele Hotels vermieten ihr gesamtes Zimmerkontingent an bestimmte Reiseveranstalter. Diese Häuser haben dadurch etwas von der griechischen Mentalität verloren und sind stark den Bedürfnissen ihrer Gäste angepasst.

Hotels auf Mykonos sind sehr persönlich und familiär geführt. Oft ist die gesamte Familie in den Hotelbetrieb integriert und der Übergang zwischen den Privaträumen des Besitzers und den Aufenthaltsräumen der Gäste ist zuweilen fließend. Wenige mykoniotischen Hotelbesitzer haben eine klassische Hotelausbildung absolviert. Die Organisation des Personals und Effizienz des Services wirkt deshalb oft inkompetent. Doch mit etwas freundlicher Nachsicht kann man einen unbezahlbaren Aufenthalt geboten bekommen, der jeder Kategorisierung sowieso entbehrt.

Findet man in manch kleinem Hotelbetrieb auf Mykonos einen aus-

gezeichneten Service und traumhafte Umstände, sind die fünf
Sterne der Luxushotels nicht immer
gerechtfertigt. Sind diese Häuser
in Mitteleuropa Oasen des Prunks
und überflüssigen Luxus, die nur
mit schüchternem Respekt betreten werden, so sind die Tophotels
von Mykonos, obgleich sehr gepflegt und freundlich-angenehm
durchaus bezahlbar. Leider versuchen gerade die besseren Hotels,
das charmante Improvisationsta-
lent der griechischen Mentalität zu
vermeiden, und ihre bewusste Unpersönlichkeit erscheint als kindlicher Versuch, in den Rängen der
luxuriösen Grandhotels dieser Welt
mitzuhalten.

Die Mehrheit der Hotels verfügt
über Zimmer mit Klimaanlage, die
oft nur stundenweise in Betrieb
ist. Wer tagsüber die Fensterläden
schließt, wird abends sein Zimmer
aber genauso frisch und angenehm
vorfinden. Die sanitären Einrichtungen der teureren, großen Hotels
entsprechen unserem gewohnten
Standard. Badezimmer sind meist
erstaunlich groß und hübsch ausgestattet, vielfach sogar aus wei-
ßem Marmor. Die älteren, kleinen
Hotels und Pensionen haben winzige Badezimmer, die Duschen oft
nicht einmal einen Duschvorhang

oder eine gemauerte Abgrenzung,
die das Wasser vom übrigen Badezimmer abhält.

Die Warmwasseraufbereitung er-
folgt teilweise durch Solaranlagen.
Es kann deshalb vorkommen, dass
unter der Dusche lauwarmes Wasser ausreichen muss oder der abrupte Wechsel von warm zu eiskalt
einem das Herz still stehen lässt.
Mykonos Kanalisation ist nachläs-
sig erbaut worden. Benutztes Toi-
lettenpapier soll deshalb vielerorts
in einen kleinen (leider oft nicht
besonders dezenten) verschließba-
ren Eimer geworfen werden. Dies
scheint für Touristen offensichtlich
die schwerwiegendste Anpassung
an Mykonos zu sein. Das gebrauch-
te Papier wird trotzdem in der WC-
Schüssel entsorgt, so dass viele Toiletten auf Mykonos verstopft sind.

Zimmer, Preise, Saison

Übernachtungspreise werden pro
Zimmer, nicht pro Person berechnet und schließen das Frühstück
nicht mit ein. Bei einigen Hotels
wird ein Zuschlag für Einzelbenüt-
zung erhoben.
Doppelzimmer sind mit zwei Ein-
zelbetten oder einem Doppelbett
versehen. Da in einigen Hotels die
Betten in die Wand eingemauert

oder am Boden angeschraubt sind, ist an ein Auseinander- bzw. Zueinanderrücken der Betten nicht zu denken. Je nach Intimität der Beziehung also bei der Reservierung die gewünschte Betten-Ausgangslage verlangen. Unter einem 3er-Zimmer versteht der Grieche ein normales Doppelzimmer, das mit einem Klappbett oder einem Sofa zum Dreierschlag umfunktioniert wurde. Der Komfort für die dritte Person – oder für alle drei – ist sehr eingeschränkt.

Einzelzimmer sind in älteren Hotels oft Zimmer ohne Aussicht und in Ausstattung und Komfort benachteiligt. Mykonos will schließlich niemanden zum Alleingang überreden und fördert jede Zweisamkeit! Als würde es dem allein reisenden Tourist nicht schon so schmerzlich bewusst, dass ein Einzelgänger auf Mykonos nicht viel verloren hat!

Das Angebot an Ferienwohnungen und Apartments ist auf Mykonos beschränkt, die Mietobjekte entbehren meist jeden Komfort. Vor allem die Kücheneinrichtung ist oft auf das Notwendigste reduziert und kann jedem Hobbykoch zum Alptraum werden.

Die Feriensaison beginnt im Mai gemütlich und stressfrei! Hotelbesitzer denken oft nicht im Traum daran, ihre Hotels vor Ankunft der Touristen auf Vordermann zu bringen. In einer Seelenruhe wird der im Katalog so großartig angepriesene Pool geputzt und Liegestühle müssen erst noch gekauft werden. In der Vorsaison sollte man von seinem Hotel nicht allzu viel erwarten! Meist entscheidet sich der Hotel-Direktor aufgrund der Buchungen, ob der Pool aufgedeckt wird, der Friseursalon bis auf

Behindertengerechter Urlaub

Menschen mit körperlichen, einschränkenden Behinderungen haben es auf Mykonos schwer. In kaum einem Hotel müssen nicht Dutzende von steilen Treppen erklommen werden, um zum Zimmer zu gelangen. Die Gehwege durch die überwucherten Hotelgärten sind selten breit genug für einen Rollstuhl, das unebene Kopfsteinpflaster und die hohen Randsteine der Hauptstadt können ebenfalls zum Hindernis werden. Gehbehinderten Menschen empfiehlt sich, beim Reisebüro oder der griechischen Fremdenzentrale detailliertes Material einzuholen.

Die Nachkommen des Starpelikans Petros

weiteres geschlossen bleibt oder statt Frühstücksbuffet à la carte gefrühstückt werden muss. Viele Hotels bieten Sportmöglichkeiten an. Die Qualität der Sportgeräte und -anlagen kann durch den starken Gebrauch in der Hochsaison in Mitleidenschaft gezogen werden. Swimmingpools können selbst in der Hochsaison zwei, drei Tage wegen Reinigung geschlossen sein.

Wasser- und Stromversorgung

Lang anhaltende Trockenperioden führen in Griechenland zu Engpässen bei der Wasserversorgung mit ausbleibendem oder salzhaltigem Wasser. Auch bei der Stromversorgung hapert es oft. Der zeitweilige Ausfall von Klimaanlagen oder anderer elektrischer Installationen ist an der Tagesordnung. Die technischen Einrichtungen entsprechen längst nicht unserem Standard. Reparaturen können aus Mangel an Fachpersonal oder benötigten Ersatzteilen länger als verständlich, im schlimmsten Fall länger als der gebuchte Urlaub dauern. Gegen das Auf-später-Vertrösten hilft nur Hartnäckigkeit, in Griechenland ist selbst die Effizienz eine Frage der Lust.

Privatzimmer

Man weiß hier, wie lukrativ das Geschäft mit den Touristen sein kann, das auf der kleinen Insel der blühendste Wirtschaftszweig ist. Wer es versäumte, sein Land zu verkaufen, und noch kein Hotel sein Eigen nennt, hatte wohl einfach kein Land zu verkaufen. Um sich trotzdem ein Häppchen vom Touristenkuchen abschneiden zu können, vermieten viele Mykonioten Einzelzimmer oder ganze Etagen ihrer Wohnsitze an Urlauber. Mit selbstgemalten „Rooms-to-let"- oder „Rooms-to-rent"-Schildern machen sie auf sich aufmerksam. Ihr Zielpublikum sind Feriengäste, die länger als nur eine Woche auf Mykonos bleiben wollen oder sogar einen Sommerjob an Land gezogen haben. Die Preise dieser „Bed&Breakfasts" variieren je nach Einrichtung zwischen € 15 und 50. Die Atmosphäre kann sehr familiär sein. Oft hat der Gast nicht einmal einen eigenen Eingang und gelangt über die Hausküche in sein Gemach. Die Integration in ein griechisches Heim kann durchaus nicht nur in Sparferien, sondern in einer unbezahlbaren Erfahrung münden. Ganz im Gegensatz zu den teuren Hotels, wo jeglicher persönliche Kontakt erschwert wird.

Camping

Wer gern im engen, erhitzten Zelt schläft, sich durch die hundert anderen Zelte der Privatsphäre nicht beraubt fühlt, wird an Mykonos

Campingplätzen Freude haben. Die beiden Campingplätze von Mykonos haben sich in unmittelbarer Nähe von Stränden eingerichtet und deren Entwicklung beeinflusst. Beide Campingplätze haben regelmäßige Busverbindungen zur Stadt und dem Flughafen und unterhalten zusätzlich einen kleinen Busservice, der bei Großandrang einspringt und gegen Bezahlung auch Sondertouren macht. Die sanitären Einrichtungen sind einfach und bescheiden. Vor allem die Duschen lassen zu wünschen übrig! Wer gern lange am Strand liegt und sich um neun Uhr abends auf die reinigende Duschzeremonie freut, hat Pech: Das Wasser wird eiskalt sein und die Warmwassertanks so leer, wie es nur geht.

Wildes Campen ist offiziell in ganz Griechenland verboten; allerdings drückt man auf Mykonos schon mal ein Auge zu, wenn es um die Missachtung der Gesetze geht, und man hört selten, dass Camper in verlassenen Buchten Probleme mit der lokalen Behörde hätten. Auf den öffentlichen Campingplätzen darf man auch ohne Zelt im Schlafsack übernachten. Allerdings sind dafür ein ruhiger Strand oder eine versteckte Felsbucht romantischer und empfehlenswerter. In der Abgeschiedenheit kann man sich vor betrunkenen Campern, die in der Mitte der Nacht über einen stolpern könnten, sicher wähnen. Zudem sind Mykonos Campingplätze so stark frequentiert, dass das Gras längst einer staubigen Bodenschicht gewichen und es unangenehm ist, direkt auf dem Boden zu liegen!

Camping Paradise, Paradise Beach, Tel. 22890-22852, Fax 24350, www.paradise-greece.com
Der Campingplatz von Paradise Beach gilt seit seiner Eröffnung in den 1960er Jahren als einer der coolsten Griechenlands. Längst hat er sich von einer Hippiekommune zur erlebnisreichen Tages-Disko gewandelt und zieht noch immer sein Stammpublikum an. Der Besitzer, von allen kumpelhaft Freddy genannt, ist seit 1969 immer noch der Boss dieser kultigen Anlage.

Das Campingareal wird durch Restaurants und Bars vom Strand abgetrennt und so der herrlichen Aussicht beraubt. Sträucher und Schilfbahnen geben den Campern einen Hauch von Privatsphäre. Nebst Restaurants, Minimarkt, Boutiquen, Bars und Diskos bietet der Campingplatz eine auch Außenstehenden zugängliche Tauchschule:

Dive Adventures, Tel. 22890-24808, Fax 26539, www.diveadventures.gr (Mai–Oktober). Es werden Kurse für jede Stufe angeboten: Tauchanfänger, Weiterbildung in Sporttauchen, Rettungstauchen und Ausbildungen (nach PADI-Richtlinien) zu Master Scuba Diving, Assistant Instructor oder Instructor.

Wenn in die Ferienzeit eine Vollmondnacht fällt, sollte man sich beim Camping Paradise über die *Vollmondpartys* informieren. Bei diesen geht so richtig die Post ab. Getanzt wird bis sechs Uhr morgens. Um Mitternacht gibt es für alle Gratisdrinks. Bei diesen Anlässen fahren die ganze Nacht hindurch öffentliche Busse von der Stadt zum Paradise Beach.

Camping Mykonos, Paránga Beach, Tel. 22890-25915, Fax 24578, www.mycamp.gr. Der Campingplatz liegt oberhalb des herrlichen Paránga-Strandes und ist durch Büsche und Holzzaun vor neugierigen Blicken der Strandgänger geschützt. Der Platz ist viel ruhiger als sein exzessiver Konkurrent am Paradise Beach. Für die Ruhe muss auf Mykonos immer etwas mehr bezahlt werden. So ist Mykonos Camping Mykonos eindeutig der exklusivere Campingplatz der beiden. Er rühmt sich in seiner Broschüre, während 24 Stunden warmes Wasser zu haben …

Arbeiten auf Mykonos

Jedes Jahr pilgern Touristen nach Mykonos, richten sich den Sommer über auf der Insel ein und wollen den Aufenthalt mit leichter Arbeit verbinden, um die kostspieligen Ausgaben der verlockenden Sommernächte zu begrenzen. Als EU-Bürger hat man auf Mykonos keine Probleme, eine Arbeit zu finden – vorausgesetzt, man spricht ein passables Englisch. Griechisch-Kenntnisse erübrigen sich auf dieser internationalen Insel, wo selbst der 80-jährige Bauer einen Brocken Englisch kann. Wer aus einem Nicht-EU-Land stammt, kann sich entweder durch den bürokratischen Dschungel kämpfen – der auf Mykonos noch dichter ist als auf dem Festland – und eine Arbeitsbewilligung beantragen (erkaufen?), oder man versucht es mit Charme und Einfallsreichtum!

Licht – die Naturuhr von Mykonos

Wenn man aufsteht, ist es Morgen, mit dem Nachtessen beginnt der Abend, der dann zur Nacht wird, wenn man ins Bett sinkt, und wenn die Unlust an der Arbeit am größten ist, dann kann man sich darauf verlassen, dass es vier Uhr nachmittags ist! Das Licht beeinflusst unsere Tätigkeiten und diese unseren Tagesrythmus.

Doch was ist, wenn wir um vier Uhr nachmittags statt mit der Arbeit zu kämpfen, genüsslich frühstücken oder um acht Uhr morgens in enger Umarmung ins Bett sinken, statt um die erste Dusche zu streiten? Was ist passiert, wenn man nicht weiß, ob die Sonne auf- oder untergeht, wenn man nach wohligem Schlaf die Augen öffnet? Dann ist man im Urlaub auf Mykonos. Hier ist es eine Selbstverständlichkeit, um Mitternacht bedient zu werden und das Frühstücksei am Nachmittag wie den Campari um sechs Uhr morgens zu bekommen. Auf Mykonos steht die Welt Kopf, unbeeinflusst vom Stand der Sonne.

Doch auch hier haben sich mit dem Lichtstand der Sonne gewisse Traditionen entwickelt. Bis fünf Uhr nachmittags darf auf Mykonos gemacht oder eben nicht gemacht werden, wie es einem beliebt. Erst wenn die Sonne langsam ihre Kraft verliert, um die Insel in goldenes Licht zu tränken, gibt es auf der Insel Gepflogenheiten, ja Rituale, die zu schön sind, um nicht artig befolgt zu werden:

Werfen sie sich nicht schon an den Strand, kaum ist die Sonne aufgegangen. Gehen sie lieber etwas später und bleiben dafür länger. Der Connaisseur denkt nämlich nicht daran, um 17 Uhr sein Badetuch zusammenzurollen, um mühsam im Hotel den Sand wegzuduschen. Mykonos Strände sind in der vorabendlichen Stimmung am schönsten, und wo es am schönsten ist, dort sollte man sein! Die Natur scheint in den vorabendlichen Stunden noch einmal ihre Kräfte zu sammeln, um ihr schönstes Gesicht zu zeigen. Wie eine kluge Dame von Welt, die weiß, dass der letzte Auftritt in Erinnerung bleibt, wirft sich die Insel Mykonos in ihr goldenes Gewand, glüht in der Abendsonne und drapiert verführerisch das nun ruhige, dunkelblaue Meer um ihre Formen! Die Griechen strömen deswegen erst am späten Nachmittag an den Strand. Die Rotation ist markant: Touristen, die seit zehn Uhr morgens in der Sonne brutzelten, schleppen sich mit Sonnenstich ins kühle Hotelzimmer zurück, während die Griechen, eben erst aufgestanden, sich frisch und munter am Strand versammeln und

demonstrieren, wie es auf Mykonos gemacht wird.

In die hell beleuchteten Gassen der Hora kommt man früh genug. Ins klimatisierte Hotelzimmer sowieso! Wer nach dem Baden genug von Sand, Sonne und Meer hat, sollte in eine der netten Strandtavernen übersiedeln. Das späte Mittagessen in den Strandlauben gehört zu Mykonos wie die weißen Häuschen und der launenhafte Meltémi-Wind. Für viele ist das Mittagessen nach dem Strandbesuch die erste und einzige größere Mahlzeit des Tages. Die Tavernen sind am Spätnachmittag meist bis auf den letzten Platz besetzt. Bestellen Sie sich gekühlten Weißwein, eine verlockende Auswahl an Mézedes (Vorspeisen) und genießen Sie den Blick auf den sich leerenden Strand.

Wenn die Sonne im Meer versunken ist, verwandelt sich die Insel in einen dunklen Felsen, der den Touristen nun andere Attraktionen überlässt. Die Schönheit der Insel wurde reichlich bestaunt, jetzt will die Schönheit der Menschen genossen werden! Nach Sonnenuntergang zieht man sich getrost ins Hotelzimmer zurück, um sich bzw. dem Spiegelbild die Aufmerksamkeit zu schenken. Während es sich

in den unkomplizierten Strandtavernen in Bikini und Bermuda-
shorts essen lässt, sieht das nächtliche Mykonos seine Gäste gern
herausgeputzt und extravagant. So
pflegt zwischen 22 und 23 Uhr das
halbe Mykonos seine Eitelkeiten …
oft sogar so erfolgreich, dass man
den Strandnachbarn vom Nachmittag beim nächtlichen Dinieren
schlichtweg nicht mehr erkennt
oder der lästige Verehrer von Paradise in der schummrigen Disko nun
plötzlich doch interessant wird.

Auf Mykonos wird spät gegessen.
Die Restaurants bleiben bis 22 Uhr
den Familien und Senioren überlassen, um dann vom exzentrischen,
vergnügt-erregten Publikum okkupiert zu werden, für das ab zehn Uhr
abends die Gaumenfreuden beginnen. Selbst wer glaubt, um diese
vorgerückte Zeit noch keinen Bis-
sen herunterzubringen, wird sich
nach ein paar Tagen Mykonos diesem Rhythmus fügen. Schließlich
werden diejenigen, die um sechs
Uhr morgens ins Bett gehen, nicht
um acht Uhr frühstücken, demzu-
folge kaum um 12 Uhr bereits Lust
zum Mittagessen verspüren und
nach einem Lunch um fünf Uhr
abends ist man drei Stunden später
selten bereits wieder hungrig. Wer
nicht allein in einer Bar sitzen will,

muss sich bis ein Uhr nachts gedul-
den, bis die Clubs ihre Pforten öffnen und die Gäste die Bars zum Leben erwecken. Wer zu früh seinem
Hunger nachgibt, muss eine sehr
interessante Begleitung haben, um
das stundenlange Warten vor dem
Ausgang zu überbrücken. Mykonos
laue Nächte sind wundervoll und
ein „zu spät" sollte nicht existieren.

Mykonos gibt sich gern unverbind-
lich. Die Touristen sollen sich nicht
für das Eine entscheiden müssen,
sondern von allen „Töpfen" ein
wenig naschen dürfen! Die Nächte von Mykonos werden selten an
dem Ort begonnen, aus welchen
einen die Müdigkeit Stunden später nach Hause treibt. Das Nachtleben ist eine Gassenwanderung von
Bar zu Bar, wobei jedes Lokal seine
bestimmte „happy hour" entwickelt
hat. Die Nachtmenschen bleiben
überall nur so lange, wie sie wollen
oder sie eine Stimmung ins nächste Lokal verschlägt. Bis zum Ferienende entwickelt jeder Urlauber
seinen ganz persönlichen Bar-Ro-
tationsrhythmus, auch anhand dessen, welche Menschen wann und
wo anzutreffen sind! Und größere
Skrupel sollten beiseite gelegt werden. Denn ohne die Touristen hätte
Mykonos weder viel zu lachen noch
zu feiern. Tun Sie also auf der Par-

tyinsel, was Ihnen beliebt! Denn auf Mykonos feiert man den Tag und die Nacht, die Sonne und den Mond und vor allem feiert man sich selbst!

Der Ursprung von Mykonos

Mykonos erste Siedlungsspuren reichen bis 3200 v. Chr. zurück. Um Entstehung und Bedeutung der Insel rankt eine Vielzahl von Sagen und Mythen, deren Wahrheitsgehalt oder Phantasterei vage ist. Einleuchtend scheint die Erklärung, dass der Name „Mykonos" vom phönizischen Wort „mu kon" (übersetzt etwa „arme Erde") abstammt angesichts der trockenen, unergiebigen Landschaft der Insel. Der Stolz der Mykonioten verlangt jedoch eine heroischere Ursprungstheorie, wie sie seit vielen Jahrhunderten kursiert. Wie so oft in der griechischen Historie bot die Mythologie den Nährboden, auf welchem sich die Griechen für das karge Mykonos eine zufriedenstellende Herkunftsgeschichte ersannen:

Die Sage erzählt, dass die Steinmassen von Mykonos stille Zeugen eines Kampfes zwischen den Göttern sind. Der mächtige Gott des Meeres, Poseidon, soll sie einst aus dem Meer gehoben und gegen seine Feinde, die Giganten, geschleudert haben, um sie damit zu vertreiben. Unbekümmert, wie die Götter der Antike waren, ließ Poseidon die Felsen im Meer liegen, wo sie lange unbemerkt blieben. Eines Tages erbarmte sich jedoch Mykonos, der Enkel des großen Apollo, des Steinhaufens und richtete dort seine Residenz ein. Schließlich lag Großvaters heiligstes Refugium, die Insel Delos unmittelbar neben der kargen Felseninsel und die Nachbarschaft verwandter, mächtiger Göttersitze kann niemals schaden. Der schlaue Enkel Mykonos überredete Apollo, ihm ein wenig vom magischen Licht zu schenken, das stets über Delos leuchtete. Der gutmütige Apollo willigte ein, denn immerhin stammte Mykonos aus seiner Familie und durfte als solcher keinen allzu dürftigen Wohnort haben. Mykonos' Insel, die bald seinen Namen übernahm, erstrahlte von da an im prächtigen Glanz und ließ vergessen, dass das Eiland ursprünglich bloß ein karger, vergessener Granitfelsen im Meer war. Wieviel Wahrheit in dieser Sage steckt, sei dahingestellt. In Anbetracht der geographischen Beschaffenheit der Insel Mykonos muten die Granitmassen tatsäch-

Leuchtturm vom Kap Armenistis

lich so an, als seien sie von einer übermächtigen Hand angehäuft worden.

Nur wenige Hinweise sind über das historische Mykonos gefunden worden. Historischen Quellen erwähnen die Verbindung mit der heiligen Insel Delos – doch unspektakulär in Zusammenhang mit überlieferten Jahresabrechnungen. Die unmittelbare Nähe zum heiligsten Zentrum der Antike brachte Mykonos eine undankbare Rolle ein! Nicht nur blieb dem Inselchen kaum etwas an Ruhm übrig, auch seine Armut wurde zunehmend sprichwörtlich: Der Ausdruck „My-koniote" entwickelte sich zum Synonym von „Habgier" und „Geiz"! Als wäre das nicht genug: Einen „störenden Nachbarn" beschimpfte man mit „mykoniotischer Nachbar", war man irgendwo nicht willkommen, wurde dies als „mykoniotischer Lebensstil" quittiert. In der Vergangenheit hatte Mykonos neben dem glänzenden Delos stets den freudlosen Part der großen Schwester. Doch diese hat Rache am ehemaligen Star genommen. Heute erstrahlt Mykonos und der ehemalige Liebling Delos wird nebenbei erwähnt und ist gerade mal einen Tagesausflug wert!

Mit Delos Untergang begann der Aufstieg von Mykonos. Die Insel wurde zur Durchgangsstation für Ägypter, Phönizier, Kreter und Ionier. Keines dieser Kulturvölker richtete sich jedoch lange auf der Insel ein. Weder Tongefäße, Gräber oder Monumente wurden entdeckt. Ausgegrabene Münzen diverser Epochen zeigen das Antlitz des Dyonisos und des Apollo. Dyonisos' Bedeutung als Gott des Weines und des Vergnügens zieht sich bis in die Gegenwart: Die Verehrung des hedonistischen Gottes ist noch immer aktuell und hat einen Stellenwert, von dem seine göttlichen Brüder und Schwestern nur träumen können.

Nach der Eroberung der Kykladen im 1. Jh.v.Chr. durch die Römer und Ernennung von Delos zum Freihafen setzte auf Mykonos ein erster wirtschaftlicher Aufschwung ein. Der Einzug der Römer setzte den griechischen Tempeln ein Ende, später wurde das Christentum offizielle Staatsreligion und die heidnischen Bauten zu christlichen Kirchen ummutiert. Auf Delos standen zu viele der verdächtigen griechischen Götterbauten und die Römer beschlossen, die ganze Insel zu zerstören. Mykonos Unauffälligkeit und seine ignorierte Präsenz schienen den Römern nicht zerstörenswert genug und die Insel wurde der römischen Provinz Asien zugeteilt. Bei der Aufteilung des Römischen Reiches im 4. Jhr.n.Chr. und den Anfängen der byzantinischen Periode gerieten die Kykladen in Vergessenheit. Es galt, die neue Hauptstadt Konstantinopel zu etablieren und nicht sich um bedeutungslose Sonneninseln zu kümmern. Mykonos nutzte die Vernachlässigung effizient und entwickelte sich zum selbständigen kleinen Hafen mit eigener Flotte. Bei der Auflösung des byzantinischen Reichs durch die Franken im 13. Jh. rissen die Venezianer die Kykladeninseln an sich. Bis ins 16. Jh. war Mykonos direkt der Republik Venedig unterstellt. Unter der Kontrolle der Venezianer vegetierte Mykonos wirtschaftlich dahin. Es war deshalb fast schon Glück im Unglück, dass die Flotte der Venezianer 1537 von osmanischen Piraten geschlagen wurde und die kykladischen Stützpunkte unter türkische Herrschaft gelangten. Die Türken forderten von den eingenommenen Inseln hohe Tribute, mischten sich aber nicht in die lokalen Eigenheiten ein.

Mykonos etablierte sich damals zum Zentrum des Transithandels in der Ägäis. Es zählte jetzt gut

3000 Bewohner und unterhielt eine Flotte von über 100 Schiffen und 50 Kaiks. Sein Reichtum gründete nicht nur vom Handel zwischen der Türkei und den Mittelmeerländern. Wie viele Seefahrer lebten die Mykonioten auch durch Piraterie. Die zentrale Lage in der Ägäis war ideal. Die Insel war nicht nur Warenumschlagplatz gestohlener und geschmuggelter Güter, sondern auch Wohnort von Piraten und deren Familien. Spuren der Seeräuberei sind heute noch in einigen der 365 Kirchen der Insel zu sehen. Gravuren und Reliefs in den Kirchenmauern weisen auf altertümliche Danksagungen hin, die sich für das Gelingen eines Piratenstreichs oder die Errettung aus Seenot bedankten. Reichtum und Macht der Piraten führten nun zu Aufständen gegen die Osmanen, aber keine Revolte war erfolgreich. Immerhin war das Leben der Inselgriechen um einiges angenehmer als das der Festlandgenossen. Für Handel, Piraterie und Schifffahrt war das gebirgige Festland nicht prädestiniert! Erst nach der Entwicklung des Hafens von Piräus wurden die kleinen Seehäfen der Inseln bedeutungslos. Mykonos letzter Pirat starb einsam und verarmt im Jahr 1854. Seine Gebeine liegen noch heute im Kastroviertel begraben.

Mykonos und große Teile Griechenlands erlangten erst in den berühmten Freiheitskämpfen des 19. Jh.s ihre Unabhängigkeit. Mit Unterstützung der Bulgaren und Albaner begann 1821 die Revolte der Griechen gegen den Sultan und die Oberherrschaft der Türken. Mykonos beteiligte sich mit seiner gut ausgerüsteten Flotte am griechischen Unabhängigkeitskrieg. Als 1822 die Türken die Insel gewaltsam besetzten, verteidigte sich die Insel unter der Führung der Heroin Manto Mavrogennous erfolgreich. Die Spuren dieser griechischen Jeanne d'Arc sind noch heute überall sichtbar.

Zeit heilt nie alle Wunden! Das Verhältnis zwischen Griechen und Türken blieb gespannt. Selbst Mavros glorreicher Sieg hinterließ einen bitteren Nachgeschmack bei den Mykonioten, die viele jungen Männer in der Schlacht verloren! Was 1537 begann, ist heute noch nicht beendet: Die Natopartner Griechenland und Türkei liegen sich ständig in den Haaren. Die Türkei hält einen Großteil von Zypern und sogar mehrmalige Verurteilungen der UNO brachten die Türken nicht zum Rückzug von der ursprünglich griechisch-orthodoxen Insel. Letzte Konfrontation zwischen

Windmühlen – architektonische Wahrzeichen von Mykonos

den beiden Staaten war 1996 die Besetzung einer unbewohnten griechischen Insel durch türkische Journalisten. Die griechische Flagge wurde heruntergeholt und die türkische gehisst. Erst das diplomatische Handeln der USA beruhigte die Situation, doch in der griechischen Bevölkerung herrscht seither erneut gestärktes Misstrauen und teilweise sogar Hass gegenüber dem türkischen Nachbarn!

Nach dem Ersten Weltkrieg machte der Tourismus seine ersten schüchternen Gehversuche auf Mykonos. Bereits 1933 zählte man 2.200 Sommergäste. Während die Touristen kamen, erfolgte die größte Auswanderungswelle von Mykonioten. Viele Söhne verließen die Insel und siedelten sich auf dem benachbarten Syros, in Athen oder im Ausland an. In Illinois, USA, entstand damals die noch heute größte ausländisch-mykoniotische Gemeinde. Der Touristenstrom stoppte während des Zweiten Weltkriegs. Viele junge Mykonioten verließen Insel und Familie, um das Vaterland in Armee, Navy und Air Force zu unterstützen. Auf Mykonos und Delos sollen sich Funkstationen befunden haben, die den Alliierten Informationen über die feindlichen Bewegungen im Mittelmeer lieferten.

Während des Wiederaufbaus Europas stieg Mykonos' Bedeutung als Touristenattraktion. Bereits Ende der 1950er Jahre war Mykonos Ziel des internationalen Jetsets. Das Bild des Herzogs von Kent in kurzen Bermudas am Hafen von Mykonos sorgte weltweit für Furore. Trotz der groben Etikettenverletzung wurde der Schnappschuss zur besten Werbung. Namhafte Prominente wie Maria Callas, Yehudi Menuhin, Jackie Onassis und Churchill fanden sich auf der Insel ein. Seit jenen Tagen gab es für Mykonos touristische Entwicklung keinen Halt mehr. Magazine, Zeitungen, Radio und Fernsehen bombardierten ihre Leser und Zuschauer mit wilden Beschreibungen der von Sonne und Prominenten verwöhnten Insel. Millionen von Träumen und Sehnsüchten wurden um die kleine Mittelmeerinsel gewoben und machten sie zu einem der bekanntesten Ferienziele der Welt!

Mykonos-Stadt

Der eigentliche Name des Hauptortes von Mykonos ist Hora (Chora). Die unumstrittene Perle der Insel liegt im Süden, circa drei Kilometer entfernt liegt der Flughafen. Mykonos-Stadt bestand im Mittelalter aus einer Burg. Deren Baustruktur war anders als die verstärkten Zitadellen der übrigen Kykladeninseln. Diese waren von starken, schützenden Mauern umgeben und an sicheren, versteckten Orten erbaut. Mykonos Kastell kann seinen Bewohnern kaum genug Schutz geboten haben mit seiner auffälligen, überblickbaren Lage direkt am Meer. Selbst innerhalb der Burgmauern befanden sich nur rudimentäre Verteidigungsanlagen.

Um das mittelalterliche Burgviertel – das heutige Kastroviertel – wuchs das Städtchen so heran, wie es sich noch heute Besuchern präsentiert. Die größte Expansion erfolgte erst nach dem Zweiten Weltkrieg. Horas gesamte Fläche breitet sich eben um den Hafen herum, in dem eine der schönsten Hafenpromenaden Griechenlands verläuft. Dahinter

verwinkelte, blank gefegte Gässchen, schneeweiße Häuser mit roten, türkisen und meerblauen Fensterläden, hölzerne Außentreppen, intime Plätze mit winzigen Kirchlein, verschwiegene Gärten hinter hohen Mauern. Ein labyrinthartiges Netzwerk von Gässchen, wo man sich auch noch nach Tagen verliert. Das Sich-Einprägen einiger markanter Punkte hilft zur Orientierung.

Der Hafen und seine Promenade – die Paraglia – sind solch markante Orientierungspunkte. An der Mole, an der Luxusdampfer, Fährschiffe, Fischerbötchen und elegante Yachten vertäut liegen, kann man neuen Mut fassen und erneut ins Gassengewirr eindringen. Dies wurde so strukturiert, dass die Piraten bei Plünderzügen nicht mehr aus ihm herausfanden. Heute ist

das Labyrinth zum Mühsal all derer geworden, die etwas zu tief ins Glas geschaut haben.

Mykonos Hafen ist das Herz der Insel. Hier wird noch immer der Puls angegeben, der das Leben auf Mykonos steuert. Die ersten Hotels der Insel befinden sich hier, ein paar der ältesten und bedeutendsten Bauten und ein großer Teil des Geschäfts- und Gesellschaftslebens findet hier statt. Bereits früh morgens werden hier die ersten Fischfänge angepriesen, Netze geflickt, Gerüchte ausgetauscht und dem alten Pelikan ein paar Leckerbissen gegeben. Wenn die Sonne steigt, wird die Hafenmole dem exzessiveren Volk überlassen und die Paraglia wandelt sich zum Laufsteg. Die Tische der Kaffeehäuser werden zur Tribüne mit bester Aussicht auf die Endlos-Vorstellung der promenierenden Touristen. Lange nach Sonnenuntergang kommen die Fähren aus Athen an. Tausende von Rucksacktouristen entsteigen dem Schiffsbug und verteilen sich auf die noch freien Hotels.

In Mykonos-Stadt leben die meisten der ca. 6000 permanenten Inselbewohner. Sie scheinen keine Mühe damit zu haben, dass ihr Städtchen aufgrund der engen Gassen autofrei bleiben muss. Auf Eseln oder auf motorisierten Dreirä-

Panagia Paraportiani

dern liefern sie Waren in die Läden oder nach Hause. In den kleinen Gassen befinden sich Boutiquen bekannter Luxusmarken, teure französische Restaurants, Kirchen, Juweliershops und Internetcafés. Mykonos-Stadt hat zwei Haupteingänge. Die Platia Lakka im Osten und die Platia Mavrogenous im Westen direkt beim Hafen. Beide Orte sind zudem Taxistände.

Paraportiani Church

Charakteristisch sind die bescheidenen, malerischen Kirchen. Sie sind Überbleibsel einer Epoche, in der die Frömmigkeit in Harmonie mit den örtlichen Gepflogenheiten einherging und einfache Bauweise kleine Meisterwerke hervorzauber- te. Manche Kirchen sind so nah an- einander gebaut, dass sie symbo- lisch mit Hausfrauen, die auf ihren Türschwellen plaudern, verglichen werden. Die Griechen nennen sie amüsiert Kousejiares (Klatschba- sen). Eine der bedeutendsten Kir- chen auf Mykonos und deshalb ein absolutes Muss ist die Panagia Paraportiani.

Die Marienkirche Panagia Parapor- tiani ist wohl in den Fotoalben ei- nes jeden Touristen zu finden. Oft auch „My lady" genannt, gehört sie statistisch zu den meist fotogra- fiertesten Kirchen Griechenlands. Eigentlich handelt es sich bei die- sem Bau um ein Ensemble von fünf verschachtelten Kapellen. Auf den ersten Blick fällt dies aber kaum ins Auge, denn Zeit und verschiedens- te Wettereinflüsse haben die Mau- ern zu einer einzigen fließenden Form zusammengeschweißt. Den Boden bilden vier kleine Kapellen, drei davon gegen Ost, West und Süd ausgerichtet, die älteste und massivste Ayioi Anargyroi als Stüt- ze in der Mitte: Ayios Eustathios im Osten, Ayios Sozontas gen Westen und die kleinste Ayia Anastasia ge- gen Süden; auf der Ostkirche wur- de die fünfte zu Ehren der Jungfrau Maria, „Panayia", errichtet: Panayia Paraportiani, die nur durch eine äu- ßere Steintreppe erreicht werden kann.

Die Kirche wurde nach den klei- nen Maueröffnungen benannt, die „paraporti", die sich früher in den schützenden Burgmauern von My- konos befanden, und in mehreren Etappen im 16. und 17. Jh. erbaut. In der Erinnerung der Mykonioten ist die Paraportiani-Kirche verbun- den mit verschiedenen Epochen ihrer Insel. Der Bau der ersten Kir- che fand zur gleichen Zeit statt wie die Erbauung der Burg. Es waren gefährliche Zeiten, unsicher durch

Piratenüberfälle und Besetzungen durch europäische Mächte. Trotz des hohen architektonischen Wertes dieses Kirchenkonstrukts bietet das Innere der Kirche keine Besonderheiten.

Windmühlen

Auf Mykonos bläst der Wind 200 bis 300 Tage im Jahr! Ein besseres Wahrzeichen als die imposanten Windmühlen über Alefkandra hätte man deswegen nicht finden können. So sind sie denn auch zum Eiffelturm und Big Ben der Insel geworden. Eine breite Treppe führt am Ende von Little Venice direkt zu den Aushängeschildern von Mykonos, den Kato Myli.

Früher gab es auf Mykonos 15 dieser weißen Röhrbauten mit den cornetähnlichen Holzdächern. In den Mühlen wurde Weizen von Mykonos und den Nachbarinseln gemahlen. Das Endprodukt Mehl wurde entweder exportiert oder zu Brot verarbeitet, welches man an die vorbeiziehenden Handelsschiffe verkaufte. In alten Zeiten durfte in unmittelbarer Nähe der Windmühlen nicht gebaut werden. Denn die Häuserwände hätten den Winddruck beeinflussen und den Drehmechanismus der Räder unterbrechen können. Die Windräder

haben längst zu kreisen aufgehört. Obwohl noch nicht von Nachbarhäusern eingekreist, wurde um die übrig gebliebenen fünf Windmühlen ein riesiger Parkplatz gebaut, der dem imposanten Platz oberhalb der Stadt etwas von seiner Schönheit nimmt.

Little Venice – Alefkandra quarter

Eine Gegend der Hora gleicht in nichts seinen Nachbarn und ging komplett einen anderen Weg: Little Venice. Die beste Aussicht auf Little Venice bietet der kleine Sandstrand Alefkandra. Die bilderbuchähnlichen, schräg im Wasser stehenden Häuser gehören zu den meistfotografiertesten Ansichten Griechenlands. Hier bei Alefkandra zieht sich das Venedig-Quartier am Meer entlang, bis es ins Kastroviertel übergeht. Die Häuser von Klein-Venedig wurden Mitte des 18. Jh.s erbaut, während sich Schifffahrt und Handel entwickelten und das Bürgertum entstand. Ihre Bauherren waren reiche Händler und Seefahrer. Es ist ein kleines Venedig inmitten der Ägäis. Die Häuser sind verwinkelt und eng aneinander angelehnt ins Meer hinausgebaut, ungeschützt vor der tobenden Wucht der Ägäis. Die Farben leuchten fröhlich und blättern langsam ab.

Little Venice – Mykonos ehemaliges Piratennest

Die schiffsähnlichen Häuser des Alefkandra-Quartiers unterscheiden sich von Mykonos weißen, kleinen Hauswürfeln. Sie sind geräumiger und besitzen größere Fensteröffnungen. Auf der dem Meer zugewandten Seite befindet sich jeweils eine kleine Tür, die direkten Zugang zum Meer erlaubt. Ebenfalls zum Meer hinaus ist ein kleiner, hölzerner Balkon ins Haus hineingebaut (ähnlich den heutigen Wintergärten). Abends sitzen hier Hunderte von Touristen, vermischt mit Einheimischen und schauen dem einzigartigen Naturspektaktel des Sonnenuntergangs zu. Um die Häuser der reichen Seekapitäne bzw. erfolgreichsten Piraten herrscht noch immer eine Atmosphäre von Romantik vor.

Heute bereichert sich Little Venice nicht mehr durch Piraterie an vorüberziehenden Schiffen. Die Fremden kommen von selbst und lassen sich das Geld aus der Tasche ziehen. Sie sitzen bei Sonnenuntergang in den Bars und Cafés von Klein-Venedig und zahlen happige Preise für den Ausblick auf den roten Feuerball am Horizont. 90 % des Umsatzes der hier situierten Bars werden zwischen 19 und 20 Uhr verdient. Um diese Zeit steuern meist die großen Kreuzdampfer Richtung Mykonos Hafen.

In den grell beleuchteten Gassen des Venedigquartiers stehen die kitschigen Volkskunst- und Touristenläden noch dichter gedrängt als in den restlichen Gassen. Wie das große Venedig durch riesigen Touristenfluten ein wenig seiner Reize und Mystik einbüßte, droht der kleineren, griechischen Ausgabe dasselbe Schicksal, nur versinkt Little Venice noch nicht …

Kunst & Kultur

Mykonos als stolze Tochter Hellas bietet einiges, um die kultivierteren Seiten der Urlauber zu pflegen. Allerdings muss man hier einiges auf sich nehmen, um in den Kulturgenuss zu kommen. Sämtliche Museen und öffentliche Einrichtungen sind schlecht bis gar nicht beschildert (den Glauben an die Bibliothek von Mykonos habe ich sogar schon aufgegeben, nachdem ich drei Jahre lang jeden Sommer dort hin wollte und sie trotz Karte und Wegbeschreibung nie gefunden habe), die Öffnungszeiten sind auf das Minimalste beschränkt! Die Eintrittspreise zu Museen und archäologischen Stätten betragen ca. € 1,50–2,–.

Museen
Haus der Lena
Ein komplett authentisch eingerichtetes Haus mit bürgerlicher Wohnkultur des 19. Jh.s. Mit etwas

Phantasie kann man sich das frühere Familienleben der alten Lena vorstellen, die das ehemalige Privathaus zwischen 1884 und 1970 bewohnte.
Beim Marine-Museum, Tria Pigádia, April–Okt. tägl. 18.30–21 Uhr

Volkskundemuseum
Mykonos Volkskundemuseum ist in einem ehemaligen Kapitänshaus untergebracht und versucht den Besuchern anhand von Webereien, Keramik, Möbeln und Haushaltsge-

räten die mykoniotische Mentalität nahe zu bringen. Nach dem Museumsbesuch wird man's wissen: Wie die Mykonioten badeten, was und wo sie lasen, welches ihre bevorzugten Spiele waren, die verbreitetste Geburtstechnik … kurz, schlichtweg alles, was man immer auch gern über seine Nachbarn wüsste! Auch das Maskottchen der Insel, der Pelikan Petros, ist im Museum anzutreffen. Als ausgestopftes Abbild seiner selbst schaut er die Museumsbesucher mit starren Augen an.

Tel. 22890-22591, Kastroviertel, Mo.–Sa. 17.30–20.30, So. 18.30–20.30 Uhr

Marine Museum

In zentralster Lage an Mykonos Szene-Meile, der Enoplon-Dynameon-Gasse, liegt das Marine Museum. In dem traditionellen Kykladenhaus sind Schiffsmodelle vergangener Jahrhunderte, Stiche, Land- und Seekarten, antike Münzen, Nautikinstrumente und Werkzeuge ausgestellt. Das Haus wurde vor kurzem neu restauriert. Aufgrund des großen und gepflegten Gartens ist das Museum eine Oase der Hora. Im grünen Gras sind skulpturenähnliche Schiffsgegenstände ausgestellt: Anker, schwere Taue, Masten und hölzerne Steuerräder … selbst

ein ehemaliger Leuchtturm. Dieser soll früher den Schiffen den Weg entlang der felsigen Nordwestküste von Mykonos vereinfacht haben. Navtiko Museio, Tel. 22890-22700, Tria Pigádia, tägl. 10.30–13, 18.30–21 Uhr

Archäologisches Museum

Als Schwesterinsel von Delos, dem heiligen Zentrum der Antike und einer der bedeutendsten Ausgrabungsstätten weltweit, darf auch auf Mykonos, der Insel der leichten Freuden, das obligate Archäologische Museum nicht fehlen. 1902 erbaut, ist es vorwiegend mit Ausgrabungen von Rhenia bestückt. Da Rhenia zur Grabesinsel von Delos designiert worden war, wundert es nicht, dass die teilweise bis ins 5. Jh.v.Chr. zurückdatierten Ausgrabungsfunde vorwiegend Grabsteine und Todesornamente sind.

Die Ausstellung umfasst Statuen, Keramik und Juwelen, deren Herkunft vermutlich bis ins Jahr 2500 v. Chr. zurückgeht. Eines der bedeutendsten Objekte der Ausstellung ist eine erstaunliche, 1,4 Meter hohe Reliefamphore aus dem 7. Jh.v.Chr., die das älteste bekannte Bildnis des Trojanischen Pferdes zeigt. Das Museum bietet Liebhabern uralter Staubfänger und Kennern der an-

Morgens gehört die Hora den Einwohnern

tiken Kunst bestimmt viel Freude. Der Laie wird allerdings um wenig klüger wieder herausmarschieren: Die Quellen und Nachweise über die einzelnen Objekte sind nicht nur lückenhaft, sondern oft gar nicht vorhanden.
Tel. 22890-22325, Hafenpromenade, Mo., Mi.–Sa. 9–15, So. und Feiertage 9.30–14.30 Uhr

Bibliothek
Obwohl ich sie nie gefunden habe, weiß ich aus bester Quelle, dass hier Ausstellungen von griechischen und ausländischen Künstlern stattfinden. Als Oase der Wissenschaft organisiert die Bibliothek, die im Besitz von antiken Schriften und Manuskripten ist, kluge Anläs-

se wie Lesungen, Shows und Diskussionsrunden. Akti Kabana, Tel. 22890-22614

Sind Sie der Typus Mensch, der sich von den dionysischen Freuden nicht ablenken lässt? Dem bereits die Vorstellung, wertvolle Ferienstunden in kühlen Museumsräumen verbringen zu müssen, eine Gänsehaut beschert? Mykonos wird es Ihnen nicht verübeln! Mykonos' Museum über die Schifffahrt in Ehren. Doch mit offenen Augen durch die Stadt zu schlendern, ebenso viel, wenn nicht noch mehr erklären! Mykonos Botschaft lautet: Finden Sie heraus, was Sie am liebsten machen, bis etwas anderes erstrebenswerter erscheint!

Hotels in Mykonos-Stadt

Die Hora, Mykonos' Hauptstadt, bettet sich in blendendem Weiß um die Hafenbucht. In leichter Steigung klettern die Häuser der Hora den Hang hinauf, um abrupt in der Ringstraße zu enden, die die Stadt umgibt. Hier, wo die Hora in die Wildnis übergeht, befinden sich die exklusivsten Hotels der Insel – und die beliebtesten! Das „Belvedere", das „Semeli" und das „Rochari" haben sich einen herrlichen Blick über die Stadt gesichert und auch deshalb ihren Kultstatus eingehandelt!

Hotel Semeli

Kat. A, Tel. 22890-27466, Fax 27467, www.semelihotel.gr, 45 Zimmer
Das Semeli liegt direkt über dem alten Amphitheater und der öffentlichen Schule von Mykonos. Bereits früh morgens trägt der Wind das fröhliche Gelächter der mykoniotischen Schulkinder in die weißen Hotelhallen, die dadurch auf sympathische Weise ihren sterilen Charakter verlieren.

Die Besitzerin dieses stilvollen Hotels erzählt gern diese Geschichte: Einmal mehr soll der wackere Zeus einer weiblichen Gottheit nachgestellt haben, in diesem Fall der schönen Semeli, und einmal mehr stellte sich der Göttervater so geschickt an, dass seine Gattin Hera augenblicklich Wind davon bekam. In rasendem Zorn suchte Hera die unschuldige Semeli auf und stürzte die nichts ahnende Nebenbuhlerin mit folgendem Rat ins Verderbnis: Semeli sollte ihren Geliebten bitten, zum nächsten Rendezvous in göttlicher Gestalt zu erscheinen, statt, wie üblich, in menschlicher Gestalt! Zeus konnte dem Begehren seiner neuen Muse nicht widerstehen. Als Zeus sich der Gespielin in seiner göttlichen, von Blitzen umgebenen Gestalt näherte, verbrannte diese in der Hitze seiner Umarmung! Die griechischen Götter sind nicht nur furchtbar unvernünftig, sondern auch schnell und gründlich: Semeli gebar in ihrer Todesstunde den Sohn Dionysos, der zukünftige Gott des Vergnügens und Lasters!

Warum das strahlende Semeli-Hotel ausgerechnet dieser tapferen und – im wahrsten Sinne – vor Liebe entbrannten Frau gedenkt, werden wir nie herausfinden. Wir begnügen uns daher gern mit der schattigen Hotelterrasse, den ländlichen Terrakottaböden, der begonienumrankten Poolanlage und dem vorzüglichen Service dieses First-Class-Hotels.

Hotel Rochari

Kat. B, Tel. 22890-23107, Fax 24307, www.rochari.com, 60 Zimmer

Das Rochari ist eines der beliebtesten und etabliertesten Hotels der Stadt. Es wird seit mehr als zwanzig Jahren von derselben Familie geführt und selbst die Gästeschar dürfte in manchen Fällen auch noch dieselbe sein. Viele der freidenkerischen, anarchistischen Hippies der 1960er und 1970er Jahre ziehen heutzutage den Komfort des Rocharis der Pfadfinderromantik des Campingplatzes vor und sorgen dafür, dass innerhalb der Hotelmauern das Kommunenleben weitergeführt wird. Das Rochari ist meistens ausgebucht, die Hoffnung auf eine erfolgreiche Zimmerreservation ist mit einer Art fatalistischen Unmöglichkeit behaftet. Dank seiner zentralen Lage und den moderaten Preisen ist es zur beliebten Unterkunftsstätte junger Pärchen und Freundesgruppen geworden.

Das Hotel hat einen legendären Pool. Während in vielen Hotels das türkisfarbene Schwimmbad zum reinen Dekorationsgegenstand verkommt, ist die grandiose Poolterrasse des Rochari Treffpunkt für die Hotelgäste und deren hineingeschmuggelten Freunde. In der Sommerhitze wird geklatscht, getratscht und geflirtet … nirgends brodelt die Gerüchteküche heißer!

Hotel Belvedere

Kat. A, Tel. 22890-25122, Fax 25126, www.belvederehotel.com, 37 Zimmer

Die Hotels Belvedere Rochari werden oft in einem Atemzug genannt. Sie liegen direkt nebeneinander und das Belvedere ist mindestens ebenso beliebt und ausgebucht wie sein Nachbar. Wie das Rochari kann sich das Belvedere eines phantastischen Blickes über die Stadt rühmen und einer ähnlich

Der Fischerverkauf an der Paraglia ist für alle ein großartiges Erlebenis

treuen Fangemeinde erfreuen. Einrichtung und Architektur des Belvedere sind für Mykonos beinahe luxuriös zu nennen. Die Preise des First-Class-Hotels sind dementsprechend hoch. Das Hotel bietet eine großzügige Poolanlage mit Bar, eine sonnendurchflutete Liegeterrasse, einen auffallend aufmerksamen Service, einen gut ausgerüsteten Fitnessraum, ein großzügiges Jacuzzi und große Zimmer mit Marmorbad. Im Belvedere residieren Mykonos-Kenner, die den alljährlichen Aufenthalt auf der Partyinsel zum festen Agendatermin ernannt haben!

Der Geist des Hotels hat in den letzten Jahrten durch die jüngere Führung etwas verrücktere Züge angenommen. Die Parties um den Pool sind auf der ganzen Insel eher berüchtigt als bekannt. Das Belvedere gilt als Oase griechischer Dekadenz und internationaler Freizügigkeit. Die meisten Gäste des Hotels sind Athener und in keinem Hotel auf Mykonos findet man idealere Studienobjekte der griechischen Maxime: „Wir machen alles, zu was die Lust uns treibt." Wer's sich leisten kann, soll das Belvedere unbedingt den anderen, teilweise geschmacklosen Fünf-Sterne-Häusern vorziehen.

* Das Belvedere habe ich durch zwei enge Freunde besonders gut kennen und lieben gelernt. Sofia und Konstantinos, ein gut betuchtes Ehepaar aus Athen, schlagen im Belvedere seit Jahren ihre Sommerresidenz auf. Mit Katze, Computer und Schwiegermutter richtet sich das Paar in ihrer Suite im Belvedere ein und sieht keinen Grund, die Sommermonate nicht mit süßem Nichtstun zu verbringen. Da Sofia und Konstantinos diese Tradition mit vielen Athenern teilen, fällt es nicht schwer, den Großstadt-Alltag und die „gesellschaftlichen Verpflichtungen" auf die kleine Kykladeninsel zu übertragen!

Sofia und Konstantinos machten mich dem „Dolce far niente" bekannt, das die Griechen so schön zu leben und genießen wissen. Wenn immer die Meltemiwinde über die Insel pfiffen und am Strand die Sandstürme wüteten, lagen Sofia und ich auf den Liegebetten der Hotelterrassen, genossen gekühlten Weißwein, knabberten an einem Clubsandwich, vegetierten faul dahin, fragten uns gegenseitig griechische und deutsche Vokabeln ab, um bald darauf einen Käseteller zu bestellen. Würde ich unter solchen Umständen innert Tagen vom schlechten Gewissen gepackt, zelebrierten Sofia und ihre griechischen Freundinnen ihren sommerlichen Lebenswandel. Selbst als Schweizer wunderte man sich lange, woher die scheinbar unerschöpflichen finanziellen Mittel stammen, die ein solcher Lebensstil fordert …

Hotel Kouneni

Kat. B, 3 Pigadia Square, Tel. 22890-22301, Fax 26559, 19 Zimmer

Das ganze Gebäude dieses kleinen Hotels im Herzen der Stadt scheint zu blühen: umrankt von Begonien in allen Farbtönen, ist das charmante Hotel ein echter Blickfang, eine fröhliche Oase im Rummel der Hora. Der Seefahrer Alekos Galani-Kouneni eröffnete das Hotel mit seiner Frau Flora bereits in den 1940er Jahren. Vieles hat sich seither auf Mykonos geändert, doch noch immer gilt das Ehepaar als ideales Vorbild für sämtliche mykoniotischen Hoteliers, die den schweren Schritt vom Seefahrtgewerbe in die Tourismus-Industrie nehmen wollen. Das traditionelle Haus im lebendigsten Teil der Hora ist die Lieblingsabsteige exklusiver Nachtschwärmer, zickiger Schauspieler, Politiker und verträumter Schriftsteller. Die Zimmer sind so klein, wie sie freundlich sind. Als wäre die charmante Atmosphä-

re des Hotels nicht genug Grund, das Hotel unter Kategorie B-Hotels anzusiedeln, sind die Zimmer mit jedem Komfort ausgestattet. Im Garten befindet sich ein kleines, sympathisches Restaurant, das die Hotelgäste morgens zu festlichem Frühstückstisch lockt und abends seine kulinarischen Türen für die vorbeiziehenden Passanten öffnet.

Hotel Carbonaki

Kat. D, Tel. 22890-22461, Fax 24102, www.carbonaki.gr, 21 Zimmer

In unauffälligem Weiß duckt sich das Carbonaki-Hotel in die verwinkelte Nebengassenwelt der Hora, scheinbar schüchtern, als hätte das Hotel Angst, entdeckt zu werden. Wer das Carbonaki kennt, wird kaum daran vorbeiziehen. Es braucht weder zierende Blumenranken noch eine weit geöffnete, schmucke Eingangspforte, um die Gäste ins Innere des Hotels zu locken. Das Carbonaki gehört zu den absoluten Favoriten unter den Stadthotels und ist im Sommer komplett ausgebucht! Denn so unauffällig es äußerlich anmutet, um so einnehmender ist das Innere des Hotels. Ein kleiner, begrünter Innenhof mit Pool und Bar lädt zu nie enden wollenden Apéros ein und die farbenfrohen Balkongerüste vervollständigen die Bilderbuchatmosphäre. Günstige Zimmerpreise (NS ab € 70) und die ruhige wie zentrale Lage (50 m zur Hauptgasse Enoplon Dinameon) machen das Carbonaki zum begehrten Ziel des jungen, ausgehfreudigen Szenenpublikums.

Hotel Philippi

Kat. D, Kalogera 25, Hora, Tel. 22890-22294, Fax 24680, www.philippi-hotel.com, 13 Zimmer

Das Philippi ist eine Institution! Das „Dornröschen-Hotel", umrankt und umwuchert mit Efeu und Begonien, scheint zu winzig, um auch nur einen Gast aufnehmen zu können. Der Eindruck täuscht: Das charmante Hotel bietet immerhin 13 Zimmereinheiten, die mit Geschmack, aber ohne Luxus ausgestattet sind. Die familiäre Atmosphäre entschädigt für die bescheidene Hoteleinrichtung. Die Besitzer, vormals Athener, sind bestens informiert über alle neuen Gerüchte und gehören zur Hora wie der Pelikan Petros. Das Ehepaar Philippi steht seit Jahren Nacht um Nacht im zum Hotel gehörenden gleichnamigen Restaurant. Während das Hotel Philippi durch Einfachheit besticht, so überzeugt das Restaurant mit kulinarischen Köstlichkeiten, der einmaligen Gartenlaube und dem aufgeweck-

ten Stammpublikum! Das Philippi gehört zu den besten Restaurants der Insel und ist Anlaufstelle für alle Reichen, Schönen, Unglücklichen, Immer-Glücklichen und Verrückten. Bis spät in die Nacht vermengt sich im romantischen Gartenlokal die Athener Schickeria mit der bonvivanten Milanesi-Szene und der internationalen Beautywelt.

Zórzis

Kat. C, Tel. 22890-22167, Fax 289-24169, www.zorzishotel.com, 10 Zimmer

Das Hotel Zórzis ist ein Glücksfall! Klein, aber fein, ein charmantes Zuhause, in das man immer wieder zurückkehren möchte. Das Haus wurde 1970 vom Vater des heutigen Besitzers Varnalis zum Hotel umgebaut und gehört zu den ältesten Gebäuden der Stadt. Im Herzen der Hora, in einer ruhigen Sackgasse direkt hinter Little Venice gelegen, ist das Hotel ein Beispiel für die Geschmacksicherheit und den extravaganten Stil der Griechen. Alle Zimmer haben moderne Badezimmer (selten in der Hora), Direkttelefonanschlüsse (kann praktisch sein, bei den sozialen Herausforderungen, die die Stadt ihren Gästen stellt), Ventilatoren und 24-Std.-Service. Die Zimmerpreise liegen bei ca. € 45 (NS) bis € 145 (absolute HS). Das Hotel vermietet zusätzlich auch einige Altsttadthäuser. Infos an der Rezeption oder unter: reservations@zorzis.com

Hotel Poseidon

Kat. B, Tel. 22890-22437, Fax 23812, www.poseidonhotel-mykonos.com, 21 Zimmer

Das Hotel Poseidon liegt erhöht am oberen Stadtrand der Hora mit einem schönen Blick auf die Windmühlen und Gassen von Mykonos-Stadt. Obwohl das Hotel zentral liegt, bietet es einen ruhigen Aufenthalt: Dicke, weiße Mauern und ein aufwendiger Garten grenzen es von der Hauptstraße und dem regen Straßenlärm ab. Die Zimmer haben wenig Charme und erinnern an den praktischen Komfort großer Hotelketten wie Novotel, Sofitel und Holiday Inn. Ein Nachteil sind die winzigen Zimmerbalkone, die gerade mal dazu taugen, die Badesachen zum Trocknen rauszuhängen. Schade um die herrliche Aussicht! Die Poolanlage im Innenhof versucht wettzumachen, was der Architekt verpasst hat. Die Sonnenterrasse ist erstaunlich großzügig gebaut und der Pool ist lang genug, um kräftige Schwimmzüge zu gestatten. Neben Hotelzimmern und Suiten können im Poseidon auch Apartments mit kleinen Küchen

gemietet werden. Das Poseidon könnte aufgrund der privilegierten Lage, dem speditiven Service und seiner Preiskategorie durchaus mit dem umschwärmten „Belvedere" oder dem traditionsreichen „Rochari" verglichen werden, erfreut sich jedoch nicht deren Beliebtheit und Reservationen können oft kurzfristig vorgenommen werden.

Hotel Karbonis

Kat. D, Matoyianni, Tel. 22890-22127, Fax 23264, 7 Zimmer

Das Hotel Karbonis liegt unmittelbar an der „Schwulenmeile Matogiannis" im pulsierenden Herzen der Stadt. Übersehen kann man das Hotel kaum, denn der Eingang ist siebenmal groß angeschrieben und könnte dadurch fast als unternehmungslustiges Reisebüro durchgehen. Die Familie Roussounelos kümmert sich fürsorglich und liebevoll um ihre farbenfrohe, wenn auch nicht exotisch zu nennende Gästeschar, von welcher sie sich kaum unterscheidet. Das Hotel ist wegen der zentralen Lage die beste Empfehlung für alle Trinkunsicheren und mystischen Nachtvögel. Die besten Bars der Stadt ballen sich im Umkreis von 300 Metern um das Hotel. Wer den schnellen Nachhauseweg nicht nur wegen möglicher Alkoholexzesse und po-

tenzieller Schwindelanfälle schätzt, ist im Karbonis bestens aufgehoben! Fragen werden keine gestellt und für die Zimmer läppische € 40 verlangt!

Hotel Élena

Kat. D, Tel. 22890-23457, Fax 23458, www.elena-hotel.gr, 28 Zimmer
Wer kennt das Hotel Élena nicht! Das traditionsreiche Haus hinterlässt bei allen Gästen einen einnehmend gemütlichen und charmanten Eindruck.

Seit Jahren erfreut sich das Hotel einer treuen, wild durchmischten Stammkundschaft, die das freundliche Hotel um keinen Preis tauschen würde! Das Élena wird von derselben Familie geführt, die auch das Hotel Apollonia Bay (s. Kap. Agios Iannis) so charmant und angenehm verwalten. Vorzeitige Reservationen sind unerlässlich. Die hübschen Zimmer sind klein. Jede Unterkunft ist mit Dusche, Telefon, TV, Klimaanlage, Balkon oder Terrasse ausgestattet. Herausragender Pluspunkt des Hotels Élena ist die ausgezeichnete Lage. Das Haus liegt leicht erhöht über der Stadt mit schönem Ausblick über die Gassen und den Hafen. Innerhalb von

3 Fußminuten ist man mitten im Zentrum der Hora und kann sich, ohne sich um den Nachhauseweg sorgen zu müssen, vergnügt ins Nachtleben von Mykonos stürzen. Das Élena ist ein Musterbeispiel für die Unlogik des mykoniotisch-griechischen Hotelkategoriesystems. Es bietet einen tadellosen Service und erfreulichen Komfort, mit dem viele der größeren Hotels nicht mithalten können. Entsprechend seiner Hierarchiestufe ist das Hotel Elena preiswert – erstaunlich, denn hier wären wir sogar bereit, etwas mehr zu zahlen!

Pension Maria

Tel. 22890-22480, Fax 24957

Mitten im Herzen des Städtchens befindet sich das Reich der wackeren Maria. Die kleine Pension, die sich fröhlich in das weiße Gassenlabyrinth gedrängt hat, ist beinahe zu anmutig, um wahr zu sein. Versteckt unter Efeuranken und farbigen Begonien, könnte man das Hotelschild, das auf die bescheidenen Zimmer hinweist, beinahe übersehen. Die Rezeption befindet sich denn auch, wie könnte es anders sein, im Wohnzimmer der Pensionsmutter Maria. Hier sitzt die geschäftige Maria jeweils mit ihren Freundinnen und empfängt jeden Fremden mit offenen Armen. Die Pension verkörpert Griechenland in Reinkultur.

Im Innenhof des Hotels befindet sich das dazugehörige Restaurant „Chez Maria". Genauso versteckt und übersehbar wie die Pension, liegt das Lokal in dem überwucherten, verwunschenen Garten, der allabendlich darauf wartet, mit Lachen und Grilldüften geweckt zu werden.

Hotel Alkyon

Kat. A, Tel. 22890-27366, Fax 23496, www.alkyonmykonos.gr

Hoch über der Stadt, in einer Haarnadelkurve der Hauptstraße nach Ano Mera gelegen, liegt das Hotel Alkyon. Der Blick über die Stadt ist unbestreitbar eindrücklich, der Swimmingpool einladend und die Hotelzimmer groß und geräumig. Es gäbe nichts, das dieses 2009 umfangreich renovierte Hotel nicht empfehlenswert machen würde, gleichzeitig aber auch kaum Gründe, aufgrund welcher man den Betrieb wärmstens empfehlen möchte. Genannt sei das Hotel Alkyon vor allem deswegen, weil die Chancen auf ein Zimmer selbst in der Hauptsaison positiv sind.

Restaurants in Mykonos-Stadt

Frühstück in der Hora

Wird das Nachtleben auf Mykonos großzügig den Touristen überlassen, so gehört der Inselmorgen den Mykonioten. Aus den Kirchen der Hora dringt Gesang und einlullender Weihrauchduft, geschäftig knattern die Trikiklos durch die Gassen und am Hafen wird der frische Fisch bestaunt! Ist die Arbeit getan, treffen sich die Inselbewohner zum Schwatz am Frühstückstisch. Wer sich die traumhaften Morgenstunden von Mykonos nicht entgehen lassen will, soll sich unter die eifrigen Inselbewohner mischen und sich von den freundlichen Frühstückslokalen der Insel begeistern lassen:

Madoupas

Paraglia, Hora, Tel. 22890-22224

Das Kaffeehaus Madoupas befindet sich direkt an der Hafenmole. Nachts ist die Paraglia der Laufsteg aller Schönen und Wagemutigen, tagsüber ist die Hafenpromenade die Marktmeile. Frühstück bei Madoupas! Was gibt es Schöneres als im halbwachen Zustand die Geschäftigkeit der anderen zu beobachten und eine fetttriefende Eierspeise zu vernaschen? Die moderne Einrichtung des Madoupas steht in krassem Gegensatz zu den hier verkehrenden Besuchern. Alte Frauen mit schwarzen Kopftüchern, Fischer mit zerfurchten Gesichtern, Seefahrer mit Schirmmützen auf dem Kopf … Charaktere, als wären sie direkt aus einem Fellini-Film entsprungen und die man auf der schrillen Insel gar nicht mehr vermutet hätte. Das Frühstück im Madoupas ist äußerst empfehlenswert. Schwer und süß, wie es die Griechen halt lieben.

Mythos Café

Kaminaki, Hora Port, Tel. 22890-28422

Mythisch mutet das kleine Café direkt über dem Busterminal beim Hafen kaum an! Doch was wir wirklich wollen, ist ein schmackhaftes Frühstück, und das kann einem Café Mythos sehr wohl bieten! Das Lokal befindet sich im 1. Stock eines engen Kykladenhauses. Von der Aussichtsterrasse herab kann man herrlich das früh morgendliche Treiben im Hafen beobachten: Luxusdampfer, die arrogant ihre Hafenmole in Beschlag nehmen, im Kreis knatternde, kleine Fischkutter, Segelyachten, auf denen die Crew mit den Segeln kämpft! Ohne mittendrin zu sein, kriegt man doch alles mit! Die Speisekarte enthält die üblichen Frühstücksspeisen und ein breites Kaffeesortiment.

Café Point

Fabrica Square, Tel. 22890-28465

Was Mythos Café für die Odos Polikandrioti ist, ist das Café Point für den Fabrica Square. Das Café befindet sich am Osteingang der Stadt, direkt bei der Buseinfahrt zum Terminal, und erfreut sich einer regen Szenerie. Wer morgens noch nicht zum Sprechen aufgelegt ist, setzt sich ins Café Point und lässt sich von dem morgendlichen Gewühl des Fabrica Squares unterhalten. Taxis, Busse, Touristen, die ihre Mopeds noch nicht vollständig unter Kontrolle haben, und fluchende Gemüsehändler auf dem Trikiklos. Sie alle kämpfen sich ihren Weg durch die enge Gassen, hupen um die Wette und bieten ein ergötzendes Schauspiel. Das Café Point hat eine große Auswahl an Snacks, Süßigkeiten (u.a. gute Crêpes) und selbstverständlich den gewünschten Morgenkaffee.

Kafenion Central

Dieses kleine Café liegt am belebtesten Knotenpunkt der Hora, dort wo sich die zwei berühmtesten Gassen von Mykonos, die Enaplon Dinameon und der Mitropoleos treffen. Eine Auswahl verführerischer Torten lockt bereits zum Frühstück und die griechischen Frappés schmecken nirgends herrlicher. Auch hier gilt: Der Gegensatz zwischen den eigenwilligen Mykonioten in Schwarz und den

sonnenverbrannten Touristen, die in Badeschlappen über die Pflastersteine stolpern, bietet höchsten Unterhaltungswert.

Mittag- und Abendessen

Wohl fühlt sich in den Gassen der Hora der Gott des Vergnügens. Dyonisos, die Leitfigur der Insel, bürgt mit seinem Namen nicht nur für die Liebe zum Wein, sondern auch für kulinarische Köstlichkeiten aus aller Welt. Die Hora von Mykonos ist wohl deshalb in ganz Griechenland für die Vielzahl ihrer Gourmettempel und Gaumenfreuden bekannt. In Mykonos-Stadt reiht sich ein Restaurant an das andere. Wirkt auch jedes der Lokale auf den ersten Blick charmant und einladend, liegen zwischen den verschiedenen Speisequalitäten Welten. Lassen Sie sich Ihre Ferientage nicht von Magenproblemen und frechem Servicepersonal verderben! Mit den folgenden Restaurantvorschlägen sind Sie vor beiden Übeln gefeit!

Die Insider-Plätze

La Maison de Katrin

Tel. 289-22 169, Fax 289-26 946, Mai–Okt. tägl. ab 19 Uhr
Katrins Restaurant ist schlichtweg ein kulinarisches Paradies. Seit das Restaurant vor 20 Jahren seine Pforten öffnete, wird der Name „Katrin" auf Mykonos mit Stil, Eleganz und kulinarischen Höhenflügen in Verbindung gebracht. Dem Restaurant gelingt es, fernab in einer dunklen Seitengasse zu liegen und dennoch nicht vergessen zu werden. Im Gegenteil: Bei Katrin wird der Tisch im voraus gebucht und selbst dann kann man sich nicht immer kampflos am reservierten Tisch niederlassen!

Katrins Reich erinnert an Frankreich: weiß gestrichene, luftige Räume, durch welche ein leicht provençalischer Charme weht. Kultur bedeutet, das Essen schätzen und genießen zu wissen, und so zeigt man sich bei Katrin unweigerlich von der kultiviertesten Seite. Gegessen wird draußen, wo langgezogene Bänke die laternenbeleuchtete Gasse füllen, oder – für die Sonneninsel Mykonos ungewöhnlich – drinnen. Während bei vielen Touristenfallen die Lage des Lokals das einzig Genießbare ist, wird bei Katrin aufgrund der offenen Fensterfassade, den blumengeschmückten Tischen und dem erfrischenden Interieur die Szenerie des gleißenden Sternenhimmels kaum vermisst.

Bei der Auswahl der Speisen kann man hier nichts falsch machen, dennoch sei besonders die phantastische griechische Vorspeisen-platte empfohlen. Die Kombination zwischen der leichten Nouvelle Cuisine und der herzhaften griechischen Küche verwandelt die deftigen Mezedes in einzigartig verführerische Köstlichkeiten. Der absolute Renner des Lokals sind die hausgemachten Spaghettis mit frischem Hummer. Teuer, aber Ihr Geld wird auf Mykonos nirgends besser investiert werden! Zum süßen Abschluss ist Katrins Tarte Tatin eine Köstlichkeit, wie sie in keinem Lokal von Paris besser schmecken wird.

Katrins Gourmettempel ist ein Muss für alle Mykonos-Besucher, die es lieben, das Leben feierlich zu gestalten und die Mahlzeit zu zelebrieren. Kreditkarten werden im „Maison" nicht akzeptiert! Katrin kann sich solche Bedingungen ja leisten! (Komplette Mahlzeit ab € 40, ohne Wein)

Sea Satin Market

Alefkándra, Tel. 22890-24676, tägl. ab 18.30 Uhr

Direkt unter den Wahrzeichen von Mykonos, den Windmühlen, liegt dieses äußerst lebendige, populäre Restaurant, das sich längst selbst zum Wahrzeichen der Insel etabliert hat. Der passende Name „Sea Satin Market" entspricht dem Konzept des Restaurantbesitzers: keine elegant-erzwungene Stimmung, sondern fröhliche Marktatmosphäre! Der frische Fisch wird wie in den Markthallen großzügig vor den Gästen ausgebreitet und direkt zwischen den Tischen grilliert. Essen und Trinken gibt's im Überfluss, die Täuschung ist perfekt: Der Gast glaubt auf dem Morgenmarkt zu sein und nicht in einem der teuersten Restaurants der Insel! Die Preise des Sea Satins sind selbst für das exklusive Mykonos ziemlich hoch (Mahlzeit ohne Wein ab € 45). Doch Sea Satin ist in, die Preise gerechtfertigt und die wackeligen Tische Nacht für Nacht besetzt! Das Lokal ist nicht nur aufgrund des hervorragenden Essens ein Muss (unbedingt probieren: frittiertes Gemüse, das nirgendwo sonst so delikat schmeckt!), man erlebt auch auf der Veranda ein Stück Griechenland in Reinkultur! In Scharen strömt die griechische Schickeria mit Kind und Kegel in das Sea Satin, um fröhliche Tischrunden von Eltern, Kindern, Geliebten und schwangeren Frauen zu bilden. Geredet wird laut und bestellt wird viel. Die Tische biegen sich unter den schweren Lasten der Vorspeisen, die zuhauf bestellt werden um danach wieder unangerührt in die Küche zurückzuwandern. Die

Uno con Carne – Steak House & Oyster Bar

Hauptspeisen, meist Fisch, werden auf riesigen Glasplatten serviert und kurzerhand auf die Unterseiten der leeren Weingläser gestellt, um, leicht erhöht, auch für den kleinen Yiannis gut erreichbar zu sein …

Das Nachtessen im Sea Satin kann zuweilen etwas nass verlaufen. Vor allem die begehrten Tische an der Wasserfront sind ideales Ziel der sich brechenden Wellen …

Uno con Carne

Panachra, Tel. 22890-24020, tägl. ab 19 Uhr, www.unoconcarne.gr

Mitten in den verschlungenen Gässchen der Hora befindet sich dieses versteckte, aber zum Glück durch Schilder gut zu findende Restaurant. Schon der dezent gehaltene und durch gedämmtes Licht ausgeleuchtete Eingang suggeriert Exklusivität, die durch die lange, champagnerbeladene Bar im Inneren unterstrichen wird. Gesetzt wird auf hochklassige Produkte, wie argentinisches „Black-angus"-Rindfleisch, Austern, Thunfisch sowie allerlei regionale Meeresfrüchte, die in einer gläsernen Theke begutachtet und deren Zubereitung direkt dahinter live verfolgt werden können. Das Essen ist zweifellos hochklassig und bietet kulinarische Besonderheiten wie etwa auf Griechisch zubereiteten Seeigel, überbackene Austern und mehrere Varianten von Tatar. Die Bedienung ist freundlich, wenn auch südländisch bestimmend. Doch Exklusivität hat ihren Preis, mag sich wohl der Besitzer gedacht haben, denn die Preise sind happig, vor allem, was die Getränke betrifft. So kostet etwa das einzelne Glas Champagner (Moet) stolze 20 Euro, was auf einer Insel, wo Champagner in Strömen und zu teils niedrigsten Preisen ausgeschenkt wird, schon erstaunt. Nichts desto trotz lohnt sich der Besuch bei „Uno con Carne" für all jene, die bereit sind, für Außergewöhnliches ein wenig tiefer in die Tasche zu greifen, und die Freude an seltenen Meeresfrüchten und ausgezeichneten Steaks haben.

Griechische Küche

Takis Fischtaverne
50 Meter in einer Seitengasse des Lymni Platzes, Tel. 22890-26289, Mai–Okt. ab 19 Uhr
Diese urgriechische Fischtaverne ist ein absolutes Muss! Bevor man sich bei Takis in den Genuss stürzen kann, muss man sich allerdings erst bewähren! Die kleine Gartentaverne muss man nämlich erst einmal finden, was durchaus eine geographische Herausforderung ist! Nach üblichem Kampf durch gleich aussehende, bezaubernde Gässchen, stoßen die begeisterten Gäste

meist nur zufällig auf das Lokal, das sich auf einem kleinen Platz mitten in einer Wohngegend der Hora befindet. In wundervoller, wildromantischer Hinterhof-Atmosphäre und bei bestem griechischen Essen wird hier nicht das Motto „sehen und gesehen werden", sondern speisen in lebhafter Gesellschaft zelebriert. Eine 1-a-Adresse! Menü ab € 25 (wer seinem Spürsinn nicht gänzlich vertraut, soll sich telefonisch nach Orientierungspunkten erkundigen!).

Mamacas
Tel. 22890-26120
Ein Traum in Weiß, von dem man sich im Internet unter www.mamacas.gr überzeugen kann. Das Restaurant befindet sich im romantischen Innenhof eines Hauses, welches 1845 von der Politikerfamilie Andronikos erbaut wurde. Der Garten ist mit fünf riesigen Palmen

Uno con Carne

sich die lange Nacht der Hora in Gemütlichkeit und ruhiger Umgebung angehen. Die griechisch-traditionelle Küche wird durch französisch angehauchte Kochweise verfeinert und hinterlässt bei allen Besuchern einen tadellosen Eindruck. Nicht besonders hipp, doch mit angenehm stilvollem Publikum. Eine der wenigen griechischen Tavernen, die nicht auf die lärmenden, sonnenverbrannten Touristen angewiesen ist und daher den Schnellgang-Service mit freundlichem Lächeln ersetzt.

bepflanzt, eine soll über 160 Jahre alt sein. Die die Gartenmauer zierenden Terrakotta-Töpfe sollen Geschenke der Prinzessin von Malta sein. Ansonsten hat man sich wenig der griechischen Tradition und Vergangenheit angepasst: Das Mamacas repräsentiert ein modernes Griechenland, das seinen internationalen Touch betont! Spezialitäten dieses gepflegten und fast übergestylten Restaurants sind gegrillte Meeresfrüchte und griechische, auf französische Cuisine legere getrimmte Spezialitäten.

Restaurantgarten Ávra
Odós Kalógera 10, Tel. 22890-22298, tägl. ab 19 Uhr
Ein schmuckes, heimeliges Plätzchen, dieser Garten Ávras. Hier lässt

Taverne El Greco
Tria Pigadia Sq., Tel. 22890-22074, Mai–Okt. tägl. ab 19 Uhr
Das El Greco entspricht nicht dem Klischee, dass gute Restaurants auf Mykonos immer versteckt und teuer sind. Die bereits 1974 eröffnete Taverne grenzt unübersehbar an die hell beleuchtete Hauptgasse Enoplon Dinameon und zur Begrüßung gibt's erst mal ein Amuse Bouche, gratis! Die Beleuchtung ist schummrig gehalten, auf den Tischchen stehen romantische Windlichter. Fast vergisst man hier

den Inselsport, die vorbeiziehenden Massen zu beäugen. Das eingespielte Serviceteam ist so lange zuvorkommend, wie man die gewichtige Hierarchiestruktur der Kellner einzuhalten verspricht! Im El Greco hat jeder Angestellte seine exakt definierte Aufgabe: Sei es die Tischzuweisung, das Überbringen der Speisekarte oder das Einsacken des Geldes. Kompetenzen dürfen hier nicht überschritten werden und der Tourist soll warten! Speziell empfehlenswert: in Mandeln gebackener Ziegenkäse. Zwar schwer verdaulich, doch mit etwas Weißwein und einem Salat äußerst schmackhaft. Die Fisch-Souvlakis des El Greco sind ein Genuss, wenn sie auch, wie überall, mit pampigem Reis und halb gebratenem Gemüse serviert werden (Menü ab € 15).

Taverne Marco Polo

Laka, Tel. 22890-22126, Mai–Okt.

In dem zum Italiener-Viertel mutierten Laka-Viertel behauptet sich die griechische Taverne von Stefanos und Michalis Kontzias trotzig gegen die Invasion der Pizzerias, Spaghettibuden und Foccacia-Anbieter. Etwas zurückversetzt von der promenierenden Menschenmasse der Hauptgasse Ipirou, hat sich dieses Lokal auf angenehme und freundliche Weise in der schnellen Welt von Mykonos einen beständigen Platz gesichert und gehört hier noch immer zu den etabliertesten griechischen Tavernen. Die Bedienung ist äußerst freundlich, die Souvlakis erstaunlich gut, und wenn sich die Taverne kulinarisch auch kaum von vielen anderen abhebt, ist das Marco Polo dennoch einen Besuch wert. Junges, durchmischtes Publikum und preiswerte Menüs (ab € 11).

Kounélas

Odós I.M. Theochári, Tel. 22890-28220, tägl. ab 19 Uhr

Die Fischtaverne Kounelas ist eine todsichere Empfehlung: Das charmante, urgriechische Fischrestaurant, versteckt in einem kleinen Hofgarten wenige Meter von der Paraglia entfernt, begeistert jeden Geschmack und sei dieser noch so gehoben! Das Gartenlokal wird von einer grün umrankten Mauer von der Gasse und Passanten abgegrenzt, ein Vorübergehen ist dennoch unmöglich: Der Fischgrill geht direkt auf die Gasse hinaus und lockt mit den simplen Wohlgerüchen des gegrillten Fisches genug Leute an, um das Lokal allabendlich zu füllen. In der lockeren, genüsslichen Atmosphäre des Kounélas trifft eine lustige Mischung aus homosexuellen Griechenlandfanatikern, Freunden der Fischküche und Szenegängern aufeinander. Nebst hervorragendem Speiseangebot, vernünftigen Preisen und legerer Atmosphäre ist das Kounélas wegen der zentralen Lage mit einem dicken Pluspunkt auszuzeichnen. Nach dem Essen kann man mit wenigen Schritten die Schwulenparadiese Portas und Pierros sowie die Inkarnation des heterosexuellen Wunschtraumes, die Scandinavian Bar, erreichen (Mahlzeit ab € 25).

Restaurant Kostas

Mitropoleos St., Tel. 22890-23326
Wer die Wahl hat, hat die Qual. Vor lauter Restaurants wissen Mykonos-Besucher manchmal kaum mehr, wohin sie zum Nachtessen gehen sollen. Doch guter Rat muss nicht teuer sein, was die Taverne

von Kostas beweist! Ins Kostas geht man nicht bewusst, sondern man landet zufällig dort. Hauptmotivator der Gäste ist dabei die zentrale Lage des Lokals: Sehen und gesehen werden. Dieses Restaurant muss jeder unweigerlich wenigstens einmal pro Abend passieren und sich den prüfenden Blicken der Tavernengäste stellen. Unterhaltungswert der Taverne ist 1a, die kulinarischen Qualitäten liegen hingegen auf einem niedrigen Level. Obwohl das Essen nicht so schlecht ist, wie die uralten Ausstellungsobjekte der Speisevitrine vermuten lassen, reicht das Speiseangebot kaum über den Standard einer mittelmäßigen Urlaubstaverne hinaus. Das geschäftige Personal bedient zudem zu schnell, so dass der Verdacht aufkommt, man wolle die Gäste so schnell wie möglich los sein, um Platz für die nächste Fuhre hungriger Mäuler zu haben (Menü ab € 10).

Nikos Taverne

Ag. Ioannou, direkt unter der Paraportiani- Kirche, Tel. 22890-24320
Nikos Taverne ist mittlerweile zum Alptraum einer griechischen Taverne verkommen. Wissen Nikos und seine herrischen Kellner zwar mit roten Tischtüchern und netter Lage die Sympathie der Passanten

zu gewinnen, kriegt der Gast spätestens dann den Garaus, wenn er, von den elektronischen Bestellcomputern der Kellner bedrängt, das Gefühl nicht los wird, sich einer Massenabfertigung zu unterziehen. Den Speisenden wird genau eine Stunde Zeit für den kulinarischen Schlemmerplausch zugestanden. Nach exakt 59 Minuten ist es augenblicklich fertig mit dem speditiven Service und die lange Warteschlange der kommenden Gäste rückt merklich unangenehm um den zwar abgeräumten, doch noch besetzten Tisch. Ärgerliche Blicke strafen für die Dreistheit des Wunsches, die Mahlzeit genießen zu wollen. Bis ein Uhr morgens löst eine Touristengruppe die andere ab, die Kasse von Nikos klingelt ununterbrochen und alle, sowohl Kellner als auch Gäste, fragen sich, warum die Taverne ein solcher Erfolg ist und weshalb jeder Reiseveranstalter das Restaurant auf der Empfehlungsliste stehen hat! Hektisch und unpersönlich, mit viel Humor auch unterhaltend! (Menüs ab € 10)

Ta Kioúpia

Agias Moni Sq., Tel. 22890-22866
Francescos Vigliaris versteht die Touristen nicht mehr! Er mag sich tatsächlich mit Recht wundern, warum auf die Tische der unfreundlichen Nachbartaverne von Nikos ein solcher Run ist, während seine Sitzplätze oft nur spärlich besetzt sind, obschon die Atmosphäre seines Lokals viel charmanter ist. Dem sympathischen Mykonioten helfen wir gerne, das Weltbild in Ordnung zu rücken, vor allem wenn man dabei in den Genuss seiner schmackhaften griechischen Küche kommt. Das Lokal befindet sich auf dem kaum beleuchteten Vorplatz der Paraportiani-Kirche, leicht erhöht über dem Ende der lebendigen Hauptgasse Ioannou. Ideal positioniert, um das bunte Treiben in der Gasse zu beobachten, gleichzeitig in Ruhe seine Tischgesellschaft genießen zu können und nicht fürchten zu müssen, aufgrund des quengelnden Folgegastes hinausbugsiert zu werden!

Italienische Küche

Auch Mykonos hat sein Little Italy! Der Eingang des Laka-Viertels, wenige Gehminuten von der Fabrica-Busstation, wird beherrscht von fünf italienischen Restaurants. So richtig bewährt hat sich allerdings nur eines:

Sale'n'Pepe

Laka Ipirou, Tel. 289-24207, Mai–Okt., nur abends.

Weil dieses italienische Lokals nur ca. 25 Plätze bietet, ist es im Sale'n'Pepe schwer, einen Tisch zu ergattern, auch weil es zum Lieblingsplätzchen erfahrener Mykonos-Besucher geworden ist, die die enge Straßenterrasse allabendlich besetzen. Auf Mykonos gehört's zum Trend, ganz beiläufig sagen zu können: „Ich kenne den Koch des Sale'n'Pepe persönlich …". Meinen Erfahrungen zufolge muss dieser Mann einen immensen, beneidenswerten Freundeskreis besitzen. Doch mögen Koch und Besitzer noch so gute Freunde sein, Reservieren ist unerlässlich und bei Tischmangel endet jede Freundschaft. Nach wochenlangem Moussakagenuss tut eine dampfende Schüssel Pasta gut. Vor allem, wenn es sich um die hausgemachten Teigwaren von Sale'n'Pepe handelt – ein wahres Gedicht!

Gianni, der Chef de Service, umsorgt seine Gäste zuvorkommend. Als geborener Charmeur, der gerne mit den vorbeiziehenden Mädchen flirtet, hält ihn nicht mal die vielversprechendste junge Dame vom Wohl seiner Gäste ab. Sale'n'Pepe ist ein Erlebnis, ein gutes Beispiel für die lebendige Italianita, die exakt mit dem griechischen Szenedenken übereinstimmt (Mahlzeit ab € 35).

Maccheroni

Laka Ipirou, Tel. 22890-23702, Mai–Okt.

Trotz des einladenden Namens werden die Maccheroni hier übel „verkocht" aufgetischt. Das Lokal hat sich allerdings einen bescheidenen Ruhm mit seinen schmackhaften Pizzen eingeheimst. Diese sind zu einem wahren Renner unter den sparsamen und hungrigen Gästen auf Mykonos geworden! Ab wie hin, die Pizza hinunterschlingen, sich über die geringen Preise freuen und das Gesparte dann in den vielen Bars verprassen! (Pizza ab € 7)

Yves Klein Blue

Ag. Saranta, Tel. 22890-27391, Mai–Okt., nur abends

Yves Klein Blue, das ist mediterranes Essen in verwirrend blauer Umgebung! Hier verkehrt vor allem schwules Publikum, vermischt mit reichen Athenern und quiekenden Models. Sie alle würdigen der Kunst des „Blau-Phasen"-Malers Yves Klein. Wer Wert auf stilvolle Umgebung legt, Kerzenleuchtern, Antiquitäten und goldumrahmten Spiegeln mehr zugetan ist als der frischen Meeresbrise, streunenden Katzen und dem Blick auf die Touristen, die in Scharen an den offenen Tavernen vorbeiziehen, liegt in

Yves Kleins Reich goldrichtig. Das Speiseangebot richtet sich nach den Trendwellen der Londoner Küche (Trüffel, Tapas, marinierte Gemüsehäppchen etc.) und wird von einigen Gästen in den Himmel gelobt, von anderen stillschweigend verkraftet (Menü ab € 35).

Mexikanisch

Appaloosa
Mavrogennous 11, Tel. 22890-27086, Mai–Okt., nur abends
Seit seiner Eröffnung ist dieses mexikanisch angehauchte Restaurant ein Favorit der Hungrigen und Genießer von mediterranem Essen. Scheinen die Portionen anfangs geradezu überdimensional, sind die Teller dennoch meist leer, wenn sie in die Küche zurückwandern. Der Ruccolasalat könnte frischer nicht sein, der Parmesan kaum rezenter und die Fajitas sind ein wahrer Traum. Gegessen wird hauptsächlich drinnen (das sympathische Restaurant besitzt nur eine winzige Außenterrasse, wo sich gerade mal eine Handvoll Gäste vertraulich aneinanderquetschen können), was auf Mykonos die Ausnahme ist. Doch dies ist kein wirklicher Nachteil, denn die Einrichtung ist äußerst gepflegt, die Wände sind in fröhlichen Gelb- und Orangetö-

nen gehalten und riesige Terrakotta-Töpfe mit frischen Blumen und Grünpflanzen bewirken eine luftige, fröhliche Gartenatmosphäre.

Französische Küche

Gatsby Garden Restaurant
Tel. 289-26217, Mai–Okt., nur abends
Vor einigen Jahren wandelte ein Londoner Pärchen die ehemalige Kunstgalerie Gatsby in ein charmantes, französisch angehauchtes Restaurant um. Seitdem herrscht in der kleinen Seitengasse der Enoplon Dinameon reger Betrieb. Die Tische sind liebe- und stilvoll gedeckt. Gegessen wird im blumenumrankten Innenhof oder drinnen im provençalisch dekorierten Restaurant. Fleisch wird hier nicht wie auf Mykonos üblich nur auf dem Holzkohlengrill gebraten, sondern gourmetmäßig in Bernaise- oder Pfeffersauce geschwenkt. Große Restaurantschilder weisen in der Hauptgasse auf das bescheidene, beliebte Lokal hin. Auffällig groß und einladend stechen die bunten Regenbogenfarben, Symbol der homosexuellen Szene, hervor und tatsächlich gehört das elegante Gatsby zu den Lieblingsabsteigen der intellektuellen Schwulenszene, die hier vielleicht der drama-

tisch-pompösen Welt des armen J. Gatsby gedenkt, der Kultroman-Figur der Roaring Twenties! (Menü ab € 21)

Restaurant Edem

Oberhalb der Panachra-Kirche, Tel. 22890-23355, tägl. ab 18 Uhr
Schön gedeckte, mit Windlichtern und Kristallgläsern dekorierte Tische, platziert um einen beleuchteten Swimmingpool, in welchem diskret ein Wasserspiel plätschert: Das ist das Restaurant Edem. An einem solchen Ort malt sich die europäische Mittelstandsfrau den herbeigesehnten Heiratsantrag des langjährigen Partners aus – wer mag es ihr verübeln? Das Restaurant ist in der Hochsaison so ausgebucht wie alle anderen Inselrestaurants, Reservierungen sind angebracht. Griechen sind im auf Romantik getrimmten Edem seltener zu sehen! Ihnen ist wohl die Atmosphäre allzu ruhig und klassisch, womit sie einmal mehr beweisen, doch aus einem anderen Holz geschnitzt zu sein als die begeisterten deutschen und Schweizer Gäste. Die Preise des Edem sind hoch, doch die eventuelle Zukünftige sollte diesen Verlust wohl wettmachen (Menüs ab € 40).

Eva's Garden

Kalogera 47 (Goumenio Square), Tel. 22890-22160, Mai–Okt. tägl. 18–1 Uhr
Dort, wo die Hauptgassen Kalogera und Matoyanni zusammenstoßen,

dürfen hungrige Gäste im zauberhaften Garten der wackeren Eva kulinarische Gelüste befriedigen. In der von Weinranken und Blumen umrankten Laube werden ausgezeichnete, vorwiegend französische Speisen serviert: Chatêau Briand, Muscheln, Fischspeisen und zum Dessert Crêpes, wie sie in der Bretagne nicht besser serviert werden. Eine Empfehlung für alle, die fernab vom Trubel ihre Mahlzeit in bescheiden-stilvoller Umgebung genießen wollen, ohne sich dabei in Einsamkeit wähnen zu müssen. (Menüs ab € 25)

Sesame Kitchen

Tria Pigadia Square, Tel. 22890-24710, tägl. ab 19 Uhr

Obwohl unauffällig in einer Seitengasse der Trendmeile Enoplon Dinameon versteckt und mit nur wenigen Sitzplätzen ausgestattet, ist dieses Lokal durch seine gesunde Küche zum Renner geworden. Die wackeligen Tische sind so eng nebeneinander in der kopfsteingepflasterten Gasse aufgestellt, dass es unmöglich ist, den Ehekrach, die schmutzigen Witze und Liebesbeteuerungen des Nachbartisches zu überhören. Das Lokal bietet für Mykonos sehr ungewöhnliche Gerichte mit viel Tofu, frischem Gemüse und gut verdaulichen Sachen: Nach

den schweren griechischen Gerichten eine wahre Wohltat für den Magen. Der internationale Flair macht das Lokal zum paradiesischen Refugium aller schönen, durchtrainierten Schwulen und alternativ-angehauchten Trendsetter (Mahlzeit ohne Wein ab € 20).

Asiatische Küche

Dynasty

Limni Square, Tel. 22890-24194, Mai–Okt.

Auf Mykonos finden alle Gelüste ihre Befriedigung. Freunde der asiatischen Küche können im Restaurant Dynasty ihre Bedürfnisse stillen. Von der thailändischen Kokosmilchsuppe zum indonesischen Reisgericht und den kultigen Frühlingsrollen … im ursprünglich chinesischen Dynasty wird der Schmelztiegel Asiens gefeiert. Natürlich geht bei solch großer Speisevariation die Authentizität der Nationalküchen etwas verloren. Als Abwechslung und Erholungsoase vom tumultartigen Gassenleben der Hora ist das Dynasty allerdings eine sichere Empfehlung. Wer auf intim machen will: Das Restaurant hat sich kürzlich einen Takeaway und Home-Delivery-Service eingerichtet (Menü ab € 18).

Mykonos
Nachtleben

Nachtleben

Sobald der rote Sonnenball am Horizont im Meer versinkt, verwandelt sich Mykonos' karge Landschaft. Die ganze Insel scheint in einem grellen, mysteriösen Licht zu glühen, zu brennen. Eine Atmosphäre von Würde und Ernsthaftigkeit scheint die Insel zu umarmen und man versteht nun, warum die Insel Mykonos auch als die Insel des Lichts genannt wird. Der Sonnenuntergang von Mykonos ist ein Spektakel, und jeder, sowohl Touristen als auch Einheimische, genießt und zelebriert diesen Moment auf seine Art. Ob am Strand, in der Taverne oder in einem Café in Little Venice, dem Sonnenuntergang wird zumindest ein paar Minuten Stille und Bewunderung geschenkt. Einzige Ausnahme bildet die berühmte Caprice Bar. Hier beginnt bei Sonnenuntergang bereits das Nachtleben nach dem Motto „je früher, desto besser …"

In der Nacht scheint Mykonos' Sonne sogar heller als am Tag. Kein Wunder, ist das Nachtleben von Mykonos auf der ganzen Welt berühmt. Sogar wenn alles, was man sucht, Frieden und Ruhe ist, kann man sich der einmaligen Atmosphäre der vor Vergnügen durchströmten Gassenwelt von Mykonos nicht erwehren. Mykonos ist klein, die hiesigen Clubs und Bars sind nicht so zahlreich und professionell ausgestattet wie jene auf Ibiza oder in anderen Partyparadiesen. Doch darin verbirgt sich der Charme, der dem Nachtleben hier zweifellos anhaftet: Auch Kurzurlauber kennen schnell die Hot Spots, wissen, wer, wann, wo ist, und gestalten dementsprechend ihren Nachtrhythmus, ohne durch Distanzen, Öffnungszeiten und andere Komplikationen beeinträchtigt zu sein.

Bars & Clubs in der Hora

Bar Uno
Matoyanni 42, Tel. 22890-26144
Die Uno-Bar, der kleine, charmante Barklassiker, bei allen beliebt, bekannt und Nacht für Nacht überfüllt, bis es die Gäste zu vorgerückter Stunde in die größeren Bars und Clubs der Insel zieht. Die zwei einzigen Tische vor dem Eingang sind wohl die heiß begehrtesten Plätze der Hora. Hier müssen alle vorbei, hier werden jene, die man kennt oder zumindest kennen möchte, kurzerhand an den Tisch gerufen, hier gruppiert sich die Uno-Anhängerschaft, die das enge Gassenstück mit ganzen Menschentrauben füllt und in der Gasse den Durchgangs-

verkehr blockiert. Drinnen wird zu gängigen Allerweltklassikern getanzt. Man wärmt sich auf, stimmt sich ein für eine neue Nacht aller Nächte! Das Publikum ist gemischt: aufgeregte Touristinnen, der coole Londoner Student, der abgebrühte Geschäftsmann auf Brautschau, der schöne Vamp undefinierbaren Geschlechtes und der schüchterne Mitläufer. Die Uno-Bar ist immer ein guter Tipp. Nch zwei, drei Abenden gehört man bereits zur Uno-Familie und darf sich vielleicht auf die begehrte Sitzbank drängen …

Anchor Bar

Matoyanni, Tel. 22890-22443
Ein beliebter Treffpunkt der jungen Mykonos-Szene. Ab ein Uhr morgens ist die hallenähnliche Bar bis auf den letzten Zentimeter gefüllt und die Stimmung ausgelassen. Eine abwechslungsreiche Musikauswahl versucht dem unterschiedlichen Publikum gerecht zu werden: Mykonos-Hits zum Mitsingen, etwas Trip-Hop zum Entspannen, Funk zum Abtanzen und Soul zum Kuscheln. Einlagen von Latino-Ohrwürmern wie „La Bamba" sollen die Tänzer auf die Tische und den Bartresen lotsen, wo in der jahrelangen Anchor-Bar-Tradition zwischen den schaukelnden Lampen die Hüften geschwungen werden. Dank ihrer

Begehrtheit kann sich die Bar erlauben, Eintritt zu verlangen, allerdings kann man mit den schönen Eintrittsdamen verhandeln: „Wer rein will, muss zahlen!" erklären sie ernsthaft, um gleich darauf hinzuzufügen „außer natürlich, man sucht jemand, muss schnell auf die Toilette, hat plötzlich Durst und kommt sofort wieder raus". Gehen sie also wenigstens einmal auf die Toilette, auch wenn Sie sich nichts aus Bartresentänzen machen!

Astra Bar

Tria Pigadia, Tel. 22890-24767
Momentaner Hot Spot der jungen Athener Schickeria und denen, die dazugehören wollen. Die meisten Leute scheinen sich durch ihre Partyvergangenheit zu kennen. Hier werden die neusten Trends der Insel gesponnen und die heißesten Infos – Motto „who with whom, where to go and what to wear" – ausgetauscht. Damen können auch ohne Portemonnaie herkommen: Für die hier verkehrenden Griechen gilt es als selbstverständlich, sämtliche weiblichen Wesen mit Drinks zu versorgen. Doch keine falschen Schlüsse! Der gute Mann will weder ein Interesse anmelden oder seine solventen Eigenschaften als potenzieller Ehemann beweisen! Mit der Geste will man den männ-

lichen Kollegen und Freunden gegenüber eine weltmännische Lebensweise demonstrieren. Und von wegen Großzügigkeit: Fast alle Athener Jungs kennen wenigstens einen der Bartender und bezahlen für die Cocktails und Drinks keinen Cent! Das sehr kleine Lokal bietet außer ein paar Sitzplätzen im Vorhof (Reservieren!) nur Stehplätze. Es füllt sich oft erst in den frühen Morgenstunden, wenn andere Bars langsam dichtmachen und die Langweiler nach Hause gezogen sind. Das Lokal ist schummrig genug, so dass selbst in den frühen Morgenstunden die von Müdigkeit gezeichneten Gesichter noch immer vorteilhaft aussehen und man weiter durchhalten kann …

Caprice Bar

Lambrou Katsoni 8, Tel. 22890-22177

Die ultimative Bar auf Mykonos! Sie befindet sich in einem 250-jährigen, verwinkelten Piratenhaus in Little Venice, so nah ans Meer gebaut, dass die Gischt bei stürmischem Wetter sogar das Innere der Bar erreicht. Caprice rühmt sich seiner wilden Partys so stolz, dass es fast an perfektes Marketing grenzt, dass selbst die Wellen nirgendwo sonst in solcher Heftigkeit auf die Hafenmole prallen! Als unbestrittte-ner Spitzenreiter der Little-Venice-Bars besitzt Caprice die obligate Meerterrasse mit Blick auf den Sonnenuntergang, bei dem es ziemlich nass zugehen kann. Doch die Besucher werden weder vom Naturspektakel der müden Sonne noch dem dramatische Wellengang, sondern vorwiegend von den luftigen Innenräumen der Bar angelockt. Die schiefen Balken der Bar sind weiß getüncht, die runden Tische verteilen sich in den vielen kleinen Eckchen und bilden beinahe separate kleine Partyräume. Caprice ist nach dem Strandbesuch angesagt! Um ca. 7 Uhr rasen die Jungen und Schönen der Insel auf ihren Mofas in die Stadt und richten sich für die frühen Abendstunden, noch immer in Bikini und leichtem Pareo bekleidet, in der Caprice Bar ein. Die Musik ist laut, die Bar bis auf den letzten Millimeter vollgepackt und der Alkohol fließt in Strömen. Hier werden vor allem „Shots" – kleine starke Mischungen aus Wodka, Cointreau etc. – konsumiert. Sie müssen in einem Zug leer getrunken werden und oft wird allen Umstehenden ebenfalls ein Glas in die Hand gedrückt, als hätte man nicht schon vom eigenen Drink genug gehabt. Bei Sonnenuntergang brummt bereits die Stimmung, die Jungs heben ihre Girls auf Tische und Bartresen, um sie dort oben weitertanzen zu lassen und ganz nebenbei noch einige Blicke auf das Bikinihöschen zu ergattern. Caprice leert sich meistens gegen 22 Uhr, wenn die Stimmung sich erschöpft und der Magen zu knurren beginnt.

Ayidn
Enoplon Dinameon, Hora
Ayidn, das ist eine große Terrasse, in schmeichelndes Licht getaucht und oft bis auf den letzten Platz ausgebucht. Hinter großen Fruchtcocktails inspiziert man die vorbeiziehenden Passanten und bei Wohlgefallen werden so manche gleich an den Tisch herangerufen. Das Ayidn ist der ideale Ort, um sich für die Nacht einzustimmen und – falls partnerlos – mit einer schmeichelnden Begleitung einzudecken. Nebst stimulierender Terrassenromantik bietet das Ayidn eine Art Tanzclub mit Soul- und Funk-Musik. Hier vergnügen sich die jüngeren Touristen, die Freude am Tanzen haben und ihre Bewegungen mehr als Ausdruck des Vergnügens statt als verführerische Eigenwerbung sehen.

La Mer
Little Venice
Großer, luftiger Raum direkt neben der Caprice Bar. La Mer hat kein festes Stammpublikum, sondern ist zufällige Durchgangsstation diverser Touristen. Die meisten Gäste werden durch die laut gespielten Sommerhits angelockt, wiegen sich und singen zu beliebten Melodien, um beim nächsten Stück den Laden wieder zu verlassen.

Mad Club
Manto Square
Was tagsüber wie ein ehemaliges, längst geschlossenes Hafenbüro anmutet, verwandelt sich nachts in einen der beliebtesten Technoschuppen Mykonos. Direkt neben dem Taxistand führt eine Treppe in die von Bass-Rhythmen beherrschten Räume des Mad Clubs. Christos, Türsteher und Freund aller schönen Frauen, lässt nur rein, wer ihm passt. Technobeauties, die nach seiner strengen Musterung würdig erscheinen, lässt er gratis rein und offeriert dazu noch einen Drink. Christos scheint fast alle treuen Mykonosgängerinnen zu kennen. Über neue weibliche Gäste freut er sich immer! Bis sich sein Ruf als Herzensbrecher unter den Neuankömmlingen verbreitet hat, genießt er ein paar Tage die neuerrungenen Affären, bevor Misstrauen und Eifersucht … Im zuckenden Licht wird im Mad Club bis früh morgens getanzt. Die kleine Terras

se direkt vor dem Eingang bietet eine angenehm kühlende Brise, die sich an windigen Tagen zu fast orkanartigen Winden verstärkt.

Scandinavian Bar

Ioanni Voinovich 9, Agios Iannis Square, Tel. 22890-22669

Der Name mag bei Durchschnittsmännern Träume von blonden, lernwilligen Aupair-Girls aus Schweden hervorrufen. Doch Träume sind Schäume. Jede Blondine ist hier fast konkurrenzlos. Dennoch ist die Bar jede Nacht Ziel aller „wahren" Männer von Mykonos, die mit dem „fancy" Schwulenzirkus nichts am Hut haben, sondern sich lieber mit Bier und lauter Musik das Warten auf Pamela Andersons Kusine versüßen. Die eigentliche Bar befindet sich im 1. Stock eines kleinen Hauses im Kastroviertel, doch die meisten Besucher schaffen es die Treppe nicht mehr hinauf und versammeln sich auf dem Innenhof vor der Bar. Dieser hat sich leider noch immer nicht seiner Funktion als offene Baranlage angepasst.

Wie die übrigen Gässchen der Stadt ist der Platz mit grellem Licht ausgeleuchtet, so dass einem lauter sonnengerötete Gesichter entgegenlallen und maskaraverschmierte Augen zublinzeln. Wer zufällig auf diesen Platz gelangt, glaubt sich auf einem Open-air-Konzert zu befinden und wird nur schwer Durchgang finden, vor allem, wenn es sich um eine unbegleitete Frau handelt! Das Motto der Bar scheint Anklang zu finden: Die Scandinavian Bar übt ihre Kupplerfunktion seit 1978 erfolgreich aus.

Space Dance

Lakka Square, Tel. 22890-24100

Bis halb zwei morgens gibt es in diesem Tanztempel Special Discounts auf alle Getränke, danach wird's teurer und niemand kümmert's mehr. Nach der Türöffnung ab 23.45 Uhr stehen die Leute bereits Schlange, um in den hitzigen, schillerndsten Club von Mykonos zu kommen, der sich mit großen DJ-Namen weit über die Gestade der Insel hinaus einen Namen gemacht hat. House und Trance Music vom Feinsten für die hartgesottenen Anhänger! Das Space Dance in Mykonos verspricht eine lange Nacht.

Kastro Bar

Odos Agion Anarjiron (Kastro-Viertel, direkt hinter der Paraportiani-Kirche), Tel. 22890-23072

Eine der ältesten und beliebtesten Bars von Mykonos. Ein individualistisches Stammpublikum (auch viele Gays) verbringt hier seine Abende und Nächte. Die schweren Holzmöbel und die niedrige Decke würden etwas erdrückend wirken, wäre da nicht die charmante Öffnung gegen das meist stürmische Meer hinaus, das gegen die Hauswand schlägt. Eine klassische Bar, die sich noch immer bewährt und deren Zeitlosigkeit von melancholischer Hintergrundmusik begleitet wird.

Veranda Club

Little Venice, Tel. 22890-27400

Hier wird die Sonne zum Geschäft. Um fünf Uhr füllt sich die Terrasse des Veranda Clubs. Etwas eingeengt sitzen Tourist an Tourist hinter ihrem Cocktail und warten, bis sich die Sonne endlich zu senken gedenkt. Die Tische könnten kleiner nicht sein, die Stühle sind gegen das Meer ausgerichtet, was das Betrachten des Partners fast unmöglich macht, und die Preise der Drinks sind teuer. Die vor einigen Jahren renovierte Bar rühmt sich mit dem stolzen Titel „Bar mit der schönsten Veranda der ganzen Ägäis". Wer ihr diesen Titel verliehen hat, weiß zwar niemand, doch trotz des schweizerischen Misstrauens in mir muss ich eingestehen, dass die Terrasse wirklich einmalig ist und schon von weit her ins Auge sticht. Das grün-weiße Haus vom Veranda Club gehört zu den ältesten Bauten

auf ganz Mykonos und ein Besuch ist schon deshalb unumgänglich.

Cavo Paradiso

Tel. 22890-27205, 26124

Direkt über der Bucht vom Paradise Beach liegt dieser äußerst beliebte und weltweit bekannte „Temple of dance music". Selbst wer nicht auf durchtanzte Nächte und laute Musik steht, wird diesem Club eine gewisse Exklusivität nicht absprechen können. Happy Hours bei Sonnenuntergang sind erlebenswert. Vor allem im September werden vom Club bekannte DJs aus London eingeflogen. Das Cavo ist besonders bekannt für die exzessiven Afterhour-Partys, die erst bei Sonnenaufgang langsam dem Ende zu gehen.

Cavo Muses

Agios Stefanos, Tel. 22890-23333

Dieser exklusive Ausgehtempel glänzt mit einer der besten Lagen von Mykonos. Hoch über dem Strand von Agios Stefanos auf einer Klippe thront der Club und konkurriert mit seinem Lichtspiel mit den kleinen Lichtern von Mykonos-Stadt, die am Horizont glitzern. Das Auto wird einem parkiert, die Türe von unsichtbarer Hand geöffnet und schon steht man im am hübschesten deko-

Iannis Galatis – der Karl Lagerfeld von Mykonos

Auf diesen Namen stößt man auf Mykonos unweigerlich! Iannis Galatis zählt zu den wenigen gebürtigen Mykonioten, die Ruhm und Ehre nicht nur den Sommergästen der Insel überlassen wollten. Mit angeborenem Glück, griechischem Charme und einem sehr gesunden Selbstvertrauen hob er sich in die Stargalerie der Insel empor und scheffelte mit dem boomenden Tourismus ein Vermögen zusammen. Der zum Schneider ausgebildete Junge besaß einen ausgeprägten Sinn für exklusive Schönheit und den todsicheren Instinkt für Ästhetik. Diese Talente nützten dem jungen Mann auf seiner herben Heimatinsel wenig und sein wackeres Schneidergeschick beschränkte sich zuerst aufs Ausbessern von Bauernkleidern. Man kann sich die Freude von Klein-Iannis gut ausmalen, als in den 1950er Jahren die ersten internationalen Stars auf seine bisher unbeachtete Insel pilgerten und den tristen Alltag mit Luxus und Extravaganz färbten! Iannis Galatis Zeit war gekommen! Er eröffnete an der Hafenmole von Mykonos seinen ersten Laden und erlangte mit seinen Entwürfen die Bewunderung der Stars und Sternchen. Galatis passte nicht nur das Design mit großem Geschick den Launen der High-Society an, sondern auch seinen Charakter nach der großspurigen Art der bewunderten Weltgrößen.

Was ist aus dem Karl Lagerfeld Griechenlands heute geworden? Auf seiner postkartengroßen Visitenkarte steht in großen Buchstaben: „BEFORE YOU COME TO GALATIS, YOU SHOULD KNOW WHO HAS WRITTEN ABOUT HIM!" Auf diese gütige Empfehlung folgen die Quellenverweise zur Pflichtlektüre: Vogue, Harpers Bazar, Elle, Marie Claire etc. Dabei kann man über Iannis Galatis' Design und Entwürfe durchaus den Kopf schütteln. Sie weisen schlichtweg ein wenig Zuviel des zwar wieder trendigen Muffs der 1960er und 1970er Jahre auf! Davon kann man sich in seinem Geschäft, einer Villa Kunterbunt, in der Kunden die Huldigung der famosen Vergangenheit geradezu aufgedrängt wird, unmittelbar am Manto Square am Hafen der Hora, selbst überzeugen.

Iannis Faible für Zeitungsausschnitte, der Hang zum endlosen Name Dropping und ausgeprägte Narzissmus des kleinen Schneiderleins entlocken einem kaum mehr als ein Schmunzeln. Sein Buch „Mykonos and I" ist eine einzige Wiederholung nichtssagender oder unverständlicher Danksagungen an seine Heimatinsel, die ihn zu dem gemacht hat, was er eigentlich sei! Was das allerdings ist und was die Heimat Mykonos für ihn bedeutet – ist die Heimat tatsächlich auf die Funktion einer schön gestalteten Bühne reduziert, auf welcher er sein exzentrisches Leben führen konnte? –, darüber schweigt das Buch. Immerhin beweist die über drei Seiten lange Liste ehemaliger Kundinnen, dass Iannis Kleidergeschäft tatsächlich einmal brummte …

Galatis wird heute stets von einem Beschützertrupp aus ebenso arroganten Höflingen beschattet. Schließlich ist das „Designgenie" nicht mehr der Jüngste! Charmant und blasiert stolziert die Gruppe durch die nächtlichen Gassen und benimmt sich irritierenderweise sowohl zu Männern als auch zu Frauen auffallend eindeutig. Doch: „this is Greece, this is Galatis, this is Mykonos", wie der schlaue Wichtsack zu sagen pflegt!

rierten Raum von Mykonos. Tische aus schwerem Teakholz, blutrote Rosensträuße in Terrakotta-Vasen, sorgfältig gedimmtes Licht und eine leichte Meeresbrise durchfluten den Raum. Tritt man auf die Terrasse, glaubt man sich in einem Hollywood-Film zu befinden. Der Pool liegt verführerisch beleuchtet in der Dunkelheit, in riesigen Sofas mit dicken Kissen wispern Verliebte, Champagnergläser klirren und Sade's dunkle Stimme besingt die imaginäre Erotik, die in der Luft liegt. Ein zauberhafter Ort, zu dem man sich gerne führen lässt und von dem man nicht mehr wegzubringen wäre, wenn der Service sich weniger aufs Türöffnen und Feuergeben beschränken, sondern der Küche mehr Sorgfalt widmen würde! Managementwechsel dringend angesagt!

Yachtclub
Fährhafen, Hora
Der Club am Fährhafen von Mykonos ist rund um die Uhr in Betrieb,

bietet warme Mahlzeiten zu jeder Tages- und Nachtzeit und verwandelt sich früh morgens, wenn die anderen Bars und Clubs dichtmachen, in eine Hafendisco. Im Yachtclub am Fährhafen finden sich die verzweifelten Seelen, die auch um fünf Uhr morgens noch nicht genug von der Nacht haben und sich bei noch mehr Alkohol, noch lauterer Musik und eindringlicherem Flirten vom langsamen Aufgang der Sonne abzulenken versuchen. Wenn im frischen Morgengrauen die ersten Fähren aus Athen einlaufen, bietet sich den Ankommenden der perfekte Anblick vom Nachtleben von Mykonos oder dem, was davon übrig geblieben ist: Während einige noch tanzen und singen, schlafen andere zusammengekauert in einer Bierlache und wiederum andere wundern sich, wer diese fremde Person eigentlich ist, die sich so vertraulich eingehängt hat! Einmal sollte man das mitgemacht haben, ein Erlebnis der speziellen Art …

Für Gays: Bars & Clubs

Als populäre Reise-Destination und charmantes Eldorado schwuler Touristen bekannt, wird man nirgends auf der Insel einen großen Schwulenclub finden wie in den Schwulenmekkas London oder New York. Doch es gibt mehrere sogenannter Gaybars, die auch den besten Club von Manhattan in den Schatten zu stellen vermögen. Einige haben weltweit regelrechten Kultstatus erlangt und gehören zu Mykonos wie die Meltemi-Winde. Mykonos Schwulenszene wird nicht von geheimnisvollen Insidertipps beherrscht, in die man erst nach einschlägigen Bekanntschaften eingeweiht wird. Die Homophilen-Bars gehören zum Alltag und prägen das Nachtleben. Ausnahmslos alle Mykonos-Fans vergnügen sich von Zeit zu Zeit in diesen berühmten Lokalen … ob Mann, ob Frau, Alt oder Jung …

Die bekanntesten und ältesten Schwulenbars von Mykonos sind **Pierros, Mantos** (beide Odós Matoyanni, Tel. 22890-22177) und **Icarus** (Agia Kiriaki, Tel. 22890-22718). Diese drei Kultinstitutionen sind nebeneinander auf einen kleinen Platz hinausgebaut. Die Gäste verkehren in fröhlichem Hin und Her von einem Ort zum anderen. Glück gehabt! Den schönen Adonis vom Strand wird man also am Abend mit fast 100%iger Sicherheit wieder treffen, denn um den Schnittpunkt dieser drei Bars kommt niemand herum! Der Platz vor Pierro gleicht einem Epizentrum, wo die Urlauber, meist Männer, einem Bienenschwarm ähnlich

Eingang zur Hora

zusammentreffen, um den süßen Nektar der Nacht auszukosten. Hier herrscht eine charmante, friedliche und prickelnde Atmosphäre, auch Pauschalreisende, die nach einer Woche wieder nach Hause müssen, können sich rühmen, wenigstens ein paar Gesichter kennengelernt zu haben, und fühlen sich beruhigt heimisch!

Unter den drei Lokalen sticht besonders das Pierros hervor. Pierros ist weit mehr als eine beliebige Schwulenbar, wie es sie überall gibt. Die kleine Bar in dem engen, verschachtelten Haus an der Matoyanni-Gasse hat maßgebend dazu beigetragen, die kleine, dürre Insel Mykonos zum Leben zu erwecken und sie dabei zu jener Insel zu for-

men, die wir heute so lieben. Es ist auch der Bar Pierros zu verdanken, dass die ersten Touristenstürme und Zelebrationen der 1970er Jahre weiter gepflegt und aufrecht erhalten werden, so dass Mykonos mehr als nur eine momentane Laune extrovertierter Weltenbummler geblieben ist. Die Geschichte, die um die Entstehung dieser Bar kursiert, ist typisch für Mykonos: ein bisschen Glamour, eine Prise Liebe und Eifersucht und zudem eine rasante Erfolgsgeschichte!

Andreas Koutsukos, Gründer der Kultbar, ist bis zum heutigen Tag stolzer Besitzer dieser kleinen Goldgrube. Auf Mykonos geboren, wuchs Andreas in einfachsten

Verhältnissen auf. Als Jüngling entfachte der Grieche durch seine Schönheit und Unverdorbenheit die Liebe des italienischen Lebemannes und Künstlers Pierro d'Amversa. Die Liebe zwischen den beiden ungleichen Männern schien anfangs sehr fruchtbar. Pierro liebte die Wildheit seines jungen, ungebildeten Freundes, Andreas bewunderte die nonchalante Erfahrenheit seines intellektuellen Übervaters. Pierro siedelte nach Mykonos und eröffnete mit Hilfe seines jungen Geliebten die erste Bar der Insel, die er nach sich selbst benannte. Durch seine vielen Reisen hatte Pierro Freunde auf der ganzen Welt, vorwiegend intellektuelle, homosexuelle Adelige, Schöngeister und Freidenker. Sie bewunderten Pierros Entscheid und eiferten ihm wenigstens ansatzweise nach, indem sie nach Mykonos reisten und für einen Sommer lang eine romantische Affäre, frei von gesellschaftlichen Zwängen, zu genießen hofften. Die Gassen von Mykonos füllten sich, die Bar Pierro wurde zum Zentrum des Nachtlebens. Doch mit dem Erfolg kam auch die ganze Wahrheit zum Vorschein! Der ehemalige Fischerjüngling Andreas entpuppte sich als alles andere als homosexuell und verliebte sich Hals über Kopf in eine Amerikane-

rin! Der Schmerz über den Verlust seines Geliebten verdaute Pierro nur schlecht. Er verließ Mykonos von einem Tag auf den anderen und überließ die Goldgrube „Pierro" seinem verflossenen Geliebten und dessen frisch angetrauter Ehefrau. Aber der Name der Bar wurde nie geändert!

Der nächtliche Ausgang unterliegt in Mykonos einem festen Ritual. Ins Pierros, das auch als Sammelbegriff für alle drei Lokale fungiert, kommt man frühestens um Mitternacht und schön zurechtgemacht, denn die Tischchen vor Pierros eignen sich bestens dazu, die Schönheit des Gegenübers gebührend zu bewundern oder gutmütig darüber herzuziehen. Die kleine Gasse wird bis in den frühen Morgen mit weiß gekleideten Männern bevölkert sein, während einladende Tanzmusik aus den Lokalen dringt und Gäste sich wundern, dass man in diesem Ameisenhaufen tatsächlich zu seinem Drink kommt (die Kellner schaffen es, alle Bestellungen innerhalb kürzester Zeit zu erledigen und dies auf beeindruckend charmante Weise). Ab zwei Uhr morgens füllen sich denn auch die Tanzböden von Icarus und der Manto-Bar. Zu den gängigen, hier arg strapazierten Sommerhits wird dort eng und heiß getanzt. Oft schwingen sich männliche Pracht-exemplare auf den Bartresen, er-freuen mit spontaner Tanz- oder Gesangseinlage und lassen mit fallenden Hüllen die Männerherzen höher schlagen. Ohne spezielle Be-sonderheiten nennen zu können, im Pierros und Co. werden unver-gessliche Abende erlebt!

Längst kein Geheimtipp mehr ist die kleine Bar **La Porta.** (Tel. 22890-27087). Sie befindet sich in einer un-auffälligen Seitengasse in der Nähe der bekannten Taverne von Nikos. War die Portas-Bar früher eine Anlaufstelle schüchterner, junger Männer, die sich noch nicht für den Sprung in die offene Szene bereit fühlten, hat sich die Bar heute ih-ren fixen Platz im Abendprogramm vom schwulen Mykonos gesichert. Bei Portas trifft man sich erstmals nach dem Nachtessen, meist ge-gen 23 Uhr. Platz an der Bar kriegt man selten, doch dafür hat es die kleinen, windgeschützten Gassen, in denen es sich noch viel besser verweilen, flirten und begutachten lässt als im schummrigen Gedrän-ge des Barinneren. Wenn die Bar zu bersten droht, trollen sich die Leute langsam Richtung Pierros! Die Pforten des Portas sind auch für Frauen weit geöffnet. Oft werden die weiblichen Gäste mit wohlwol-lender Sympathie verwöhnt und sogar geschickter umschwärmt als an heterosexuellen Orten.

Weitere Treffpunkte der schöns-ten aller Männer:

Anchor Bar: Frühstückstreff vieler Schwulen, die sich hier für den neu-en Tag stärken. Frühstück wird bis 15 Uhr! serviert.

Thomas Bar, (Tel. 22890-26866). Ausschließlich männliches, älteres Publikum (50 Meter neben dem in-ternationalen Pressestand).

Kino – Cine Manto

Mykonos hat ein kleines Freiluftki-no. Nebst neuen Hollywoodfilmen und Mainstream werden alte Klas-siker wie „Casablanca" oder „Vom Winde verweht" ausgegraben und aufgeführt. Das Kino befindet sich in der Meletopoúlou-Gasse, Film-programm ab 21 Uhr.

Theater/Konzerte

Mykonos hat zwar keine eigene lo-kale Theatergruppe, aber die Insel ist das ganze Jahr hindurch Kulisse von Aufführungen englischer und griechischer Gruppen. Für Klassik-freaks: Im August und September werden auf der heiligen Insel Delos klassische Konzerte aufgeführt. Mit dem Schiff werden Gäste nach Delos gebracht, wo im Amphitheater unter freiem Sternenhimmel Mozart, Beethoven und andere große Meister genossen werden können. Solche Aufführungen sind ein Muss!

Informationen über Theater und Konzerte gibt's in jedem Reisebüro, an einer gut geführten Hotelrezeption oder im Stadthaus am Hafen.

Shopping

Die bunten Gassen der Hora sind nicht nur eine Gefährdung der persönlichen Diät, sondern sie stellen auch Herausforderungen an die beliebten Kreditkarten der Touristen. In den engen Flaniermeilen von Mykonos-Stadt reihen sich verlockende Restaurants, charmante Boutiquen, überflüssige Touristenshops, Schmuckläden und auffällige Einkleidungsgeschäfte! Was gibt es Schöneres, als nach faulem Müßiggang am Strand frisch herausgeputzt durch die Gassen zu gehen, sich an den schmucken Schaufensterauslagen zu erfreuen und sich mit ungewohnter Großzügigkeit selbst zu verwöhnen! Ferien entspannen. Die Realität

entschwindet und in der süßen Leichtigkeit bemüht man sich kaum, den Geldbeutel allzu tief in der Hosentasche zu verstecken! Mykonos Shoppingmeilen bieten alles, was den übermütigen Geist erfreut! Die Geschäftsbesitzer hier wissen, welche Gratwanderung es ist, vor dem anspruchsvollen, launischen Geschmack der Sommerklientel zu bestehen! Die gängigen Designer eröffnen jedes Jahr neue Filialen, die Geschäftsaufmachungen werden immer moderner, eleganter und ausgeflippter. Das Verkaufsangebot scheint unmittelbar aus London, New York und Mailand importiert worden zu sein. Für „Les derniers cris" aus Mykonos langt man denn auch gerne etwas großzügiger in die Tasche! … und das muss man, denn Mykonos ist teuer!

Viele Geschäfte auf Mykonos sind lustige Zwitter zwischen Touristenshop und griechischem Tante-Emma-Laden: Das Sortiment lässt sich in keine Sparte einordnen, in den Regalen stehen Wegwerfkameras neben Selbstbräunern und Kondome neben Glühbirnen. Nebst den Geschäften mit den wahrlich lebenswichtigen Utensilien (Metzgerei, Bäckerei, Konditorei etc.) gibt es zuhauf kleine, lokale Ateliers und Galerien, die sogenannte

und Teller sind in den leuchtenden Farben der Ägäis gehalten: knallblau, goldgelb und leuchtend rot. Die fröhliche Töpferware ist ein beliebtes Souvenir und schafft es, später im kalten Zuhause etwas jener südländischen Atmosphäre zu verbreiten, die Ikea und Co. krampfhaft in die trendigen Großstadtlofts zu zaubern versuchen.

Seit die Hippies Europas Mykonos entdeckten, ist die Insel ein Mekka für Lederwaren. Nicht nur für die Lack- und Lederbedürfnisse der Blumenkinder, sondern auch für praktische Umhängetaschen, Geldbeutel, Westen und Schürzen aus natürlichem Kalbsleder. Back to the roots: Unbehandelte Lederhaut mit Perlen und Krällchen bestickt und in einfachster Weise zusammengenäht, dass auch Winnetou seine Freude daran hätte! Das helle Kalbsleder trifft zwar nicht jeden Geschmack und die Trends haben sich längst interessanteren Materialien zugewendet, doch die Ledergeschäfte bleiben fortbestehen, solange Neohippies und nostalgische Exhippies an die Gestaden von Mykonos strömen und sich ihrer Ware erbarmen!

Handwerksprodukte, Handarbeiten und anderen Kreativ-Kram verkaufen. Mykonos eitler Titel „Insel der Künstler" wird in den Ausstellungsräumen oft arg auf die Probe gestellt. Allzu farbig, kitschig und allzu billig erinnern viele dieser Kunstobjekte an die Kindergartenzeit, als mit Schere und Farbstiften wahllos hantiert wurde! Dennoch befinden sich unter der Vielzahl an Ateliers sich selbstfindender Künstler Adressen, die für sehens- und bewundernswerte Arbeiten bürgen.

Wie auf allen Kykladeninseln kann man auf Mykonos sehr günstige Töpferware erstehen. Die großzügig geformten, bäuerlich-ländlich angehauchten Tassen, Schüsseln

In kleinen Seitengassen stößt man auf die märchenhaften Schaufenster von Antiquitätenhändlern und Innendekorateuren. Die Ferienhausbesitzer von Mykonos gehören schließlich einer exklusiveren Sorte an, die die entsprechende Staffage benötigt. Vor dem Kauf sollte man bedenken, dass es in Griechenland verboten ist, antike Gegenstände aus dem Land zu exportieren! Wer sich mit getreuen Kopien zufrieden gibt, sollte sich vom Verkäufer eine Imitationsbescheinigung mitgeben lassen, die die erstandene Ware als Kopie deklariert. Man erspart sich so viel Ärger am Zoll.

Pandora

Agion Anargyron 27, Tel. 22890-26251

Einer der bekanntesten Shops für Kunst-Replikate, antike Juwelen, byzantinische Ikonen und feudale Schachbretter. Sehr schön ausgestellt, die Ware sieht wirklich aus, als wäre sie etwas wert.

Art & Design Gallery Domingo

Kalogera 4, Tel. 22890-26614

Sehr schön präsentierte Ware, mit der man das Heim stilvoll und glamourös aufmöbeln kann. Im warmen Licht der Nachttischlampen wirkt die Ausstellung mit ihren Schreibtischchen, Sofas, Uhren und Accessoires sehr angenehm und erinnert an britischen Countryhouse-Schick.

Mykonos ist ein Paradies für sämt-

liche Frauen, die auf Silberschmuck und sonstiges Schmuckgehänge stehen. Goldschmiede en masse gibt's in den engen Gässchen von Mykonos-Stadt, die um die Gunst der Frauenherzen buhlen und an die Großzügigkeit der Männer appellieren. Da sich das Sortiment eines Schmuckgeschäfts kaum vom nachbarlichen Laden abhebt, lohnt es sich vor dem Kauf, die Preise der verschiedenen Geschäfte zu vergleichen.

Ilias Lalaoúnis

Polikandrioti 14, Tel 22890-24255

Lalaoúnis, einer der großen Juwelenamen von Mykonos! Seine filigranen, klassischen und mit Edelsteinen besetzten Schmuckstücke sind europaweit bekannt und beliebt. Ebenso eindrücklich wie die schmucken Kunststücke ist das Geschäft direkt am Hafen beim Manto Square. Unbedingt einmal reinschauen!

Minas

Agion Kyriaki, Tel. 22890-27320

Eines der beliebtesten Schmuckgeschäfte, das sich auch äußerlich von den anderen weiß-goldig eingerichteten Geschäften mit den überfüllten Schaufenstern abhebt. Mit seinen hochgezogenen Räumen, modernem Minimalismus und der avantgardistischen Stein-architektur passt es wohl eher in eine Großstadt wie London als auf das sonnige Mykonos. Einige der Designstücke von Minas haben sich Kultstatus eingeheimst und bau-meln am Hals vieler griechischer Männer und Frauen.

In Mykonos floriert dank seinem jungen, frechen Publikum das Ge-schäft mit der Mode. In den beleb-testen Gassen – Enoplon Diname-on, Lakka etc. – reihen sich die Kleidergeschäfte anerkannter Desi-gner, experimentierfreudiger New-comer und bewährter Trendlabels nebeneinander, z.B. Dauerbrenner Benneton, das Girlie-Paradies Koo-kai, die schnörkellose Welt Donna Karans, sportliche Freizeitmode von Big Star und das Lieblingsgeschäft der Schwulen und schwarz bebrill-ten: Prada. Bekannte Kleidermar-ken sind auf Mykonos viel teurer als bei uns, aber Mykonos' fröhliche Sommergäste sind zu eitel, um ih-ren Kaufzwängen zu widerstehen. Dazu die übermütige Ferienlaune – und die Verkaufszahlen der De-signerläden stimmen. Schließlich ist es inspirierender, sich den Bikini hier zu kaufen als zu Hause im Wa-renhaus, wo einem das Spiegelbild nur blass entgegenblickt.

Unbekanntere Modegurus haben's jedoch schwer. Viele Kleiderge-schäfte stehen teilweise leer, und gelangweilte Verkäufer vertreiben mit Schnoddrigkeit und Desinte-resse auch noch die letzten Kun-den. In trauter Zweisamkeit mit dem Verkäufer im Laden zu stehen, auf Schritt und Tritt beobachtet zu werden und das Gefühl zu ha-ben, einen Grund zu brauchen, um schnellstmöglich aus dem Laden zu verschwinden, kann sehr beklem-mend sein.

Remember Fashions
Lakka (beim Hard Rock Café), Tel. 22890-25948
So laut und schrill wie die Musik, die aus dem Laden dröhnt, sind auch die Kleider. Entweder durch-sichtig, gelöchert oder auf Lack und Leder getrimmt. Hier findet man den ersten und den letzten Schrei der Saison, einfach sexy muss es sein. Je weniger am Kleid dran ist, desto teurer ist's. Mykonos scheint besonders talentiert, seine Gäste zu wagemutigen Käufen zu ins-pirieren! Ob die erstandene Ware dieser Kleiderlinie dann zu Hause ... but who cares? Deshalb sollte man unbedingt einmal reingehen.

Prince Oliver
Matoyianni, Tel. 22890-24561
Eine Art griechischer Benetton mit breitem Angebot an klassisch ge-

schnittenen Hosen, sommerlichen Jacken und Hemden, die jeden Jüngling in den Traumschwiegersohn verwandeln.

Cinema

Matoyianni (Kyriaki Sq.), Tel. 22890-28325
Athens junge Frauen sind selbstbewusst. Davon zeugen die kurzen Röckchen, engen Shirts und das bare Nichts von Unterwäsche griechischen Designs. Die Boutique Cinema ist in Griechenland so beliebt wie Kookai in Frankreich. Und sie bietet preiswerte Mode, die als Markenzeichen feiner, junger Frauen gilt, die nicht allzu auffällig, aber dennoch bemerkenswert auf ihre Reize aufmerksam machen wollen und es auch können.

Booze Clothing

Voriou Ipirpu, Lakka & Ag. Vlassis, Tel. 22890-25350
Die Modekette kann sich aufgrund des idiotischen Namens nicht mehr viele Fehltritte leisten und hält sich treu an die internationalen Trends: Helmut Lang, Vivienne Westwood, Ferré und Versace geben hier den Ton an.

After Underground Clothing

Kastro, Little Venice, Tel. 22890-24140

Hier kriegt man alles, was Mann begehrt, um von Mann so richtig begehrt zu werden. T-Shirt aus Netzstoff und Lycra, Reizwäsche und Lederhosen.

Diverses

Modellbau Beronis

Little Venice, Tel. 289-22268
Wer auf Miniatur-Segelschiffe steht, wird in diesem Schuppen an der Mole des Alefkandra-Viertels sein Paradies finden. Seit Jahren arbeitet hier der charmante, weißhaarige Dimitrios Beronis mit Engelsgeduld an seinen Modellschiffen. Massenanfertigungen kennt er nicht. Jede seiner Modellbauten kriegt einen eigenen Schiffsnamen und ist mit sämtlichen Raffinessen ausgerüstet, wodurch es in größerer Ausführung wohl seetauglich wäre. Erwachsene Männer scheinen nicht nur von Modelleisenbahnen zu träumen, sondern auch von Dimitrios Schiffen: Sein Geschäft rentiert, die Modelle verkaufen sich trotz mörderischer Preise gut. Anfertigungen werden vorwiegend auf Bestellung gemacht.

Mykonos Records

Mitropóleos 16, Tel. 22890-24288
Während des Mykonos-Aufenthalts wird man bald aus lauter Gewohn-

heit Melodien summen, die einen zu Hause völlig kalt lassen würden. Die Clubs der Insel beweisen kaum Originalität, meistens gibt es pro Sommer vier, fünf Hits, die aus jedem Lokal und jeder Bar immer wieder zu vernehmen sind. Wer die Ohrwürmer auch noch nach den Ferien genießen will, findet die Lieder im Mykonos Records Store. Neben den üblichen Interpreten gibt's hier jedes Jahr die CD „Mykonos-Hits" zu kaufen. Wie die alljährlichen Bravo-Hits und die berüchtigten Hitparaden-Sampler verkaufen sich die „Mykonos-Dance-CDs" so schnell wie frische Brötchen.

Konditorei Skaropoulos

Pano Matoyianni, Tel. 22890-24983 Nikolaos Skaropoulos Süßgebäckladen ist ein Paradies für Naschkatzen. Das Familienunternehmen verführt seit 1921 mit traditionellem Mandelgebäck Einwohner, Touristen und Berühmtheiten wie Winston Churchill, der sich bei dem damaligen Konditormeister sogar schriftlich für die Köstlichkeiten bedankt haben soll!

Allgemeines

In der Hochsaison (Mai bis Oktober) haben die meisten Geschäfte von Mykonos-Stadt bis um Mitternacht geöffnet. Je weiter weg vom Ge-

schehen in der Hora, umso früher werden die Fensterläden geschlossen. Ab Anfang September verkaufen Boutiquen und Läden im Sommerschlussverkauf ihre Restware mit bis zu 50 % reduzierten Preisen, um das Geschäft über die Wintermonate zu schließen.

Die Vororte von Mykonos-Stadt

Rund um die Hora von Mykonos-Stadt, die architektonisch nicht weiter ausgebaut werden kann und darf, hat sich in den vergangenen Jahren jenseits der Ringstraße ein weiter Kreis aus Stadtvororten gebildet. Um dem wirtschaftlich-sozialen Zentrum der Insel möglichst nahe zu sein, erfolgten eine kräftige Besiedlung und Bebauung der kargen Wildnis und angrenzenden Hügel hinter der Stadt. Aus früher einzel positionierten Häusern haben sich dorfähnliche Siedlungen gruppiert, die inzwischen eigene Namen haben. Statt einer Residenz „außerhalb von Mykonos-Stadt" hat man jetzt sein Ferienhaus in Amigdalidi, Drafaki oder Drossopezoula! Deren Eigenständigkeite ist jedoch begrenzt, ihre Anwohner müssen froh sein, wenn sich ein

Supermarkt in ihrer Nähe befindet, Bars und Restaurants können sich in der reizlosen Vorstadtzone sowieso nicht durchsetzen. Wer als Tourist in einem der wenigen Vororthotels landet, wurde entweder von den stets ausgebuchten Hotels der Hora vor die Stadttore geschickt, gefällt sich in der Selbstillusion des anspruchslosen Urlaubers oder hat schlichtweg die schönen Strandorte noch nicht entdeckt.

Toúrlos

Das ehemalige Fischerdorf Toúrlos zieht sich in ziemlich uncharmanter Weise entlang der Hauptstraße hin, die von der Hora nach Ágios Stéfanos führt. Die Spitzen und Tore der oberhalb von Toúrlos versteckten Villen reicher Großindustrieller lassen bombastischen Prunk und Luxus erahnen, doch das Gros der Häuserfassaden und der Charme des Strandortes Toúrlos wecken kaum Begeisterung. Der Strand ist trist und unmittelbar auf den nahe gelegenen Hafen der Stadt ausgerichtet, so dass man das Gefühl nicht los wird, in einer Art Benzinteich schwimmen zu müssen. Am besten fährt man an Toúrlos vorbei und lässt sich im erfreulicheren Süden der Insel nieder! Wenn's dennoch die Nordwestseite von Mykonos sein muss, sucht man besser in der Nachbarsbucht Ágios Stéfanos nach einer Unterkunft. Das einzige positiv überzeugende Hotel von Toúrlos ist das Hotel Olia.

Hotel Olia
Kat. B, Tel. 22890-28020,
www.olia-hotel.gr
Das Hotel ist relativ neu und auffallend liebevoll geplant worden. Die taubenhausähnlichen Bauten und die hübsche Gartenanlage mit dem großzügigen Schwimmbad mögen den einen oder anderen Gast sogar über die fade Erscheinung von Tourlos hinwegtrösten …

Tagoo

Tagoo klingt wie ein Name aus Disney's Dschungelbuch und bezeichnet den kleinen, neureichen Vorort unmittelbar oberhalb des neuereren Yachthafens von Mykonos. Von Mykonos Busstation an der Odos Polikandrioti erreicht man den Vorort Tagoo in ca. sieben Gehminuten. In den braunen Hügeln von Tagoo haben reiche Ausländer und Athener vor Jahren begonnen, protzige Häuser zu bauen, deren Extravaganz aber längst von den Neubauten in Agios Iannis und anderen Luxusorten der Insel übertrumpft wird. Der schöne Ausblick über die Stadt und den lebendigen Hafen allerdings bleibt derselbe und dieser verleiht Tagoo einen spektakulären und einzigartigen Pluspunkt.

Eine holperige, enge Straße, die kaum genug Platz für ein Auto bietet, führt durch Tagoo, das zwar Privathäuser und Hotels, kaum aber einen dorfähnlichen Charakter aufweist. Bewohner und Gäste müssen sich in Tagoo auf die herrliche Aussicht beschränken, alles Vergnügliche und Praktische wird in der Hora erledigt! Wegen seiner vielen Hotels ist Tagoo dann eine gute Wahl, wenn die Unterkünfte in der Stadt belegt sind.

Hotel Omiros
Kat. D, Tel. 22890-23328
Direkt an den steil abfallenden Hang unterhalb des Hauptsträßchens gebaut, muss man bei diesem kleinen, zierlichen Gebäude fast fürchten, es könnte den Hang hinunterpurzeln! Die kleine Hotelterrasse mit Strohdach, weiß getünchten Steinplatten und atemberaubender Meeressicht scheint direkt einem Hotelprospekt entsprungen zu sein. Das Plus dieser charmanten Terrasse lockt denn auch die Gäste hierher, denn ansonsten ist das Hotel eher etwas benachteiligt: Es liegt weder direkt im Zentrum noch unmittelbar am Strand. Immerhin ist das Omiros ein sympathisches Haus und angenehme Absteige für unkomplizierten, preiswerten Urlaub und diejenigen, die schon immer einmal in einem Ort namens Tagoo wohnen wollten! Zimmer ab € 30.

Cavo Tagoo
Kat. A, Tel. 22890-20100,
www.cavotagoo.gr
Beliebtes und stilvolles Firstclasshotel, ein Meisterwerk aus kubischen Würfeln, verschlungenen Treppen und Mäuerchen. Schon kurz nach Eröffnung wurde das Hotel Cavo Tagoo berechtigterweise mit dem Preis „Beste Architektur im gesamten ägäischen Raum" ausgezeichnet. Dieser Titel dürfte denn auch die vielen wohlsituierten Amerikaner anlocken, die zufrieden ihrem Drang nach Ursprünglichkeit nachkommen und dieses Hotel im Sommer belagern. Das Hotel ist mit sämtlichem Luxus ausgestattet und die Panoramaterrasse mit dem sensationellen Küstenrundblick ist unschlagbar. Dort befindet sich auch das beliebte Restaurant „La Taverne".

Glastros
Weder Strand, Aussicht noch Lage können Ausschlag gewesen sein für die Entstehung der kleinen Häu-

sersiedlung nahe der Hora. Umgeben vom unspektakulären Nichts der kargen Landschaft, versuchen sich auf dem Plateau oberhalb von Plati Gialos ein paar bescheidene Hotels und Privathäuser den Anschein eines Örtchens zu geben, dem man den Namen Glastros gab. Das windige Sträßchen nach Plati Gialos bildet das kaum pulsierende Herz dieses Ortes oder böse ausgedrückt: Nebst der Straße gibt es in Glastros nichts, das wirklich als Dorfcharakter durchgehen könnte! An dieser Straße befindet sich eine der vier Tankstellen der Insel und in unmittelbarer Nähe zueinander konkurrieren zwei Supermärkte um die Gunst der vorbeifahrenden Touristen.

Glastros ist kaum der Inbegriff unserer Vorstellung von Mykonos und eines traumhaften Feriendomizils! Dennoch ist es ein guter Tipp, wenn in der Stadt alles ausgebucht ist, „Kleindeutschland" Plati Gialos wenig reizt und spektakuläre Luxusbunker nicht ins Ferienbudget passen!

Hotel Jason
Tel. 22890-23481,
www.hoteljason-mykonos.gr
Der freundliche Artemis führt zusammen mit seiner Frau und der etwas unwilligen Tochter das bescheidene Hotel Jason und die dazugehörigen Studios Anna Maria. Sowohl das Jason als auch die Studios sind bestes Beispiel für die hoch gelobte Kategorie der griechischen Familienpensionen. Im Jason herrscht noch gerechte Arbeitsaufteilung unter den Generationen. Die schweigsame Mutter kocht das Frühstück, die undurchschaubare Tochter bedient und Artemis hütet lächelnd seine bescheidene Rezeption.

Die Zimmer sind einfach, aber funktional eingerichtet. Kühlschrank, Telefon, peinlich genaue Putzarbeit, täglich frische Badetücher und ein kleiner Sitzplatz gehören zu Artemis' preisgünstigem Angebot. Aufgrund der denklich unspektakulären Lage des Hotels lockt die Veranda kaum zu gemütlichen Terrassenstunden, doch eben diese stehen auch nicht in jedermanns Ferienprogramm. Der Bus Richtung Hora oder Plati Gialos hält gleich gegenüber dem Hotel, Mofas werden direkt an der Rezeption vermietet und ein großer Parkplatz fordert zum Mietauto auf. Das Jason ist ideal für junge, abenteuerlustige Reisende, die alles wollen, nur eines nicht: im Zimmer sitzen!

Strände auf Mykonos

Mykonos, Jahrtausende von der Geschichte übergangen und vom Weltgeschehen ausgeschlossen! Als die Nachbarinsel Delos ihre Hochblüte erlebte, blieb Mykonos bedeutungslos. Selbst als die Kykladen ins Zentrum des Schiffsverkehrs rückten, waren einzig berüchtigte Piraten unwillkommene Gäste. Weder die spitzen Klippen, steinigen Heiden noch die goldenen Sandstrände weckten die Aufmerksamkeit. Es mussten Jahrhunderte vergehen, bis Vergnügen mit Entblößung und Schönheit mit braunem Teint gleichgesetzt wurden und sich Mykonos endlich rehabilitieren konnte. Heute ist Mykonos weltbekannt. „Mykonos, die Insel der Strände!" Mykonos Strände sind Alltag, Ferienziel, Laufsteg, Hierarchiegebilde, Lebensunterhalt, Auffassung und Wertmaßstäbe. Den Anfang machten Super Paradise und Paradise Beach. Sandstrände wie man sie im mediterranen Raum zu Tausenden finden muss: Feiner, goldener Sand, blaues Wasser und aufregende Klippenwelt. Dennoch wurden Super Paradise und Paradise Beach weltweit zu Vorreitern einer exklusiven Strandkultur und Inbegriff ungewöhnlicher Freizügigkeit. Was hatten die antiken Götter, die Venezianer und Türken lange Zeit übersehen?

Die ersten Touristen, die um 1950 nach Mykonos kamen, waren junge Aussteiger, Hippies und Homosexuelle oder Außenseiter, Querdenker und unbefriedigten Idealisten Europas. Viele erhofften sich, in der Einsamkeit dieser kargen Insel Selbstfindung und Frieden zu finden. Eremitenähnlich hausten sie in selbstgebastelten Strandhütten, bauten sich kleine Höfe im Landesinneren oder mieteten kleine Mansarden im Gassenlabyrinth der Hora. Es war purer Zufall, dass die Sonne und der Lockruf des Meeres die Wahlmykonioten ausgerechnet an den Stränden Plindri und Kalamopodi aufeinander treffen ließ. Aus Zufall wurde Tradition: Die verirrten Seelen begannen, sich regelmäßig in den beiden Buchten zu versammeln und lebten brüderlich ein von Liebe und Drogen erfülltes Leben. Die ehemals unausgesprochenen Hoffnungen wurden zum offen formulierten Glauben, der in der Wildnis anfangs ungestört ausgelebt werden konnte.

Das unbekannte Mykonos eignete sich perfekt als Zufluchtsstätte exzentrischer Randgruppen. Wo sonst ging der europäische Nachkriegsli-

Ironie pur: FKK-Verbotstafel am Strand von Agios Iannis

beralismus so freizügig mit Homo-sexualität, Exhibitionismus und Promiskuität um? Deswegen blieb Mykonos nicht lange unbekannt! Gerüchte über gleichgeschlecht-liche Liebe und anarchistische Le-bensweise ließen Gleichgesinnte von überall her an die Strände pil-gern. Schnell entstanden in den einsamen Buchten kommunenähn-liche Gebilde, deren Ruf in die weite Welt hinaus drang. War Plindri Ziel langhaariger und polygam ver-anlagter Männer und Frauen, war das benachbarte Kalamopodi den homosexuellen Männern überlas-sen. Die beiden Strände nahmen vorweg, was in der 68er-Bewegung „legalisiert" wurde. Sie präsentier-ten einen neuen, wagemutigen Le-bensstil voller Körperlichkeit, Liebe und Freiheit. Aus Plindri wurde Pa-radise Beach, Kalamopodi bemäch-tigte sich des Superlativs: Super Paradise Beach!

Viele jener Freidenker sind heute gestandene Menschen, die schon lange ein prächtiges Haus auf der Insel besitzen, von den alten Tagen erzählen und ein wenig wehmü-tig zurückblicken. „Es sei halt nicht mehr dasselbe … aber Freude ha-ben die Menschen immer noch, dies ist die Hauptsache", konstatie-ren sie.

Als die Welt erstmals einen Bikini sah, faszinierte der Gedanke der bloßen Haut, das Frech-verführeri-sche und der Reiz des Verbote-nen. Waren es zuerst wagemutige Schönheiten, die vom Ein- zum Zweiteiler wechselten, stellten als-bald auch Frau Meier und Frau Hu-ber ihren nackten Bauch zur Schau. Mykonos entwickelte sich nach demselben Muster: Irgendwann musste man weder schwul noch Hippie sein, um nach Mykonos zu fahren. Selbst die saubere Kleinfa-milie wagt sich in den ehemaligen Sündenpfuhl, mit wachsender To-leranz verlor Mykonos seinen ge-heimnisvollen Reiz. Die kiffenden Freidenker packten ihr Zelt ein und nennen als gestandene Erfolgs-menschen eine weiß verputzte Ferienvilla ihr Eigen. Und die Rei-sebranche machte die Lebensphi-losophie der Strandmenschen zum werbewirksamen Tourismusslogan! Noch zehren die Strände Paradise und Super Paradise von ihrer schil-lernden Vergangenheit. Doch auch die übrigen Buchten der Insel ha-ben mittlerweile ihre Anhänger ge-funden. Ausgedehnte Sandstrände, flach ins Meer abfallend, versteckte Buchten mit Kieselsteinen, touris-tisch unerschlossene, überfüllte Partystrände … Schön sind sie alle: Sie übertreffen sich gegenseitig im

Blau des Meeres, der Feinheit des Sandes und der Schönheit ihrer Besucher!

Im August und September blasen die strengen Meltémi-Winde am kräftigsten und mildern die Hitze der Sommertage (30–40 °C). Um einen heftigen Sonnenbrand zu vermeiden, darf die intensive Sonneneinstrahlung nicht unterschätzt werden. Seit der Touristeninvasion werden an den Insel-Hauptstränden gegen Entgelt Sonnenschirme und Liegestühle angeboten (je nach Strand € 4–8. Einige Strände bieten einen Strandservice, der Drinks und Snacks – mit etwas Geduld – direkt an den Liegestuhl bringt.

Die Strömungen der Ägäis sind tückisch. Selbst gute Schwimmer laufen Gefahr, ins offene Meer hinausgezogen zu werden, und würden ohne Rettungsboot nicht mehr zurück zum Ufer gelangen. Die mykoniotischen Strände sind zwar Schauplätze, wo auch wegen des Voyeurismus niemand lange unbeobachtet bleibt und wagemutige Schwimmer meist sofort aus der misslichen Lage befreit werden können, eine gesunde Vorsicht ist trotzdem angebracht!

Südstrände: Sie sind die bekanntesten Strände der Insel: Ornós, Psarou, Platís Gialós, Agía Ánna, Paránga, Super Paradise, Agrári, Eliá, Kaló Livádi, Kalafáti etc.! Sie zeichnen sich auch dadurch aus, dass sie verkehrstechnisch erschlossen sind, gepflegten Strandservice inklusive Tavernen, Bars und Musikunterhaltung bieten und in unmittelbarer Nähe von Hotels liegen.

Osten: Der einzige, dazu noch umstrittene Strand der Ostküste ist Liá. Die südöstlich gelegene Bucht gehört wegen ihrer Distanz und der eigenartigen Atmosphäre zu einer separaten Strandkategorie. Der Strand ist schwierig erreichbar, kaum bekannt und keine fröhliche Strandmusik versucht eine übermütige Ferienstimmung zu suggerieren.

Nordstrände: Fteliá, Pánormos und Ágios Sostis sind das anerkannte Nordstrandtrio. Ihrer ruhigen Schönheit wegen avancierten sie zu Kultstränden und schaffen auch nur zu dritt ein Gleichgewicht zu den lärmenden, feiernden Nachbarn im Süden.

Weststrände: Hier befinden sich ganz unterschiedliche Strände. Wirken Ágios Ioánnis und Kápari idyllisch und unverdorben, so sind Megali Ammos und der Stadt-Strand Mykonos-Hilton (urspr. Agía Ánna) kaum nennenswert. Der Toúrlos-Strand ist eher hässlich, Ágios Stéfanos mittelmäßig und der Houlakia-Strand wird links liegengelassen.

Strandkultur – (Frei-)Körperkultur

Mykonos ist vieles und bemüht sich, vieles zu sein, doch kulturverwöhnt ist es nicht. Kultur reduziert sich auf Mykonos auf das Strandleben und die Freikörperkultur. So wird die Insel oft als Nudisten-Paradies schlechthin tituliert. Das mag so gewesen sein! Heute wird der FKK-Gegner hier kaum vollends beruhigt, der leidenschaftlichen Exhibitionist komplett abgeschreckt werden: Weder wird man bei Ankunft der Kleider beraubt noch ist am Strand das schützende Bikinioberteil verpönt. An den meisten Stränden ist FKK erlaubt, mancherorts großzügig geduldet, anderswo kultartig zelebriert oder auch krampfhaft unterstützt. Es mag der Druck des Schönheitsideals

Als hätte Mykonos die Nacktkultur neu erfunden …

sein: Vor allem junge Urlauberinnen ziehen eine hippe Bademode mit schmeichelnden Push-Ups vor, während besonders ältere Feriengäste in beneidenswerter Wohligkeit trotz figürlichen Defiziten das nackte Sonnenbad vorziehen.

Ob nackt, fast nackt oder züchtig bedeckt. Da liegen sie! Dicht nebeneinander – manchmal auch aufeinander! Auf Mykonos findet das Leben tagsüber am Strand statt. Wie man es gestaltet, ist jedem selbst überlassen: Scheinen die Griechen ihren gesamten Hausrat unter den kaum Schatten spendenden Sonnenschirmen aufzubauen, bewaffnen sich die Engländer einzig mit der Vogue und die fidelen Schweizerinnen versinken vorm Backgammon-Brett. Ungewöhnliche Toleranz und lässige Gleichgültigkeit verhalfen Mykonos zu Weltruhm und Reichtum und haben sich bis heute hier bewahrt: Jeder nach seiner Fasson! Als Schwulenparadies gilt Mykonos deshalb nach wie vor! Neben der trendigen Londoner Gay-Szene lümmeln die Inoffiziell-Schwulen, Hardcoreboys und die sensitive, intellektuelle Schwulengruppe – auch wenn es in den kleinen Buchten und Strandhöhlen heutzutage weit gemäßigter zu- und hergeht.

Mit der Angabe, an welchem Strand der Tag verbracht wurde, wird man – Toleranz hin oder her und willentlich oder nicht – einer gewissen Gruppe von Menschen zugeordnet. Strände sind auf Mykonos Indiz und Geständnis! Denn außer dem kristallenen Türkis des Meeres oder dem Gold des Sandes sind es der eigenständige Charakter einer Bucht, die implizierte Unkompliziertheit, die die Hüllen fallen lässt, und die übermütige Fröhlichkeit des Strandlebens., die die Menschen so zahlreich an die Strände von Mykonos pilgern lässt.

Strände im Westen

Ágios Stéfanos – als Adam viele Evas hatte

Wie schnell sich der Tourismus auf Mykonos wandelt, kann man am Beispiel von Ágios Stéfanos beobachten. Als ich mich im Sommer 1996 mit dem anscheinend letzten Hotelzimmer auf der ganzen Insel begnügen musste, landete ich in Ágios Stéfanos, einem damals unbeachteten Ort. Mein sogenanntes Hotel, mein Retter in der Not, entpuppte sich als Privathaus einer reizenden Familie, die mit der Vermietung von Gästezimmern ihr bescheidenes Auskommen aufbesserte und durch mein Erscheinen ziemlich aus dem Häuschen geriet. Für mein Wohlbefinden wurde bestens gesorgt: Die Telefonate meines Freundes aus der Schweiz wurden mir diskret auf einem Zettel mitgeteilt, damit mein Bruder und Reisebegleiter, den sie irrtümlicherweise für meine Ferienaffäre hielten, ja nichts von diesen Anrufen mitbekam! Der etwas ungepflegte Strand war leer, die Strandtaverne Jagdrevier eines jungen Schnösels, der jeden weiblichen Gast, der sich hierher verirrte, als seine potenzielle Beute ansah.

Vier Jahre später hatte sich meine verschwörerische Familie bereits den neuen, glamourösen Umständen angepasst. Das verwinkelte Gästehaus war einem schicken Hotelbau gewichen und die Gäste wurden ihren eigenen Liebeswirren überlassen! Am weißen, gepflegten Strand standen Sonnenschirme und Liegestühle. Der junge Playboy der Strandtaverne musste nun arbeiten und schien ob der vielen weiblichen Touristinnen arg überfordert. Sogar der Feigenbaum, dessen Feigen ich früher so genossen hatte, war mittlerweile bereits leer gepflückt, bevor der Tag überhaupt begann.

Hotel Princess of Mykonos

Kat. A, Tel. 22890-23806, Fax 23031, www.princessofmykonos.gr
Sehr schön angelegtes Hotel im Kykladenstil. Auf dem Dach des untersten Würfelhauses ist ein Patio mit Schwimmbad angelegt worden mit erstaunlichem Ausblick und Großzügigkeit. Der Preis eines Doppelzimmers inkl. Frühstück beläuft sich auf ca. € 160 pro Nacht. Wie viele der jüngeren Hotels auf Mykonos hebt sich die gute Prinzessin von Mykonos trotz Adelstitel mit keinen auffälligen Besonderheiten von seinen Mitstreitern ab. Die Zimmer sind zwar groß und schön, die Anlage gepflegt, jeder Luxus vorhanden … aber es fehlt die spezielle Atmosphäre, die ein verwurzelter Nachfolger von Alexis Zorbas einfließen lassen könnte.

Hotel Alkistis

Kat. B, Tel. 289-22332, -3, -4, Fax 23241, www.alkistismykonos.gr
Das Hotel Alkistis ist einzigartig auf Mykonos! Wer sich bereits inspiriert fühlt, soll einen Moment innehalten! Der Gebäudekomplex, in den berüchtigten 1970er Jahren geplant, gehört zu den wohl unromantischsten und ungeschicktesten Bauten der Insel. Das Terrassenhaus klettert unangenehm auffallend den Hang oberhalb von

Agios Stefanos empor und erinnert gefährlich an die Bausünden von El Arenal. Die nur durch die Straße vom Meer getrennten Hotelzimmer sind laut Hotelprospekt mit „sämtlichen Finessen ausgestattet", können aber die ungeschickte Hotelarchitektur unmöglich retten, geschweige denn an Charme gewinnen lassen! Das Alkistis ist mit seinem riesigen Zimmerkontingent ein Traumhotel für Reiseunternehmen, mehr aber nicht!

Houlakia oder das Ende der Welt

Folgt man der gewundenen Straße von Ágios Stéfanos in Richtung Kap Vourvoulakas, eröffnet sich gerade dann, wenn man nichts mehr erwartet, die Bucht von Houlakia. Am nordwestlichsten Zipfel der Insel scheint man am Ende von allem angekommen zu sein:

Hier rauscht Lethe, der Fluss des Vergessens, und Charon, der Fährmann der Unterwelt, vertaut seine gefürchtete Barke. Die Kargheit und Schroffheit von Houlakias Landschaft wirken vor dem Hintergrund des mystisch anmutenden Berges Profitis Illias noch markanter und beklemmender. Ruhe und Windstille inspirieren meditativ, keinen würde es erstaunen, plötzlich Odysseus am Strand angespült

zu finden oder ein in Gedanken versunkener Homer beim Dichten auf den Felsen sitzen zu sehen.

Wer in Houlakia endet, weiß entweder mit bewundernswerter Sicherheit, was er will und wo er das findet, oder er ist einem Reisebüro auf den Leim gekrochen und wurde ungefragt in dieser Einsamkeit deponiert.

In Houlakia befinden sich zwei Hotels, die unterschiedlicher nicht sein könnten:

Hotel San Marco

Kat. A, Tel. 22890-27172, Fax 25376, www.sanmarco.gr

Der Gegensatz zwischen dem öden Landschaftsbild und dem allzu weißen, allzu gepflegten und modernen Hotel San Marco ist zu krass, um noch sympathisch zu wirken.

Direkt über dem kleinen Kiesstrandband der Bucht führt eine lächerlich-imposante, kopfsteingepflasterte Einfahrt auf das Hotel zu und verstärkt den Widerspruch zur Natur. Betritt man das Hotelareal, wird man jedoch kaum Schwachpunkte finden. Alles ist makellos gepflegt und und dekorativ mit Blumen geschmückt. Eine wunderschöne Terrasse mit Meerblick, Teakholzliegen und großer Pool sind ein willkommener Kontrast zu den überfüllten Stränden, wo man ständig Sand in den Sandalen hat und gezwungen wird, laute Musik zu hören, die man nicht mag. Zudem machen San Marcos Bibliothek, das Billiardzimmer, Baketballfeld, der Tennisplatz, Souvenirshop, die Kaffeeecke und das Restaurant jedes Verlassen des Hotelareals sowieso überflüssig!

Die Klientel des Hotels setzt sich dementsprechend aus bequemen, mittelalterlichen Touristen zusammen, die kaum nach Mykonos passen und vielleicht ganz gut in dem exklusiven Bunker verschanzt bleiben.

Vangelis

Kat. E, Tel. 22890-22458, Fax 22458
Mehr Lebensstil als ein Hotel! Vangelis ist für ganz angefressene Mykonos-Liebhaber der Ort schlechthin. Die ehemaligen Blumenkinder von Paradise Beach scheinen sich in die zeitlose Idylle des Vangelis Hotels zurückgezogen zu haben. Am kleinen, schilfverdeckten Sandstrand verdösen die Gäste die Tage, um abends auf der schattigen Veranda die Tagträume zu verarbeiten. Man kennt sich und das Hotel ist zur Sommerkommune mutiert, wo geteilt, gestritten und philosophiert wird. Den Werbungen von

Horas wildem Nachtleben wird hier kaum Beachtung geschenkt, man ist sich selbst genug und kommerzielle Ablenkung ist out! Die Oase der wahrhaftigen Selbstzufriedenheit wird vom zur Ruhe gekommenen Lebemann Vangelis geführt. Sein Erzähltalent und farbenfrohen Schilderungen werden ebenso geliebt wie seine famosen Kochkünste.

Ágios Ioánnis – kompromissloser Sonnenkult

Die Gewalt des Meeres hat am westlichsten Ausläufer von Mykonos eine wundervolle Bucht in das Inselgestein gefressen. Auf einer kurvigen Küstenstraße fährt man von der Hora in zehn Minuten an die durch Hügel eingerahmte Bucht. Der kleine Strand bettet sich bogenförmig in die Landschaft. In Ágios Ioánnis erlebt man Mykonos' Schönheit pur, ohne dabei auf Ruhe oder Unterhaltung verzichten zu müssen. Breit genug und ideal positioniert, profitiert die Bucht von der kompletten Tageswanderung der Sonne – vom sanften Glimmern des Morgenlichtes, dem Glühen ihres mittäglichen Höchststandes bis zum Gold ihres Unterganges. Während an den Süd- und Oststränden bereits am Spätnachmittag der Schatten die Strandbesucher zum

Aufbruch treibt, liegt Ágios Ioánnis noch immer direkt im Sonnenlicht und bis Sonnenuntergang denkt keiner an Aufbruch! Hier hat man den spektakulärsten Ausblick auf Delos und die schönste Kulisse für Mykonos' Sonnenuntergänge. Wie ein goldener Teller schwimmt das heilige Delos im glitzernden Wasser. Um die Abendstimmung noch perfekter zu machen, steht am äußersten Rand der Bucht eine kleine Kappelle, die allabendlich Ziel des versinkenden Feuerballs zu sein scheint. Das Bild des erglühenden Gotteshauses, neben dem – als wär's des „Kitsches" nicht genug – farbige Fischerboote an einer verlassenen Mole schaukeln, stimmt auch die Hartgesottensten weich.

Ágios Ioánnis war lange fest in griechischem Besitz. Griechen, vorwiegend Athener, bauten hier ihre schmucken Feriendomizile oder nisteten sich für den Lebens-abend ein. Doch nun hat sich auch der Tourismus in Agios Iannis entwickelt mit durch Mauern abgetrennte Bungalows, Ferienhäusern und Hotels – darunter der Luxusliner Mykonos Grand. Dennoch ist es nach wie vor nicht Komfort, sondern die Szenerie, die an den Strand von Ágios Ioánnis lockt, und eine Handvoll Leute sind diesem Flecken seit Jahren treu. Obwohl der Einstieg ins Meer mühsam ist und der Sand nicht täglich gesäubert wird, würden sie Ágios Ioánnis niemals gegen einen der bevölkerten Südstrände tauschen! Keine endlosen Modenschauen oder anstrengendes Szenen-Hierarchiegehabe, unkomplizierte Faulenzerei ist angesagt. Eine Holztafel am Strand verkündet „nackt baden verboten" und verlockt selbst jene mit Fettpölsterchen dazu, alle Hüllen wegzuwerfen!

Vom Strand führt ein bis anhin unbekannter Trampelpfad an versteckte, kleine Buchten der Kostas Illios. Der überwucherte Weganfang direkt unter der Taverne sieht anfangs kaum einladend aus. Doch je weiter man dem Pfad folgt, umso charmanter und kleiner werden die Buchten zwischen den Felsen, oft gerade so groß, dass sich zwei Personen niederlassen können. Diese Abgeschiedenheit in wild-romantischer Küstenlandschaft ist beliebt bei Frischverliebten, passionierten Sonnenanbetern und vorwitzigen Voyeuren!

Taverna Sunset

Ein herrlicher Ort, um den spektakulären Sonnenuntergang zu beobachten. Die Taverne ist von wildem Wein überwuchert und mit allen Attributen ausgestattet, die man auf Griechenlandreisen anzutreffen hofft: wackelige Stühle, herumstreunende Katzen, ausgestellter Fetakäse und schleppende „Syrthaki-Songs". Diese Ansammlung von Griechenlandklischees wusste selbst Hollywood zu schätzen. Die Sunset-Taverne fungierte 1988 als Drehort und Kulisse des Films „Shirley Valentine" und verhalf sicher mit dazu, dass der Film einen Oskar bekam! Vergilbte Zeitungsausschnitte an den Wänden zeugen noch heute vom Triumph. Hollywood ist weg und die Taverne schlummert wieder vor sich hin wie eh und je! Der Besitzer hat nichts vom Organisationstalent US-amerikanischer Aufnahmeleiter gelernt. Es ist fast eine Sonderbehandlung, wenn ein Gast das kriegt, was er bestellt hat! Was soll's? An einem Ort, so charmant, dass man selbst Hundekot in Blumentöpfen verzeiht, ist es leicht, großzügig die Mängel und die langsame Ernsthaftigkeit, mit der die falschen Speisen aufgetragen werden, zu übersehen. Für einen Drink bei Sonnenuntergang oder einen Imbiss nach faulen Strandstunden ein wahrhaft paradiesisches Plätzchen!

Agios Ioannis Beach Resort

Tel. 22890-22901, Fax 23841, www.agiosioannisresort.com
Das Resort Agios Ioannis befindet sich gleich hinter der Taverna Sunset. Es vermietet Apartments und Hotelzimmer. Die Unterkünfte haben zwar alle Klimaanlage, Fernseher und Telefon, dazu gibt's einen Pool, damit hat sich aber die „Resort"-Bezeichnung ausgeschöpft. Da Agios Ioannis ein zweites Zuhause für mich geworden ist, habe ich die Entwicklung dieses Hotels gut verfolgen können. Aus dem selbst gebastelten Hotel für Individualisten ist ein angenehmer, kleiner Hotelbetrieb geworden.

Appolonia Bay

Kat. A, Tel. 22890–27890, Fax 27461, www.appolonia-resort.gr
Definitiv eine gute Wahl! Das Appolonia Bay zelebriert Griechenland auf stilvolle und gleichzeitig sympathische Weise. Das 1998 erbaute Hotel ist äußerst passend nach seinem Ausblick auf die Insel Delos,

der Heimat des Gottes Apollo, benannt, Appolonia Bay. Tatsächlich breitet sich die Aussicht aus dem Hotelzimmer wunderbar auf das ägäische Meer und die heilige Insel aus. In kleinen kubischen Bungalows schmiegt sich das Hotel an den Hügel oberhalb des Fischerhafens. Dass diese Lage eine der privilegiertesten von Mykonos ist, haben sich neben den Hotelbesitzern noch ein paar weitere Bauherren gedacht. In der Nachbarschaft des Hotels befinden sich einige der schönsten Privathäuser der Insel. Liebhaber von Wohnkultur und Lebensstil werden erfreut sein über die prachtvollen, unauffälligen Bauten, die sich in die karge Landschaft betten. Obwohl hinter Mauern versteckt, kann man u.a. einen Blick auf das Anwesen des „Fürsten Metaxas" erhaschen. Der Erfinder des griechischen Cognacs lebt hier in völliger Abgeschiedenheit. Sein riesiger Reichtum beeindruckt selbst die wohlhabendsten Athener, denn der „Cognac-Fürst" ist stets ein dankbares Gesprächsthema!

Das geschmackvoll designte Appolonia Bay bietet großzügige Terrassen, Pool, einen freundlichen Service und stilvoll ausgestattete Zimmern mit A/C und TV. Obwohl das Hotel stolz auf seine fünf Sterne hinweist, sind die Preise erschwinglich und in der Nebensaison fast schon günstig – jedenfalls im Vergleich zu einem 5-Sterne-Komplex in Mitteleuropa. Ein Doppelzimmer wird in der Nebensaison ab € 90, in der Hauptsaison ab € 210 vermietet.

Manoula's Beach Hotel
Kat. C, Tel. 22890-22900, Fax 24314, manoulas@otenet.gr
Wer immer dieser Manoula ist, er kann mit seinem Hotel zufrieden sein. In der Mitte der Bucht Ágios Ioánnis thront sein großzügig angelegtes, sehr empfehlenswertes Strandhotel. Ein kaum sichtbar Hoteleingang führt in eine weiße Welt von Terrassen, allesamt mit Blick auf die Ägäis. Herz der Hotelanlage ist der Swimmingpool. Um dieses große Sonnendeck mit der kleinen Bar erheben sich die Gäste-Bungalows. Die Zimmer sind teilweise luxuriös, teilweise einfach ausgestattet, doch in jeder Preisklasse garantieren sie eine Portion Meerblick. Im August sollte man das Hotel jedoch meiden. Verträge mit italienischen Reiseveranstaltern verwandeln dann Manoulas Reich in eine italienische Ferienfestung, in der italienisch gesprochen wird und die Poolanlage zur Piazza mu-

tiert, wo kesse Milanesi mit hitzigen Römerinnen flirten. Frühmorgens treffen sich die Signoras zur obligaten Morgengymnastik am Pool mit lärmenden italienischen Sommerhits. Seit zehn Jahren betreibt das Hotel ein Restaurant, das weit einladender ist als die spröde Poolbar:

Manoula's Café-Bar & Restaurant befindet sich direkt am Strand, 2 Gehminuten vom Hotelgelände entfernt, und ist ein netter Blickfang. Die ausgedehnte Terrasse ist einladend, der Blick aufs Meer nahezu perfekt! Die Atmosphäre ist relaxed und laid back, im charmanten Kontrast zur weinüberwucherten Nachbarstaverne. Manoulas Restaurant wird vor allem von Ho-

tel- und einigen Strandgästen besucht. Es ist eine Frage der Zeit, bis auch die Athener auf dieses Plätzchen aufmerksam werden und die undefinierbare Atmosphäre durch ihr Lachen an- oder entspannen. Das Essen schmeckt – selbst wenn sich die Speisekarte sich nicht von anderen Strandtavernen abhebt. Tel. 22890-26660

Mykonos Grand Hotel & Resort
Tel. 22890-25555, Fax 25111, info@mykonosgrand.gr, www.mykonosgrand.gr
Bereits kurz nach seiner Eröffnung 2001 avancierte das Mykonos Grand zum Inbegriff eines luxuriösen Feriendomizils der Extravaganz. Das Hotel wurde in stilechter

© Mykonos Grand Hotel & Resort

Die ganze Herrlichkeit in Blau – Blick von der Terrasse des „Mykonos Grand Hotel & Resort"

Kykladenarchitektur in die raue Felsenlandschaft über dem Strand von Ágios Ioánnis hineingebaut. Was einst Kulisse für den Film „Shirley Valentine" war, bildet nun einen pittoresken Kontrast zwischen den strahlend weißen Häuserwürfeln mit ihren abgerundeten, ineinander überfließenden Formen und dem schroffen Ockergrau des natürlichen Gesteins. Im Innern entfaltet sich stilbewusst ein wunderbares Ambiente mit griechischem Marmor, Bildmosaiken und mykoniotischen Rundbögen. Und weil der „splendid" Luxus im US-amerikanischen Resortstil schwer en vogue ist, wurde ein exquisiter Wellness-&-Beauty-Bereich integriert (Sauna, Jacuzzi- und Dampfbad, Beauty-Salon, Spa, Massagen etc.).

Das Mykonos Grand (Deluxe- bzw. 5-Sterne-Kategorie) ist das bestgeführte Hotel der Insel und in Ausstattung und Service einmalig. Dank den Restaurants „Dolphins" und „Delos" (griechische, mediterrane Küche mit einem Hauch von Nouvelle Cuisine, internationale Speisen und Gala-Dinner). Neben dem großen Meerwasser-Swimmingpool, der auf der exponierten Terrasse eine grandiose Aussicht über das Meer bis nach Delos bietet, sind separate Kinderbecken sowie ein Squash- und Tennisplatz vorhanden.

Wer nicht pauschal bucht, muss mit € 150 pro Nacht rechnen (in der Nebensaison für ein Doppelzimmer der einfachsten Kategorie, der Preis steigt in der Hauptsaison auf über das Doppelte, die exklusiveren Zimmer mit Meerblick sind ab € 190 zu haben, was von vornherein die Pauschalbuchung zur obligatorischen Angelegenheit macht. Saison: Mitte April bis Ende Oktober

Kápari Beach – young & beautyful goes back to nature

Die Alternative zu Pánormos und Ágios Sostis, nur einfacher erreichbar. Erstaunlicherweise ist der kleine, wunderbare Strand von Kápari noch immer Geheimtipp. Man gelangt über eine enge Sandstraße dorthin, die hinter der Kapelle von Ágios Ioánnis beginnt und der Küste entlang führt. Den ca. 5-minütigen Fußmarsch kürzen viele mit dem Auto ab und parkieren direkt oberhalb vom Strand. Die Straßenbreite untersagt jedoch jede Möglichkeit einer Kehrtwendung. Wer bequem sein will, muss die Mühe auf sich nehmen, das Fahrzeug rückwärts über den Klippengrad zurückzusteuern!

Kápari kennt keine Strandunterhaltung, weder Liegestühle noch Snackbar. Den nackten Körper legt man direkt in den Sand, Erfrischungen müssen mitgebracht werden. Das Strandpublikum ist ein junges, sonnenhungriges, das, müde von der letzten Nacht, den Tag verdösen will. Badehosen sind am Kápari Beach verpönt. Wortlos genießen die Besucher die natürliche Stimulans von Wind und Wasser hin und sind kaum mehr von Kápari wegzukriegen … In der Hochsaison verirren sich nur wenige nach Kápari, im Frühling und Herbst ist die Bucht menschenleer. Diese Einsamkeit lockt dann viele Fototeams hierher, die in der dramatischen Szenerie Aufnahmen fürr Bademode schie-

ßen – Fotos von Bikinis und Einteilern, die ironischerweise hier nie getragen werden!

Káparis weißer Sandstrand ist von meterhohen Klippen eingerahmt. Nach leichter Kletterei stößt man auf zahlreiche Felsvorsprünge, auf denen man abgesondert allein liegen kann. Manche dieser Plätzchen sind tatsächlich vor neugierigen Blicken sicher, doch dies wird von verliebten Pärchen oft überschätzt … Das Wasser der Ägäis scheint in Kápari noch ein bisschen türkisfarbener zu sein als sonst wo, die Wellen zügelloser, der Wind temperamentvoller. Der Ausblick auf das heilige Delos ist auch hier traumhaft und unschlagbar!

Strände im Süden

Ornós – der Ort, dessen Strand zur Nebensache wurde

Um viele Strände von Mykonos scharen sich Hotels, Restaurants und Läden als kleine Touristendörfchen, deren Geschäftigkeit nach Abreise der letzten Touristen zum Stillstand kommt. Die Ansiedlung rund um den Strand Ornós hat sich als eine der wenigen einen dörflichen Charakter angeeignet. Auch in touristenarmen Monaten wird hier gelebt, genossen und gearbeitet. Die südwestlich gelegene Bucht erreicht man über eine kurvige Küstenstraße, die von Hora direkt nach Ornós führt und dort in einer Sackgasse endet. Dieses direkt am Strand liegende Straßenende wird in Ornós immer mehr zu einer Art Piazza umfunktioniert. Einst Kehrplatz staubiger Busse, ist der Platz zusätzlich Parkplatz, Treffpunkt und Standplatz von Zeitungs- und Eisverkäufern geworden und eingerahmtvon einer Vielzahl bescheidener, kubikförmiger Hauswürfel, deren Fenster und Verandas dazu konzipiert scheinen, das Platzleben zu beobachten und anzukurbeln. Allerdings fahren jede halbe Stunde Busse aus der Hora mit horrender Geschwindigkeit auf „Ornós Piazza" ein und stoppen kurz vor der Strandmauer mit quietschenden Bremsen. Touristen, Eisverkäufer und tratschende Kellner flüchten dann und die Machtverhältnisse auf dem Platz liegen kurz wieder bei den Bussen …

Was wäre ein Dorf ohne den obligaten Dorftrottel, berüchtigten Lokal-Casanova oder den reichen Geizhals? Ornós dorfähnliche Gemeinschaft hat genug dieser Charaktere zu bieten, um eine spannende und bunte Mischung zu

ergeben. Selbst als Tourist fallen einem einige dieser Spezies sofort auf! Man gewöhnt sich schnell an sie, gewinnt sie eigentümlich lieb und vermisst sie sogar, wenn sie einmal nicht da sind.

Unter den „menschlichen Wahrzeichen" wären da der lockenköpfige Tauchlehrer, der meiner Freundin Wasser angeschüttet hatte, weil sie ihn partout nicht beachten wollte, Beachboy Dimitris, der von Jahr zu Jahr dunkelhäutiger wird und noch immer kein Englisch kann, der freundliche Kellner Kostas, der nur für Schweizerinnen Spezialdrinks kreiert, der Katzennarr Statis, der sämtliche Touristinnen mit süßen Kätzchen versorgt, und schließlich das eigenartige Trio von Ioánnis I, Ioánnis II und Kleon, die auf einem schiffsähnlichen Objekt jeden Sommer in der Bucht von Ornós ankern. An diesen drei kommt man nicht vorbei: Ioánnis, der blond gefärbte Playboy, ist der Schrecken jeder allein reisenden Frau und fungiert als Onkel des bildschönen Muttersöhnchens Kleon, der in London studierte und gerne schwul wäre. Ioánnis II, Cousin von Ioánnis I, ist der trockene, freundliche Seebär. Er trinkt den lieben langen Tag nur Bier und lästert so lange über seine Freundin, bis sie angereist kommt und ihn zum lammfrommen, treuen Begleiter mutieren lässt!

Der Strand von Ornós, einst Beweggrund für die Entstehung des kleinen Dorfes Ornós, ist heute kaum nennenswert, besitzt weder ein extravagantes Publikum noch idyllische Ruhe noch eine dramatische Szenerie. Das ca. 300 m lange Strandband ist grobkörnig und fällt flach ins Wasser ab. Das Meerwasser wirkt im Kontrast zum glasklaren Blau der restlichen Buchten eher schmutzig. Segel- und Motorboote ankern gefährlich nahe am Strand, verwandeln den Badeplausch zum Slalomschwimmen und … entleeren wie Seeleute ihre Toiletten! Die Strandgesellschaft von Ornós besteht aus älteren Touristen, Familien mit schreienden Kindern oder faulen Müßiggängern der naheliegenden Hotels, unfähig sich aufzuraffen, mit Bus oder Moped an die schönen Strände der Insel zu fahren.

Das Dorf hingegen ist idealer Wohnort! Wegen des regelmäßigen Busverkehrs kann man in fünf Minuten in der Stadt oder – nach kaum längerer Fahrzeit – an den übrigen Stränden der Insel sein. Ornós ist Ausgangspunkt der kleinen Kaiks, die täglich zu den Stränden im Süden fahren. Dazu bringt das zum Transportschiff umgebaute Fischerboot „Glaros" Passagiere nach Delos. Zahlreiche Hotels und Restaurants reihen sich an Ornós Möchtegern-Strandpromenade aneinander – um den Hauptplatz vor allem Touristenfallen, die nicht mit kulinarischen Glanzleistungen oder Service glänzen, rund um Ornós gibt's aber sehr empfehlenswerte, sogar ein paar der besten Restaurants und Hotels der Insel.

In der angenehmen **Kafeteria Jaloudi** (Tel. 22890-23986) gleich am Hauptplatz locken üppige Kuchen: zuckersüß, kalorienhaltig und definitiv lecker. Es ist herrlich, bei Jaloudis den Tag zu beginnen – eine kleine Süßigkeit, ein Ice Coffee und Sicht auf die laue Regsamkeit des erwachenden Dörfchens. Wer morgens noch nicht redselig ist, erkundigt sich nach den Backgammon- oder Schachbrettchen!

Hotel Xidakis

Kat. C, Tel. 22890-22813, Fax 23764, 33 Zimmer

Bereits 1986 wurde dieser sympathische Familienbetrieb eröffnet und wird von den beiden Brüdern Antonis und Statis geführt. So dick und groß der ältere Antonis ist, so zierlich und dünn ist Statis. Statis spricht perfekt Deutsch, was er bei unliebsamer Kundschaft aber lieber verschweigt. Die Zimmer sind bescheiden, aber sauber und gepflegt und haben alle eine Terrasse oder Balkon, Kühlschrank, A/C, Telefon und TV. Der Aufenthaltsraum gleicht dem Wohnzimmer eines kitschigen, griechischen Mittelstandshauses: schreckliche Bilder, falsche Holztäfelung, goldverzierte Spiegel und ein ununterbrochen angeschalteter Fernseher. Herrisch und besitzergreifend sitzt die Großmutter davor, ganz in Schwarz mit starrem Blick auf den Bildschirm. Tag für Tag und wahrscheinlich Jahr für Jahr verteidigt sie den Aufenthaltsraum gegen allfällige TV-vernarrte Hotelgäste als Überrest eines mykoniotischen Stolzes, der es nicht überwunden hat, die Insel den Touristen zu überlassen.

Trotz der misstrauischen Großmutter ist das Xidakis empfehlenswert, auch wegen der preisgünstigen Zimmer: in der Nebensaison ca. € 90 pro Doppelzimmer inkl. Frühstück, im Juli und August ca. € 120. Gespeist wird im angebauten Terrassencafé Meravigliosa das sich abends in eine Bar verwandelt. Die Cocktails sind gut, die Bedienung angenehm und ungewöhnlich zurückhaltend. Auch wenn ausschließlich Deutsche und Schweizer im Hotel logieren und die Speisekarte in Deutsch geliefert wird, ist das Xidakis nicht nur ein Touristenschuppen. Mitten im Zentrum von Ornós ist die Hotelterrasse Treffpunkt der Einwohner o.g. Dorfberühmtheiten. Hier werden die Pläne für die Nacht geschmiedet, die Regierung kritisiert, die Touristen durchgenommen …

Ornos Beach Hotel

Kat. B, Tel. 22890-23160, Fax 24137, ornos-beach-hotel@mykonos-accomodation.com

Direkt am Strand gelegenes Mittelklassehotel mit Blick auf die Bucht von Ornos – allerdings ohne die im Hotelprospekt angepriesene Sicht auf Delos. Das Haus ist wegen der großen Gartenanlage und überschaubaren, hübschen Poolterrasse besonders bei Familien beliebt. Deswegen geht's tagsüber turbulent zu mit Kindergeschrei und sich im Bassin tummelnden Plastikenten. Wer sich daran nicht stört oder selbst Familienurlaub verbringen will, ist mit dem Ornos Beach Hotel gut bedient. Preise für ein Doppelzimmer: € 70–110

Hotel Eva

Kat. A, Tel. 22890, Fax 25919

Versteckt, fast unauffindbar liegt diese Familienpension auf einem kleinen Hügel hinter dem Strand von Ornós. Obschon man sich hier nicht an einer der schöneren Buchten von Mykonos befindet, ist der Ausblick bis zur gegenüberliegenden Kostas Illios herrlich. Auf den ersten Blick wirkt das Hotel wie ein normales Privathaus. Die flatternde Wäsche im Wind, Blumen vor den Fenstern und Kinder, die im Garten spielen … Das perfekte kleine Heim entpuppt sich jedoch als Hotel mit immerhin 23 Zimmern. Evas Residenten sind nicht bloß vorüberziehende Touristen, sondern verwöhnte Gäste in ihrem kleinen Reich. „Fühlen Sie sich wie zu Hause" ist hier nicht nur Floskel, weshalb die Pension Eva hier in der Kategorie A klassifiziert ist. Die Zimmer sind mit Liebe eingerichtet und der Service ist so zuvorkommend, dass man über die spärliche Ausstattung gerne hinwegsieht.

Hotel Dorion

Kat. A, Tel. 22890-28268, Fax 28269, www.dorionmykonos.com
Eines der schönsten neueren Hotels auf ganz Mykonos mit einer modernen Interpretation des kykladischen Baustils – schlicht, stilvoll ohne störend und unpassend zu wirken. Das Dorion entspricht unserer Phantasie vom herrschaftlichen Kykladenhaus reicher Schiffsreeder. Ausladende Panorama-Terrassen mit Pools und geräumige Zimmer, mit jedem Komfort versehen und gleichzeitig auf überflüssigen Schnickschnack verzichtend. Das Dorion ist Lieblingsabsteige vieler junger, anspruchsvoller Griechen. Die Preise sind verhältnismäßig günstig, ab ca. € 120 kriegt man in der Nebensaison ein sehr schönes Zimmer, in der Hauptsaison beginnen die Preise ab € 190.

Clubhotel Kivotos

Kat. A, Tel. 22890-24094, Fax 22844, www.kivotosclubhotel.gr
Das Kivotos gehört zur Gruppe der „Small luxury Hotels of the World" und wurde wie sein Nachbar „Dorion" auf die Bucht von Ornós hinaus gebaut. Einzelne Bungalows reihen sich in einer Art Dornröschen-Garten aneinander. Die Direktion legte bei der Zimmereinrichtung Wert darauf, die Märchenhaftigkeit weiterzuführen. Himmelbetten, Goldspiegel und wohlriechende Potpourris in allen Ecken. Gut gemeint, doch eher anstrengend: Wer mit Sand an den Füßen nach Hause kommt, wird ständig ein schlechtes Gewissen verspüren, die zauberhafte Farce durchbrochen zu haben. Alles wirkt perfekt, und dennoch ist für Puristen dieses Hotel auf Mykonos fehl am Platz – wer will schon Lavendel riechen, wenn

die Luft auf Mykonos das beste Parfüm überhaupt ist.

Die Preise sind happig. Sogar in der Nebensaison kostet ein Zimmer der niedrigsten Kategorie € 180. In der Hauptsaison kriegt man nicht einmal die Besenkammer unter € 350. Prunkstück ist die hoteleigene Yacht „Prince of Mykonos", die stolz unter dem Hotelhügel in der Bucht vertäut ist und mit kompletter Crew inkl. Koch gemietet werden kann.

Hotel Santa Marina

Kat. A, Tel. 22890-23220, Fax 23412, www.santa-marina.gr

In fünf Minuten vom Ferienidyll leicht beeindruckbarer Mittelstandstouristen in die exklusive Welt des standesbewussten Weltbürgertums. Eine kleine Küstenstraße führt von Ornós zum Eingangsportal des berühmten Hotels. Der Blick durch die bewachte Eingangspforte des Santa Marina erinnert an einen gepflegten Golfplatz. Weiß gekleidete Hotelpagen manövrieren lautlose Elektromobils, Fahnen flattern im Wind, zierliche Fußpfade schlängeln sich durch saftig grünes Gras … fast auffällig grün für eine Insel, auf welcher Wassermangel herrscht. Hier laufen die Sprinkleranlagen ununterbrochen.

Das Hotel ist so alt wie der Tourismus auf Mykonos: Während es in den 1950er Jahren unbemerkt dahinvegetierte, mauserte es sich mit Renovierungen, Um- und Anbauten zum Prunkstück kykladischer Hotelarchitektur. Längst ist das Santa Marina die obligate Lieblingsabsteige der Wohlbetuchten, Yachtbesitzer und Genießer der feinen Lebensart. Trotz der magnetischen Wirkung auf die High Society ist der Ruf des Hotels unter den Mykonioten umstritten. Das sonst so tolerante Mykonos will nicht vergessen, dass das Santa Marina die ungeschriebene Regel des 60er-Jahre-Grooves „alles ist allen und jeder darf überall hin" durchbrochen hat. Denn es ist das einzige Hotel der Insel, dessen Strand nicht öffentlich zugänglich ist und Rucksacktouristen die feinen Sonnenliegen verwehrt. Als hätte der Bauherr die exquisite Kundschaft erahnt, wurde das Hotel so konzipiert, dass der Sandstrand der Hotelbucht nur über Hotelgelände zu erreichen ist. Der paradiesische Strandflecken ist den Santa-Marina-Gästen vorbehalten und Anlegestelle für deren Yachten und Motorboote.

Hotelgäste wohnen in über den ganzen Hügel verteilte Bungalows. Treppen und Wege führen zum Haupthaus mit Rezeption, Friseur, Restaurant und Bar. Sollten die Übernachtungspreise das

Budget überschreiten, sollte man sich wenigstens einmal ein Frühstück im Santa Marina genehmigen. Ein üppiges Buffet lockt mit sämtlichen Köstlichkeiten, gespeist wird unter einer schattigen Laube direkt am Pool. Wenn man im Kaviar-Rührei stochert, den Lachs auf der Zunge zergehen lässt und sich das Blau des Bassins scheinbar übergangslos mit dem Blau der Ägäis verschmelzt, befindet man sich definitiv auf dem Höhepunkt der Wohligkeit. Nach Sonnenuntergang wird der Szenerie dramaturgisch nachgeholfen. Laternen, Lichterketten und Scheinwerfer verwandeln die dunklen Umrisse in einen leuchtenden Palast, dessen Glitzern die ganze Bucht erhellt.

Das Santa Marina ist eines der wenigen Hotels der Insel, dessen Arrchitektur in deren natürliche Beschaffenheit integriert ist. Die gesamte Anlage ist auf Klippen erbaut und huldigt der Weite des Meeres. Weite Fensterfronten, ausgedehnte Terrassen und Außentreppen unterstützen, wo sie nur können, die wunderbare Aussicht über die Ägäis. Bei einer Reservierung kann zwischen Taubenhaus, Villa, Standardzimmer oder Suiten ausgewählt werden. Eine gute Wahl ist Zimmer 170, ein Eckzimmer mit 30 m² großer Terrasse. In der Nebensaison

kann man dieses Bijoux ab € 210 inkl. Frühstück haben. Nicht billig, aber gerechtfertigt.

Pigalle Seafood Restaurant & Pension

Kat. C, Tel. 22890-22825, ab 18 Uhr

Versteckt in der Bucht von Ornós an der kleinen Hafenmole und fernab von dem Gewimmel befindet sich das kleine Gourmetparadies von Herrn Illios. Auf dem Weg dorthin pssiert man den regen Fischereibetrieb: Farbenfrohe Fischerboote schaukeln auf dem Wasser, sonnenverbrannte Fischerrücken beugen sich über ihre Netze, silberne Fische glitzern in Kanistern und an den Leinen trocknen die kleinen Oktopusse. Hier scheint die Zeit still zu stehen. Im Pigalle wird unter einer schattigen Laube die Einfachheit der griechischen Küche zelebriert. Der Fisch wird täglich frisch geliefert und ist sein Geld wert. Im oberen Stockwerk werden sechs Zimmer, alle mit einem kleinen Balkon auf die Bucht hinaus, vermietet.

Restaurant Beach-Bar Alto Mare
Tel. 22890-26843

Am linken Ende (seewärts gesehen) von Ornós befindet sich das populärste italienische Restaurant vor Ort. Wer von den fettigen Mousakas der überfüllten Touristentavernen in Ornós genug hat, findet hier bei Pasta, Pizza und Meeresfrüchten die entspannende Alternative, obwohl Massimo samt Crew den Kochlöffel einem griechischen Besitzer überreicht hat und das Pasta-Angebot deutlich bescheidener wurde. Alto Mare wird nun vom gleichen Wirt wie die Taverne Marco Polo in der Hora geführt mit ähnlichen Kriterien: Essen mit weniger Liebe als mit Butter gekocht, schneller Service, müßige Freundlichkeit und dennoch ein guter Tipp auf einer Insel, auf welcher die meisten Restaurants sich nicht einmal mehr darum bemühen. Getafelt wird in einer zum Meer hin offenen griechischen Säulenhalle. Die angenehme Meeresbrise würde zu langen Abendgesellschaften einladen, hätten in diesem Reich nicht bereits kinderfreundliche Familien das Zepter übernommen.

Mesogeios
Tel. 22890-23568
Das Restaurant Mesogeios liegt reizvoll direkt am Strand. Griechen wissen mit dieser Kulisse wenig anzufangen. Die Gäste des Restaurants sind deshalb vor allem ausländische Pärchen, froh die Zweisamkeit genießen zu können ohne durch laute Tischrunden der Griechen gestört zu werden. Die

Karte ist gut 15 Seiten lang und macht die Auswahl schwer. Neben griechischen Standardspeisen werden gute Pasta- und französische Fischgerichte angeboten. Besonders empfehlenswert ist das Shrimp Saganaki: Reis mit frischen Shrimps, garniert mit Tomaten und Mozzarella-Käse.

Lucky Scuba Divers
Tel. 22890-22813, 24 Std. Info + Buchen: 030/6936023-000, info@luckyscubadivers.gr
Lucky you! Ornós hat sogar eine Tauchschule. In kleinen Gruppen wird auf einem Schlauchboot an einsame Buchten gefahren. Dort werden sie in die Kenntnisse der Tauchkunst eingeführt, um schließlich die versteckten Schönheiten der Unterwasserwelt zu zelebrieren. Die Ägäis ist nicht das Barrier Reef, aber immerhin soll hier einmal Atlantis gelegen haben …

Platís Gialós – ein Strand, zu schön um so normal zu sein

Wie touristisch Mykonos wirklich ist, merkt man erst in Platís Gialós, einem kleinen Hoteldorf wenige Fahrminuten von Mykonos-Stadt entfernt. Hier wird nur wochenweise gewohnt und selbst die Hotelfa-

milien leben in anderen Teilen der Insel!
Hier begann alles … Als der zweideutige Ruf der Strände Paradise und Super Paradise immer mehr Leute nach Mykonos zog, reichten die bisherigen Hotelbauten nicht mehr aus, um die Touristenströme zu beherbergen. Da Geist und Atmosphäre von Paradise wie Super Paradise nicht mit Hotels und organisiertem Tourismus kombiniert werden konnten, suchte man andere Buchten, in denen sich angenehm leben lässt. Die windgeschützte Südbucht von Platís Gialós war prädestiniert dazu, zum Ballungszentrum vergnügter Sonnenanbeter zu werden. Mit dem Schiff können die nachbarlichen Starstrände einfach erreicht werden, die Distanz zur Hora ist gering genug und auch der eigene Strand von Platís Gialós ist nicht übel.

Die neueren Hotels und das gemäßigtere, zivilisiertere Strandleben von Plati Gialos sicherten dem Strandort viele treue Anhänger. Vor allem die Schickeria der großen Welt genoss Komfort und Luxus dieses Ortes, der weder zu nah an den „Sündenstränden Europas" lag noch den Kick über die anrüchige Umgebung unmöglich machte.
Was in 10 Jahren aus einem kleinen

Hafenörtchen werden kann, sobald Geld und Macht ins Spiel kommen, zeigt Platís Gialós: Die Fischer verkauften ihr Land für lächerliche Preise an Bauunternehmen und zogen sich befremdet ins Hinterland zurück, diejenigen, die blieben, versuchten sich auf unbeholfene Weise dem Tourismusboom anzuschließen und imitierten das Geschehen um sie herum. Es entstand das einzige wahre Resortdorf von Mykonos, wo sich alles um den Tourismus dreht. Die Bucht ist voller Hotelbauten auf, der Strand vor lauter Liegestühlen kaum mehr zu sehen und die Fischerboote wurden zu Transportschiffchen umfunktioniert! Das erstaunlichste Beispiel für die rasante Entwicklung ist der Mykoniote Petinos! Der ehemalige Fischer ist heute Hauptaktionär der Hotelgesellschaft, die Platís Gialós durch die fünf großen Petinos-Hotels beherrscht. Platís Gialós Reize interessieren die Großen der Welt wenig! Das Stranddorf ist Paradies der Mittelstandstouristen, die ihre Normalheit so exzessiv zelebrieren wie andere Mykonos-Besucher ihre „Abarten". Eine Reihe von angenehmen Tavernen erübrigt den Gang in die Hora, die moderaten Hotels bieten den „üblichen Komfort", der Supermarkt und die berüchtigten „griechischen Abende" der Hotels ergeben eine prächtige Kombination von Selbstversorgung und exotischem Kulturerlebnis. Mit den wilden Sitten der Mykonos-Freaks hat man hier wenig gemein und wieso soll man mit dem Abendessen bis 23 Uhr warten, wenn um sechs bereits der Magen knurrt!

Dabei ist Platís Gialós an sich durchaus schön: Sonne, türkisfarbenes Meer und goldener Sandstrand – auch wenn reichlich von Betonburgen und Asphalt zugepflastert. Von hier fahren die Busse in die Stadt regelmäßiger als anderswo. Die Fahrt dauert ca. 7 Min. Gut erreichbar, ist Platís Gialós zum perfekten Ausgangspunkt für alle Südstrände geworden. Die meisten Urlauber mit Hotel in der Stadt verzichten auf ein Mietfahrzeug, nehmen den Bus nach Platís Gialós und lassen sich von dort mit dem Boot an den Strand fahren. An der kleinen Hafenmole von Platís Gialós befindet sich die Zentrale des Kaiks-Betriebes. Dort werden Tickets für Bootsfahrten verkauft, auch Informationen über Miete, Preise und Strände sind zu bekommen.

Die Hotelgesellschaft des alten Petinos (s. oben) umschließt vier Hotels in verschiedenen Kategorien und Preisklassen. Alle Hotels sind angenehm und mit dem üblichen Komfort ausgestattet. Die Stammklientel der Petinos-Kette sind meist ältere Touristen aus Deutschland, Holland und England.

Die Petinos-Hotels sind:
Petinos Beach Hotel: Kat. A,
Tel. 22890-24310,
www.petinosbeach.gr
Hotel Petinos & Neos Petinos:
Kat. C, Tel. 22890-22913,
www.petinoshotels.gr
Hotel Nissaki: Kat. D,
Tel. 22890-22913,
www.hotelnissaki.gr
Kontakt für o.g.: Fax 22890-23680,
info@infopetinoshotels.gr
Hotel Palladium: Kat. A,
Tel. 22890-25925, Fax 24396,
info@hotelpalladium.gr,
www.hotelpalladium.gr

Petasos Beach Resort & Spa
Kat. A, Tel. 22890-23437, Fax 24101,
info@petasos.gr, www.petasos.gr
Ein hinter den anderen Hotelanlagen versteckter Gebäudekomplex auf einem Felsvorsprung über steil abfallenen Klippen. Zimmer gibt's in verschiedenen Kategorien und Preislagen, die allgemeinen Einrichtungen können von allen benützt werden. Das Hotel hat eine erstaunlich schöne Poolanlage. Der Ausblick geht zum Glück nicht auf

den voll besetzten Strand von Plati Gialos. Man muss also nicht ständig die prallen, verbrannten Touristenkörper sehen und das Gekreische der Kinder ertragen.

Mykonos Palace

Kat. A, Tel. 22890-22 118, Fax 26984, www.mykonospalace.com
Das schönste und stilvollste Haus der in Reih und Glied direkt am Strand formierten Hotels. Es liegt am äußersten Ende der Bucht. Auch wenn das Mykonos Palace nicht unseren Vorstellungen eines Palastes entspricht, so ist es immerhin ein gelungener Bau mit Ambiente. Die schönsten Zimmer sind diejenigen mit den großen Meeresblick-Terrassen. Bei der Reservation unbedingt anmerken.

Frühstücken à la Petinos

Obwohl der Petinos-Komplex zunächst kaum Sympathien weckt, hat er doch ungeahnte Vorzüge. Zum Beispiel beim Frühstück. Hier kommt's schon vor, dass der Restaurantkellner den Gast nicht gleich kumpelhaft mit Deutsch anspricht. Und sie haben eine Frühstücksspezialität, die ihresgleichen sucht. Es ist eine nicht auf der Speisekarte gelistete Eierspeise, die man beim Kelllner mit „Fried Egg cooked in Staka" bestellt, und falls er nicht

weiß, was gemeint ist, mit „die Eier, die Petinos täglich isst"!

Die schwabbelige Eierspeise wird in einer riesigen Schüssel serviert und erweckt optisch eher wie eine Suppe. In cremiger Milch schwimmt eine Art Rührei, verfeinert mit Käse und Schnittlauch. Nicht gerade zur Diät geeignet, aber das Leibgericht zum Tagesanfang des Stadtoriginals Petinos. Es schmeckt nicht nur hervorragend, sondern soll, wenn man dem über 80-jährigen Mann Glauben schenken will, potenzfördernd und gesund sein.

Zu den Gewohnheiten von Petinos gehörte es, rund um die Uhr in einer dunklen Ecke der Taverne zu sitzen, in imposanter Haltung, das rot gefärbte Gesicht von unzähligen Falten durchfurcht. Die Führung seiner Hotelkette hatte er längst seinen Nachkommen überlassen, aber er blieb als respektheischendes Fossil präsent. Kritisch, teilweise mürrisch beobachtete er die Gäste, denen er seinen Reichtum verdanke und für welche er die Fischerei aufgab. Wortkarg war er, und wenn er sprach, dann am liebsten von seiner unglaublichen Männlichkeit, die ihm bis ins hohe Alter erhalten blieb – wenn man ihm glauben mag.

Psaroú – fröhliches Familienpicknick

Den etwa 200 m langen, schmalen Strand von Psaroú erreicht man, wenn man von der Hora kommend, kurz vor Platís Gialós (oder von dort zu Fuß) auf eine kleine Straße abzweigt, die steil und kurvenreich sich in die paradiesische Bucht hinunterschlängelt. Dort liegt hinter Schilf und Häuserfassaden der populäre Strand von Psarou. In perfekter Kurvenform fließt der goldene Sand in das seichte Türkis des Wassers und erfüllt die gängige Idealvorstellung einer perfekten, kleinen Bucht in der Ägäis.

Psarou ist ein „familienfreundlicher", flach abfallender Strand und ein Treffpunkt fauler Müßiggänger, dazu ist die kleine Bucht meist windstill. Oft besteht keine Chance auf einen freien Liegestuhl, geschweige denn auf ein Quentchen Privatsphäre. Aufgrund der geschützten Lage ist die Psaroú-Bucht zudem ein idealer Ankerplatz für viele weiße, teure Yachten und Motorboote. der Ägäis-Liebhaber.
Während die (meerwärts gesehen) rechte Seite des Strandes vorwiegend von griechischen Urlaubern okkupiert ist, gehört die Gegenseite deutschen und Schweizer Touristen. Direkt über der Bucht von Psaroú thront im Osten das von TUI „beschlagnahmte" Hotel Grecotel „Mykonos Blu", dessen mittelalterliche Kundschaft selten zu mehr Lust verspürt, als den Hang hinunterzutrollen und sich an den Strand zu legen. Am markantesten an der Geräuschkulisse am Strand von Psaroú sind schreiende und vergnügt quietschende Kinder, während ihre Mütter wild gestikulierend am Mobiltelefon hängen und ihre Väter regungslos die Nachrichten im Radio verfolgten. Hier gibt man sich hinsichtlich der Badekleidungsordnung züchtig, spielt Beachball und mit Eifer werden Ferienfotos geschossen.

Der faule Strandalltag geht in Griechenland mit kulinarischem Genuss Hand in Hand! Man kann sich darauf verlassen: Ein Strand mit vielen Griechen ist ein Strand mit mindestens einer guten Taverne. Die **Taverne Cavo Psaroú** zählt denn auch zu einer der begehrtesten Strandrestaurants der Insel. An den weiß gedeckten Tischen werden nicht nur festliche Mahlzeiten serviert, sondern es lässt sich da ebenso herrlich Backgammon spielen wie es sich an einem Sonnenplätzchen mit Weißwein berieseln lässt. Die schönsten und gefragtesten Tische sind an der Meeresfront (reservieren!). Wenn sogar reiche Schiffreeder extra ihre Yacht nach Psaroú lenken, um in der hiesigen Taverne zu speisen, dann sollte man das vorzügliche Essen erst recht nicht verpassen!

Tauchen

Hinter dem Strand liegt das bewährte Psarou Diving Center. Tel. und Fax 22890-24808. Hier kann das PADI-Zertifikat absolviert werden. Die Tauchplätze liegen 15–20 Minuten mit dem Schlauchboot von Psaroú entfernt.

Psarou Garden Luxury Rooms

Kat. C, Tel. 22890-24871, Fax 27696, www.psarougarden.gr
Nur 60 m vom Meer entfernt liegt dieser neuere Gebäudekomplex. Wann immer das Wort Luxus bereits im Namen betont wird, ist Vorsicht angebracht. Die vermieteten Apartments sehen von außen denn auch verschwindend unauffällig aus. Die Zimmer sind jedoch überraschend stilvoll eingerichtet. Jedes Apartment hat einen Aufenthaltsraum, Balkon oder Veranda mit Sicht auf den Strand.

Grecotel Mykonos Blu

Kat. A, Tel. 22890-27900, Fax 27783, www.mykonosblu.gr

Das First-class-Hotel thront gewichtig über der Bucht von Psaroú: mehr Protzig und klobig denn eine architektonische Meisterleistung mit dezenten Elementen der Kykladenarchitektur. Hier wird fast nur deutsch gesprochen! Ausstattung und Ambiente entsprechen mehr mitteleuropäischen denn griechischen Standards mit moderner Empfangshalle, Zimmer mit allem Drum und Dran, mehrere Bars, eigenes Restaurant (Buffet und à la carte), Boutiquen, Tischtennisplatz, großer Swimming-Pool, dazu Hallenbad, Fitnessclub, Massagesalon … und damit die Langeweile definitiv keine Chance hat, bietet das Hotel seinen Gästen ein aufmunterndes Unterhaltungsprogramm an: Morgengymnastik, Aerobic-Stunden, Wasserballturniere, Barbecue und pseudo-griechische Folkloreabende. Doch ist das die Erfüllung einer Mykonos-Reise?

N'Ammos

Tel. 22890-22440, tägl. ab 11 Uhr, www.nammos.gr
Ganz in Weiß … ein Edelrestaurant, das vom Jet-Set und Möchte-gern-Jet-Set in Beschlag genommen wurde. Champagner und Feinkost werden zu exorbitanten Preisen serviert. Die Küchenmeister sind nicht unbedingt Weltmeister, doch

nicht unbedingt Weltmeister, doch der Service allererste Güte, vor allem für diejenigen Gäste, die mit der eigenen Yacht anlegen.

Paránga Beach – von der Grauzone zum Modestrand

Paránga oder Paragka, wie der Strand auch genannt wird, ist eine kleine, flache Bucht zwischen Platís Gialós und Paradise Beach. Trotz der berühmten Nachbarn blieb die Bucht von Paranga lange unentdeckt: Den Modischen und Ausgeflippten bot Paranga nicht genug Extravaganz, den Ruhesuchenden war die Nähe zum wilden Paradise Beach suspekt. Erst in den letzten zehn Jahren hat sich Paránga Beach zu einem In-Strand mit Unterhaltung, Barbetrieb und genüsslichem Strandleben entwickelt. Wie an den anderen Südständen gibt's auch hier präferierte „Zonen": rechts das junge, freche und nackte Publikum, links ist man züchtig bedeckt, gehört zum älteren Kaliber oder noch „zu jung" und unter Elternaufsicht. Im Hochsommer liegt man hier dicht beieinander, das bunt durchmischte Publikum beschert diesem Strand jedoch eine sympathische, gemütliche Note fern vom Druck zur zwanghaften Coolheit!

Paránga ist mit seinen knapp 200 Metern ein kleiner Strand. Weder durch Klippen noch Hügel geschützt, bettet sich der Strand flach in die Landschaft. Die ruhige Uferzone eignet sich aufgrund der sich schließenden Buchtform bestens zum Plantschen und Wasserspielen. Der feinkörnige Sand macht die bereitgestellten Liegestühle fast überflüssig. Nur wenige Meter vom Strand liegt ein großer, spitzer Felsen im Meer. Als hätte die Natur die exhibitionistischen Züge der Inselbesucher geahnt, ist dieser die ideale Bühne für die Zurschaustellung körperlicher Vorzüge. Der Felsblock hat viel zu Parángas Bekanntheit beigetragen und rangiert in der Liga „Die schönsten Sonnenplätzchen von Mykonos". Falls besitzergreifende, bleiche Touristinnen den Felsen nicht schon beschlagnahmt haben, werfen sich auf dem Gestein braun gebrannte Herren in gekonnte Davidoff-Cool-Water-Pose.

Paránga ist einfach erreichbar. Kaiks bringen Badegäste von Ornós oder Platís Gialós in zehn Minuten in die kleine Bucht und fahren weiter zum Paradise Beach! Busse in Richtung Paránga verlassen Mykonos-Stadt alle halbe Stunde. Seit sich in der Paránga-Bucht zwei beliebte Hotels gleich oberhalb der

Bucht niedergelassen haben, ist die auf Mykonos übliche, holperige Strandanfahrt einer gut erhaltenen Straße gewichen. Diese teilt sich kurz vor dem Ziel in zwei Abzweigungen. Beide Straßen führen an die beliebte Strandoase, allerdings zu zwei verschiedenen Strandparkplätzen. Wartet das Date nicht auf dem einen, ist es bestimmt auf dem anderen Parkplatz anzutreffen!

Vier Tavernen säumen den Strand. Die größte und beliebteste Taverne ist:

Barba Yiannis (Tel. 22890). In wenig reizvoller Umgebung wählt man aus den preiswerten Küchenangeboten. Falls die Wahl fällt, fällt sie kaum schwer: Sowohl die Moussaka wie auch das Kalbsplätzchen schwimmen in der gleichen öligen Sauce und wirken kaum appetitanregend! Tritt man aber ins freundliche Sonnenlicht und sitzt unter der schönen, schattigen Laube, schmeckt das Essen erstaunlich gut! Barba Yiannis hat direkt an das Restaurant eine kleine Strandbar angebaut. Ohne Vorwarnung wird hier mittags die Musik voll aufgedreht. Für die einen Grund genug, Yiannis und Co. den Rücken zuzuwenden, für die anderen der Startschuss zur feuchtfröhlichen Beendigung des Strandnachmittags!

Yiannis stellt seinen Gästen Backgammon-Bretter zur Verfügung, die an der Bar verlangt werden und auch an den Strandplatz mitgenommen werden können. Im Hinterhof des Barba Yiannis befinden sich die offiziellen Strandtoiletten von Paranga und ein paar saubere Duschen.

Paranga Beach Bar (Tel. 22890-25364)
Am Anfang des Strandes, direkt unter dem Parkplatz und ganz auf Beach Bar getrimmt, befindet sich die Paranga Beach Bar. Schilfdach, herrliche Meersicht, tropische Drinks und leichte Imbisse machen die Bar zum angenehmen Ort. Das Attribut „angenehm" hat der Besitzer allerdings wohl nicht in seinem Beach-Bar-Pflichtheft stehen hat. Dem bärtigen Patron schwebt ein zweites Paradise-Feeling vor und so betrachtet er unzufrieden, wie seine Gäste wohlig in der Sonne herumlümmeln und trotz lauter Musik nicht den Anschein geben, halbnackt auf den Tischen tanzen zu wollen …

Paranga Beach Café
Die Beachlounge direkt über dem Paranga-Strand ist nicht zu verfehlen. Ab 10 Uhr morgens ist die Lounge geöffnet und besonders

bei müden Clubbern beliebt, die anstatt ins Bett zu gehen, lieber ein reichhaltiges Frühstück in der milden Morgensonne genießen. Ein großzügiges Holzdeck zieht sich bis an den Rand der Klippe über dem Strand und lädt ein, zu heißen Rhythmen internationaler DJs zu tanzen. Ein Pool verspricht Abkühlung, nach dem breiten Angebot an Massagen und Yoga-Unterricht findet man vielleicht wieder zu sich selbst. Ein gutes Konzept und ein garantierter Treffpunkt schöner, williger Menschen, die es mit der Treue nicht ganz so eng sehen, dafür um so hingebungsvoller mit dem eigenen Ich verkehren.

Zwei Hotelbetriebe buhlen um die Gunst der Gäste:

Hotel Zephyros

Kat. C, Mai–Okt.,
Tel. 22890-23928, Fax 24902,
www.zephyrosmykonos.com
Das gepflegte Hotel liegt einsam und verlassen oberhalb der Bucht von Paranga. Es bietet eine nette, überdachte Frühstücksterrasse, Fernsehzimmer, Bar, Cafeteria, Schwimmbad und hoteleigene Parkplätze (Minibusse fahren Hotelgäste mehrmals tägl. kostenlos in die Stadt). Die Zimmer sind einfach, aber freundlich eingerichtet und mit Telefon, Minibar, Ventilator und Radio ausgestattet. Letzteres dürfte sich als überflüssig herausstellen. Von den netten, kleinen Balkonen des Zephyros hört man bis zum Eindunkeln die scheppernde Musik von den Paranga-Strandlokalen. Ein nettes, angenehmes Hotel für Paranga-Freaks! Doppelzimmer kosten je nach Sicht und Saison € 80–170.

Hotel San Giorgio

Kat. A, ganzjährig, Tel. 22890-27474, Fax 27481, www.sangiorgio.gr
Auf die Klippen gebautes Firstclass-Hotel, nur wenige Gehminuten vom Paranga-Strand entfernt. Die großzügige Poolanlage scheint direkt über dem Meer zu schweben und verkörpert für jeden Mittelstandstouristen den Inbegriff von Luxus und „savoir vivre". Die Zimmer bieten sämtlichen Komfort: Minibar, Veranda, Kühlfach, Fernseher, Telefon und Haartrockner. Für Nachtschwärmer: Der Bus in die Stadt hält direkt vor der Hotelanlage und stellt erst früh morgens den Transfer ein.
Die Stammklientel des Hotels sind überwiegend ältere Leute und reiselustige Familien, die im San Giorgio eher zufällig durch einen Reiseveranstalter untergebracht worden sind und ihre helle Freude an den Haartrocknern haben werden!

Ágia Ánna

Das kleine, charmante Strand-örtchen Ágia Ánna bei Paránga wird gern mit dem gleichnamigen Nachbarstrand von Kalafátis ver-wechselt. Auf vielen Inselkarten sind die beiden Kleinstrände nicht eingezeichnet und Missverständ-nisse vorprogrammiert! Weiß man jedoch, um welches Ágia Ánna es sich handelt, braucht man zur Ori-entierung kaum eine Straßenkarte! Man folgt den Straßenschildern Richtung Paranga und passiert auf dem Weg den charmanten Strand Ágia Ánna. Viele Urlauber sind dementsprechend rein zufällig auf ihrer Fahrt nach Paranga am klei-nen Ágia Ánna hängen geblieben. Der Strand ist winzig und verlockt wenig zum Schwimmen. Die fünf kleinen Strohhäuschen am Strand versprechen hingegen vollkom-mene Privatsphäre und sind bei St-randindividualisten begehrt! Ágia Ánnas wilde Natürlichkeit lässt sich nur schwer mit dem Ausblick auf die Hotelbauten der Nachbar-bucht Platís Gialós kombinieren. Deswegen empfieht es sich, den Strandtag in der Nachbarbucht Pa-ranga zu genießen und erst zu den Mahlzeiten nach Ágia Ánna zurück-zukommen.

Nicolas Taverne am Ágia-Ánna-Strand macht einen verträumten, scheinbar verlorenen Eindruck. Nach der fröhlichen Gesellschaft des Paranga-Strandes wirkt die Melancholie der Strandtaverne einnehmend und sympathisch. An wackeligen Holztischen kann man sich bei Nicola wunderbar auf den bevorstehenden Abend ein-stimmen. Das schmackhafte Essen können Gäste eigenhändig in der Tavernenküche aussuchen, vom Hauswein sollte man allerdings besser die Finger lassen.

Paradise Beach – wie ein Name Programm wird

Paradise Beach – einst der absolute Freak-Beach der Ägäis und Vorrei-ter der Freikörperkultur in ganz Eu-ropa. Die Geschehnisse von damals mussten in jeder besorgten Mutter absolute Paranoia hervorgerufen haben! Bilder nackter, langhaariger Menschen gingen um die Welt. Mit lächelnden Gesichtern propagier-ten hier die späten Blumenkinder ihr „Paradies" von Sonne, Liebe und gesundem Körperbewusstsein.
Die Zeiten ändern sich und wir uns mit ihnen. Dies gilt auch für Myko-nos und ganz speziell für Paradise Beach und sein Publikum. Die anar-

Direkt am berüchtigten Strand – Tropicana Beach Bar

chistische Strandkommune nackter Hippies wich einem professionellen „Natur-Laufsteg", wo die neusten Bikinimodelle, schrägsten Sonnenbrillen und die durchsichtigsten Pareos zur Schau getragen werden. Am ehemals berühmtesten FKK-Strand geht's heute bedeckt zu! Nackt ist kaum einer mehr, statt tiefgründige Parolen sind heute knallige Modefarben, gewagter Badekleidschnitt und snobistisches Auffallen-Wollen angesagt.

Paradise Beach verdient seinen schmeichelnden Namen allemal. Das Meerwasser besticht durch reines Türkis, der Strand ist so golden, wie er überhaupt sein kann und die aus Schilfblättern gebastelten Sonnenschirme verleihen der Bucht

einen Hauch von Karibik! Welch' netter Rahmen für das frivole, feuch-fröhliche, übermütige Treiben der Strandbesucher. Paradise Beach ist ein Strand, der sich im Sommer zum wochenlangen Rockkonzert und Tag-und-Nacht-Disco verwandelt. Schwimmen ist am Paradise Beach eher Nebensache und statt Ananassaft und Eis wird hier Bier en masse getrunken.

Die Bescheidenheit und Freiheitsbotschaft von damals sind einer kommerziellen Vergnügungssucht gewichen, doch eine Tradition hat sich bewahrt: Am Paradise Beach wird noch immer die Neugierde dem anderen Geschlecht gegenüber gepflegt und ausgelebt. Hier wird nicht lange gefackelt: Wer nicht will, hat gehabt und willigere Alternativen gibt es zuhauf. Wer den Strand abends alleine verlässt, ist entweder innig in den zu Hause gelassenen Partner verliebt, zu anspruchsvoll oder hier am falschen Ort verloren.

Die Nächte am Paradise Beach sind lang, schier endlos – und anstrengend! Immerhin, der Ort ist einfach erreichbar und mühsame Hin- und Rückwege entfallen! Von beiden Busstationen in der Stadt gibt es regelmäßigen Transport nach Paradise Beach. Die Busse von und nach Paradise fahren bis früh morgens und bei speziellen Anlässen (Vollmondparties) gibt's sogar Spezialfahrten. Von Ornós oder Platís Gialós gelangt man auch per Boot an den Strand. Die Anfahrt mit dem Auto oder Motorrad dauert ca. 15 Minuten und ist gut beschildert.

Tropicana Beach Bar
Tel. 22890-23582,
www.tropicanamykonos.com
„Dance on the bar till you drop!" – Solch' ausgelassenes Motto kann nur am Paradise Beach formuliert und in die Tat umgesetzt werden. Die Aufforderung stammt von der Tropicana Beach Bar, direkt am berüchtigten Strand, die sich fast einen ebenso bekannten Ruf

eingehandelt hat. Das als Restaurant geplante Lokal wird bereits um die Mittagszeit von den Partylöwen des Paradise Strandes unter Beschlag genommen. Die Musik wird aufgedreht und statt zu essen, tanzt man auf den Tischen. Dicht gedrängt wiegen sich Girls in knappen Bikinis und Boys mit schwarzen Sonnenbrillen in den Hüften. Bereits nachmittags fließt der Alkohol in großen Mengen und sorgt dafür, dass der wilde Tagesrhythmus bis morgens früh aufrecht gehalten wird. Im Tropicana findet vor allem junges Rucksackpublikum mit heterosexuellen Neigungen zusammen. Hier regieren die Bedürfnisse des Körpers, wer keine fremden Hände am Hintern will, sollte sich besser woanders niederlassen.

Super Paradise – Adonis liebstes Ferienziel
(ehemals Plindrí)

Das Adjektiv „paradiesisch" reichte nicht aus, um Plindrís Vorzüge zu würdigen. „Super Paradise Beach" sollte er heißen, ein Strand der Superlative. Da liegen sie denn auch, die jungen Götter Griechenlands. Selbstbewusst und vergnügt, als hätten sie den Superlativ für sich allein gepachtet! Wohlgeformt glän-

Auch der wilde „Super Paradise" kennt friedliche Momente

zen ihre Körper in der gleißenden Sonne. In lasziver Anmut bewegen sie sich über den Sand, als würden sie von Aphrodite liebkost werden! Die „Götter Griechenlands" entpuppen sich jedoch als englische Friseure oder deutsche Designer und Aphrodite würde so schnell von der Bettkante gestoßen, wie deren Diener Eros sofort die Herzen schmelzen ließe!

Super Paradise, einst als Schwuchtelstrand verpönt, heute als der Schwulenstrand von Europa schlechthin gefeiert! Wer in der Schwulenszene verkehrt, kennt oder tut, als würde er die paradiesische Homophilenbucht von My-

konos kennen. Wenigstens ergötzt man sich an den zweideutigen Gerüchten über das bunte Treiben am berühmtesten Strand von Griechenland.

Rein schwul ist Super Paradise längst nicht mehr! Homosexualität wird, wenigstens in Mitteleuropa, kaum mehr als sonderbar abgetan. Im Gegenteil, die „Gay Community" wird mit den Schlagwörtern Lebensstil, Eleganz und Kreativität in Verbindung gebracht. So verwundert's kaum, dass auch Frauen und heterosexuelle Männer an den Strand von Super Paradise pilgern, um sich ihren Anteil am „Dolce vita" zu sichern. Aus dem

Refugium wurde „the place to be"! Am ursprünglichsten ist das rechte Strandende (meerwärts gesehen) geblieben. Liegestühle sind hier überflüssig, Frauen kaum erwünscht und eine Heerschar nackter Männer lümmelt in eindeutigen Posen im goldenen Sand. Früher sollen sich in den hier angrenzenden Klippen die berüchtigten Lusthöhlen von Super Paradise befunden haben. Wer seine neue Liebe nicht bis zur Rückkehr ins Hotel vertrösten wollte, zog sich mit ihm in die düsteren Felshöhlen zurück, um in nasser Dunkelheit ungestört die Tribute der „Liebe" zu entrichten, die wenige Stunden vorher von einem anderen bezahlt worden sind. Mit dem Aufkommen von Aids wurde der „schnelle Spaß" eingeschränkt. Die „Lusthöhlen" werden kaum mehr aufgesucht, das

Super Paradise

Lustobjekt muss strenge Kriterien erfüllen und gestöhnt wird nun in klimatisierten Hotelzimmern.

Neuankömmlinge werden am Super Paradise aufs Genauste inspiziert. Frauen mit Toleranz, falls sie einigermaßen charmant sind, sogar willkommen geheißen, männliche Neuzugänger werden aber einer detaillierten Prüfung unterzogen. Die Blicke der Männer entdecken in grausamer Scharfheit jeden Schönheits- oder Stilfehler. Werden falsche Badehosen gerade noch geduldet, sind ungepflegte Fußnägel oder die falsche Sonnencreme ein Faux-pas, der nicht wieder gut zu machen ist. Wehe demjenigen ohne Waschbrettbauch! Hier verkehren vor allem Adonis und Konsorten.

Super Paradise ist in erster Linie Lebenseinstellung. Wie eine Bar oder Club ein bestimmtes Publikum anziehen und zur Plattform eines speziellen Geschmacks werden, sind die Menschen am Super Paradise zu einer kleinen Familie geworden, die unausgesprochen eine Philosophie teilen. Und die traumhafte Umgebung ist das Pünktchen auf dem i. Die geschützte Bucht von Super Paradise zählt zu den schönsten der Insel und die Attraktivität des Strandes steht derjenigen der Besucher in nichts nach. Durch hohe Felsen vom Wind geschützt, ist der feinsandige, flach abfallende Strand ein wunderschöner Ort zum Verweilen. Eine kleine, perfekte Welt für sich und nirgends leuchtet das Wasser türkisfarbener als hier! Bis drei, vier Uhr nachmittags ist es relativ ruhig. Die gegenseitige Schönheit wird bewundert, die zartgliederigen Hände maniküriert, in Hochglanzmagazinen gelesen, eine Massage genossen (ca. € 100 für eine Stunde) … Erst am späten Nachmittag erwacht der Strand. Wie auf Kommando ertönt aus den Tavernen überschwengliche Popmusik, die Hochglanzmagazine weichen draufgängerischem Flirten und im Wasser wird mehr geturtelt als geschwommen. Die hoch gelobten, alten Zeiten von Super Paradise scheinen in schüchterner Form wiederzukehren, der Schwulenadel kann beruhigt aufatmen.

Coco-Club (Tel. 289-26995)
Hoch über dem Strand befindet sich der legendäre Coco-Club, eine stilvolle, trendsichere Taverne mit Swimmingpool und königlichem Ausblick auf die Dragqueens, Turteltauben und Armani-Models – man will ja schließlich keine der Strandkönige oder -königinnen

verpassen! Hier wird am späten Nachmittag getanzt, die ersten Drinks des Tages genossen oder eine leckere Mahlzeit verzehrt. In der Hochsaison veranstaltet der Club Modeschauen, lockt zum Striptease-Vergnügen oder amüsiert mit zweideutigen Tanz-Vorführungen. Das „Sehen" ist im Coco-Club fast noch wichtiger als das „Gesehen werden". In regelrechten Paraden ziehen sonnenmüde Strandgänger die Treppe zum Club hoch und übertreffen sich gegenseitig an Nacktheit, Schönheit und Extravaganz. Den Coco-Club sollte

Coco Club, Super Paradise – wo die hedonistischen Freuden des Touristen wahr werden

man nicht verpassen: Hier erlebt man das wilde Mykonos pur! Wer daran keinen Gefallen findet, wird von der einmaligen Aussicht über die Bucht und dem tollen Essen (besonders empfehlenswert die gegrillten Langustinen – ein perfekter kleiner Happen, bevor man um Mitternacht die richtige Mahlzeit zu sich nimmt) mehr als nur vertröstet. Nach 20 Uhr macht der Laden langsam dicht. Die Schönheiten begeben sich in die Stadt, um sich für die Nacht und andere Exzesse herzurichten.

Weit weniger spektakulär geht's in der Taverne „Super Paradise" zu., die am ruhigeren Eck der Bucht befindet. Hier sucht man mittags ein wenig Schatten unter dem großen Strohdach und stillt das erste Hungergefühl. Dem Restaurant wurde eine Bar hinzugebaut, deren laute Musik erfolgreich mit der Musik des Coco-Clubs konkurriert. Die Taverne besticht kaum durch äußerliche Vorzüge. Die schwulen Strandgänger überlassen die Bar deshalb gern der heterosexuellen Kundschaft, die weniger stilsicher such einfacher zufrieden gibt! So wirkt das „Super Paradise" leicht bieder im Vergleich mit den farbenfrohen, exzentrischen Gestalten „des anderen Ufers". Die Restaurantkasse

ist zugleich Rezeption des gleichnamigen Hotels „Super Paradise". Die Zimmer dieses Kleinhotels sind auffallend preiswert (ab € 60) und durchaus charmant. Der herrliche Ausblick der Hotelzimmer entschädigt jedoch nicht für das Gefühl, weit weg vom Geschehen zu sein.

Der ca. acht Kilometer lange Weg nach Super Paradise zieht sich wegen der kurvenreichen Sandstraße mühsam in die Länge. Nirgends ist die Anfahrt zum Strand so holprig und steinig wie jene nach Super Paradise. Erst recht gefährlich ist die Strecke nachts, wenn weder Laternen noch Straßenlampen vor Schlaglöchern und Kurven warnen. Die Straße an den begehrten Strand ist so eng, dass selbst ein PKW nur mit Vorsicht unbeschädigt sein Ziel erreicht. Busverbindungen nach Super Paradise entfallen deswegen ganz! Wer kein Motorrad besitzt oder auf die Ralleyfahrt im Mietauto verzichten will, sollte sich von einem Kaik an den Strand bringen lassen. Die begehrten Transportschiffchen fahren in wenigen Minuten nach Super Paradise, sowohl ab Ornós, Platís Gialós als auch Paradise Beach. Von letzterem führt auch ein 20-minütiger Fußweg über die Klippen an den superlativierten Schwesterstrand!

Paradise Beach in den 70er Jahren – eine Welt für sich

Transportprobleme hin oder her: Super Paradise ist ein Muss für jeden Besucher! Der Strand ist der „mykoniotische Eiffelturm", der jedes Recht hat, sich als Wahrzeichen der Insel zu bezeichnen.

Villa Madraoula

Hoch genug über der Bucht, um das verrückte Treiben und die dröhnende Musik von Super Paradise zu übersehen/-hören, liegt die Villa Madraoula, ein Kykladen-Traumhäuschen, das direkt in die Felsen gebaut wurde und atemberaubende Sicht über die Ägäis genießt. Sie wird an Touristen vermietet, und wer rechtzeitig bucht, findet hier die beste Ausgangslage,

um die schönsten Tage des Jahres zu verbringen. Die Villa teilt sich ist in zwei Wohnungen, beide vollständig möbliert und mit herrlicher Panorama-Terrasse und überdachter Loggia, dazu sind Cheminée, Fernseher und ausreichender Komfort geboten. Die Preise variieren je nach Saison: im Mai gibt's eine Wohnung bereits ab € 600 pro Woche, von Ende Juli bis Anfang September muss mit über € 1.500 gerechnet werden.

Informationen: Mykonos Accomodation Center, Enoplon Dynameon 10, 84600 Mykonos, Tel. 22890-23160, Fax 24137

Der Masseur von Super Paradise

Christoph M., braungebrannt, groß und schlank. So habe ich den charmanten Berner am Super Paradise Beach kennen gelernt. Eine gefährliche Erscheinung am „Schwulen-Strand Europas" schlechthin. Unter ihm haben schon Valentino, Gaultier und Brigitte Nielsen gelegen! Christoph und mich verbinden nebst einer kollegialen Freundschaft stundenlange Gespräche über die Kykladeninsel. Und so schildert er das freizügige, übermütige Treiben an Mykonos berühmtesten Strand!

„Tja, Mykonos, das war Liebe auf den ersten Blick! Dies ist nicht weiter erstaunlich. Erstens verliebe ich mich ständig auf den ersten Blick (oft, um mich auf den zweiten wieder zu entlieben), zweitens zählte ich bei meinem ersten Urlaub auf Mykonos knapp zwanzig Jahre und besaß ein waches, schnell zu begeisterndes Gemüt: Sonne, blaues Meer, Nachtleben und schöne Menschen reichten aus, um mir die Welt wunderbar erscheinen zu lassen.

Die viel gerühmte Insel hatte genug Erfahrungen mit jungen Männern wie mir und wusste sich uns „Luftküsse" gefügig und treu zu machen: Kaum zu Hause, entwickelte ich wegen meiner herrlichen Ferienerinnerungen eine eigenartige Ergebenheit diesem Eiland gegenüber. Ich, der sonst so unruhige Weltenbummler, verspürte Sehnsucht nach Mykonos, dessen Charme ich zwar nicht exakt erfassen konnte, dem ich jedoch eindeutig erlegen zu sein schien. Aus dem anfänglichen Flirt wurde Liebe, zwar eine Beziehung auf Distanz, dafür mit umso lebhafterern Erinnerungen. Ausbildung, der erste Job und gähnende Leere im Portemonnaie ließen einige Jahre vergehen bis zu meiner zweiten Reise nach Mykonos.

Als ich dort ankam, regnete es. Wo die Insel gerade mal 20 Regentage im Jahr kennt! Die weißen Häuser wirkten ärmlich, die See bedrohlich und alles andere als einladend. Welch' unpompöser Empfang der Geliebten, deren ich so lange sehnsüchtig gedacht hatte! Ich kramte nach einer freundlicheren Erinnerung an Mykonos und suchte missmutig ein Zimmer im Stadtzentrum. Meine Zeit sollte nicht verrödelt werden. Ich wollte arbeiten, mir auf dieser Insel einen Alltag schaffen und herausfinden, ob der Wunsch vieler Menschen, „Arbeit mit Vergnügen zu verbinden", durchführbar ist. Mein naiver Optimismus hatte sich alles etwas einfacher ausgemalt. Mein Erstaunen war groß, nachdem ich bei vielen Restaurants, Bars und Hotels nach Arbeit gefragt hatte und noch immer ohne Job dastand. Zum ersten Mal bekam ich die Nachteile eines Nicht-EU-Bürgers zu spüren. An vielen Orten kam ich wenn nicht zu spät („alle Stellen sind bereits besetzt") zu früh („Wir besetzen unsere Stellen erst im Juni!") oder mein unzuverlässig scheinender Charakter missfiel: Als ich endlich einen Job in einem Schuhgeschäft fand, langweilte ich mich so, dass ich nach wenigen Tagen kündigte.

Not macht erfinderisch. Als ich schon aufgeben wollte, genüsslich in der Sonne suhlte und die nackten Schönheiten von Super Paradise betrachtete, kam mir die Idee, wie ich doch noch zu etwas Geld kommen könnte: Ich erkannte, dass in der Hochburg der Eitelkeit einzig das Geschäft mit dem Körper wirklich Gewinn bringende Chancen hat und in diesem wollte ich mich positionieren. Bereits am nächsten Tag ernannte ich mich zum ersten Beachmasseur von Super Paradise! Schließlich hatte ich einen Massagekurs mit Diplom abgelegt und kannte Massagetechniken, Kräuteröle und Reflexzonen. In einem Fotogeschäft ließ ich mir ein T-Shirt mit der leuchtenden Aufschrift „Massage by Chris" drucken. Eine totale Fehlinvestition! Schließlich war die Kleidungsnorm meines neuen Arbeitsplatzes das bare Nichts und T-Shirt wie Badehose wichen schnell einem professionell aussehenden Sarong. Von da an begann mein wirtschaftlicher Aufschwung, ich schritt drei Monate lang fast täglich am Super Paradise Beach auf und ab … Brennende Sonne, glitzerndes Meer und gute Musik lenkten so lange von meinen anfänglichen Ungeschicklichkeiten ab, bis ich den Masseurjargon, -gang und -blick so intus hatte, dass niemand mir geglaubt hätte, dass ich davor im Büro arbeitete. Ich war der Beachmasseur von Super Paradise und dort bald so bekannt wie die Akropolis in Athen.

Der Andrang war groß. Bald konnte ich es mir leisten, wählerisch zu werden. Die Schwätzchen unter den Sonnenschirmen wurden länger, Einladungen und Visitenkarten häuften sich. Super Paradise wurde mein Zuhause. Nebst Touristen, die kamen, sich vergnügten und auf Nimmerwiedersehen verschwanden, bildete sich ein harter Kern von Super-Paradise-Gängern, die sich kennen und jedes Jahr wieder treffen. Die Super-Paradise-Familie ist ein Schmelztiegel mit Menschen verschiedenster Herkunft, Ansichten, Berufe, Spleens und – es wäre sonst nicht Super Paradise – Sexualleben. Tage und Wochen vergingen wie im Fluge und viel zu früh war ich zurück in der Schweiz,

Traumhafte Kykladenhäuser zieren die karge Schönheit der trockenen Landschaft oberhalb der Agrári Beach

brannter Haut erzeugt Höllenqualen! Der professionelle Masseur beugt solchen Greueltaten durch eine Rückenmusterung vor. Verbrannte Haut kann sich ablösen und bleibt dem Masseur in ekligen kleinen Stücken an den Finger kleben. Am Super Paradise Beach „war" es immer der Masseur! Ihm bleibt jene undankbare Rolle überlassen, die anderorts von Stallbursche, Milchmann und Postbote besetzt wird …

Seltsame Erkenntnisse von einem wundersamen Ort … Wir sehen uns auf Mykonos!

wo es natürlich regnete. Arbeit war wieder Arbeit, das Vergnügen vorbei. Die Arbeit am Super Paradise Beach brachte außer Vergnügen auch einige Erkenntnisse:

Des Masseurs Feind ist der Wind. Immer wenn der Kunde fertig eingeölt ist, bläst der Meltémi-Wind besonders heftig, um die glänzende Haut mit einer dichten Sandschicht zu überziehen. Griechische Männer sind zwar charmant und sexy, ihre behaarten Rücken lassen jedoch jeden Masseur zum Friseur mutieren und es ist fast unmöglich, durch den dichten Körperfilz auf die Haut durchzudringen. Eine Massage auf sonnenver-

Agrári Beach – ausgereifte Strandkultur

Der Name Agrári löst bei erfahrenen Mykonos-Besuchern ein erfreutes Lächeln und wohlige Erinnerungen aus: perfekte Strandtage, ungestörte Lesestunden und interessante Bekanntschaften, und diese ohne abstruse Hintergedanken, was auf Mykonos relativ selten ist. Agrári ist ein Strand für Individualisten. Weder Musik noch Kindergeschrei lenken von der herrlichen Szenerie der Bucht ab, unbeobachtet kann man sich auf Sonne, Sand und Meer konzentrieren. Teenager und unterhaltungssuchende Festbrüder findet man am Agrári-Strand kaum, für Ruhesuchende und Nackedeis ist der Strand hingegen ein absolutes Muss! Der Strand fällt grobkörnig im steilen Bogen ins Meer, was den Einstieg nicht einfach, aber unbedingt erstrebenswert macht. Er bietet wunderschöne, geschützte Liegemöglichkeiten, vor allem in der Nähe der Felsen, die den Strand auf beiden Seiten einkreisen. Seitdem Agrári zu einem der Lieblingsstrände der Genießer erkoren wurde, gibt es auch ein kleines Hotel direkt hinter dem Strand und eine Taverne mit Zimmervermietung.

Die Straße nach Agrári gehört zu den holprigsten Wegen der Insel. Endlos scheint die Fahrt durch die dürre Landschaft und erst nach vielen scharfen Kurven eröffnet sich der Blick auf die wunderschöne Bucht. Für Busse ist der Weg zu lang. Ohne eigenes Fahrzeug muss man mit einem Kaik vorlieb nehmen. Diese Schiffsverbindungen sind hier unregelmäßiger und unzuverlässiger als anderswo: Agráris Lage gestattet zwar das Anlegen problemlos, verübelt jedoch so manche Wegfahrt, so dass die bequemen Kapitäne den Strand oft einfach umgehen. Man sollte im Voraus klären, wann das letzte Boot fährt oder – noch besser – wann man Agrári wieder verlassen will.

Es ist ärgerlich, das letzte Kaik des Tages in knappem Bogen an Agrári vorbeiziehen zu sehen!

Die Lage der Agrári-Bucht ist privilegiert, der Tourismus kaum entwickelt, also haben viele wohlhabend Griechen ihr persönliches Reich hierhergebaut. Auf dem Weg zum Strand erblickt man deshalb mehrere atemberaubende Bauten zwischen den Klippen.

Hotel Sunrise

Kat. B, Tel. 22890-72201, Fax 72203, sunrise-m@otenet.gr

George Dactilidis und seine Familie führen das Hotel mit viel Freundlichkeit und gutem Willen. Die Zimmer haben alle einen Balkon mit Blick auf den Strand. Auf den theatralischen Ausblick muss man leider von der Pool-Anlage aus verzichten, denn ein hoher Palisadenzaun trennt das Hotelareal vom Strand ab. Doch wer will schon im Chlorwasser schwimmen, wenn unten das schönste Blau der Ägäis ruft. DZ inkl. Frühstück € 120–190

Agrari Beach Restaurant-Bar, Hotel (Tel. 22890-71295)

Versteckt hinter Schilf und Blumenranken liegt dieses beliebte Selbstbedienungsrestaurant. Das Lokal ist um Längen gepflegter als viele andere Strandtavernen der Südstrände und bietet dazu schmackhaftes und preiswertes griechisches Essen. Das Restaurant vermietet auch ein paar einfache Zimmer mit Blick auf den Strand hinaus. DZ € 50–70 Neben diesem Restaurant, das traditionsgemäß den Namen des Strandes trägt, gibt es noch eine kleine Strandbar, die die üblichen Getränke, Eiscreme und Süßigkeiten verkauft.

Eliá Beach – Potpourri mykoniotischer Strandkultur

Eliá garantiert in jeder Hinsicht ein erstklassiges Stranderlebnis. Trotz seiner neuen Trendsetter-Rolle hat sich der Strand kaum verändert: Etwas mehr Publikum, einige zusätzliche Liegen und Sonnenschirme, doch von lauter Musik bleibt man weiterhin verschont und das bevorzugte Badekostüm ist noch immer das simple Nichts. Dabei lässt sich der Strand weder als Familienstrand kategorisieren noch verspricht er extravaganten Partytaumel – und ist doch mit vielem der übrigen Strände ausgestattet! Er erlaubt, dem Rummel von Super Paradise und Paradise zu entfliehen, dabei müssen Besucher weder auf Unterhaltung, Wasser- und Jet-

Die Schönheit der Eliá-Bucht lockt auch diverse Bauunternehmer

Ski, Komfort noch auf bescheidenen Glamour verzichten.

In Eliá findet sich dementsprechend ein sehr gemischtes Publikum ein. Die rechte Strandhälfte (meerwärts gesehen) haben die Abtrünnigen von Super Paradise unter Beschlag genommen. Schwul und nackt sind die Schlagwörter, wer nur mit letzterem sympathisiert, ist auch willkommen. Familien mit Kindern schätzen den leichten, flachen Meereinstieg, Alleinreisende dürfen sich vom Druck befreit fühlen, ständig angebaggert zu werden,

Leseratten können die Strandlektüre für einmal ohne musikalische Untermalung genießen! Eliá verzichtet auf das Gehabe sonstiger Szeneorte und hat sich so eine neue Szene geschaffen: Unkompliziertheit wird groß geschrieben, das Vergnügen weder durch ein falsches Badekleid noch störende Fettpölsterchen geschmälert.

Eliá hat zudem einen traditionellen Strandservice! Die Anzahl der Gäste ist noch nicht so hoch, dass eine speditive Strandbedienung unmöglich wäre. Junge Ausländer (meist Urlauber, denen das Geld ausgegangen ist!) patrouillieren täglich am Strand und versorgen die faulen Sonnenanbeter mit Wasser, Drinks, Snacks und kleinen Speisen. Ein angenehmer Pluspunkt, den wenige Strände bieten – auch weil der Strand einer der längsten der Insel ist und der Marsch zur Taverne weit und mühsam.

Dejan, einer der Strandboten, sieht aus wie aus dem Bilderbuch. Groß, lockiges Haar, ein lächelndes Gesicht, sonnengebräunt und muskulös. Eine gute Kondition ist unerlässlich, damit er diesen Job einen Sommer lang durchziehen kann. Die Tage auf Mykonos sind heiß und lang, und es ist beschwerlich, barfuß durch den feinen Sand zu gehen. Bis mittags um

drei sind die Geschäfte der Strandboten dürftig. Mykonos schläft in den frühen Mittagsstunden noch! Erst wenn sich die Liegen füllen, beginnt sich Dejans Gang zu lohnen. „Klar wird hier geflirtet", grinst er, „vor allem Männer machen keinen Hehl daraus, dass sie auf anderes aus sind als meine Eiskreme! Die Frauen sind diskreter!" Sein Grinsen vertieft sich: „Die Frauen sind schließlich zur Vorsicht gezwungen. Auf Mykonos scheinen doch alle gut aussehenden Männer dem starken Geschlecht zugeneigt zu sein". Reue? Na ja, antwortet er bescheiden, er werde noch immer auf allerlei angesprochen und zu kurz käme er auch nicht! Dejan amüsiert sich sichtlich blendend. Abends tauscht er seine freizügige Stranduniform gegen den Kellnerkittel eines Hotelrestaurants ein, wo er ebenfalls im Service arbeitet … Also keine Zeit sich die Nächte um die Ohren zu schlagen? „Blödsinn", sagt er, „die Nacht beginnt auf Mykonos schließlich erst nach Mitternacht!" Zwei Stunden später bringt er mir meinen Campari orange!

Die Fahrt nach Eliá dauert von der Hora aus 30 Minuten, ist angenehm, ab Áno Méra gut beschildert und die Straße durchweg asphaltiert. Busse fahren ab beiden Busstationen der Stadt direkt an den

Strand. Eliá wird als letzte bedeutende Bucht der Südstrände von den Kaiks angesteuert. Weil dort „Endstation" ist, liegen die Transportboote zwischen 13 und 16 Uhr am Strand vertaut. Wer in dieser Zeit den Strand auf dem Seeweg verlassen will, muss warten, bis die Siesta der Kapitäne vorbei ist.

In Eliá scheint die Zukunft des exklusiven Mykonos-Tourismus zu liegen. Denn es zieht immer mehr Menschen an diesen wunderschönen Strand, der Ort gilt zudem als begehrtester Wohnort der Insel. An den Hang wurden großzügig angelegte Bungalowanlagen und Nobelhotels gebaut, die der Bucht vermehrt jenes Publikum bringen, auf welches der Ort abzielt: wohl situierte, geschmackvolle und „alterslose" Menschen von Welt! Auch ohne eine exorbitante Barschaft sollte man Eliás Strandleben unbedingt einmal erleben. Nebst den Vorzügen wie ein wunderbar feiner Sand, netten Strandnachbarn und praktischen Strandservice gibt's zudem zwei sehr empfehlenswerte Strandtavernen. Es sind wohl die beiden letzten Strandtavernen auf Mykonos, die sich die Mühe noch machen, die Tische adrett zu decken und dabei nicht einmal an Tischtüchern und Stoffservietten sparen!

Taverne Elia Beach

Die Taverne Elia Beach liegt direkt am Strand und verspricht durch die direkte Sicht auf das Strandtreiben eine unterhaltsame Mahlzeit. Etwas eng gestuhlt, dennoch isst man unter dem schattigen Bambusdach gemütlich, die Atmosphäre ist angenehm. Nach den Erfahrungen düsterer Selbstbedienungstavernen anderer Strände eine wahre Erholung! Sophia und Yiannis führen dieses bekannte Lokal seit Jahren. Mittlerweile hat der Sohn, ebenfalls ein Yiannis, die Direktion übernommen, die Verwaltung der Küche überlässt er aber klugerweise den strengen Augen seiner Eltern. Besonders empfiehlt Yiannis Junior seine Apple Pie und den vegetarischen Salatteller. Er weiß warum und viele andere teilen seine Meinung: Die Taverne ist täglich ab 12 Uhr mit zufriedenen Gesichtern besetzt und vermietet zudem natursteinerbaute Unterkünfte (Tel. 22890-71204, www.mykonoselia. com). DZ ab € 70 (NS), € 125 (HS)

Taverne Kapelagio

Dieses Taverne gibt's schon seit knapp 40 Jahren – allerdings unter wechselnden Namen. Konstant ist dafür ein äußerst gepflegtes, sympathisches Lokal mit zuvorkommendem Service. Die Salate gehören zu den besten der Insel. Schon der Blick in die Salatvitrine lässt das Wasser im Mund zergehen. Besonders zu empfehlen sind der Hummer- und Auberginensalat. Auch die hausgemachten Teigwaren, als Salat oder als Pastagericht serviert, sind delikat. Von der Taverne auf einer erhöhten Terrasse am Ende der Bucht eröffnet sich ein weiter Blick über die Küste mit weniger Unterhaltungswert, er ist aber um einiges spektakulärer als die voyeuristische Aussicht der Nachbarstaverne. Besonders angenehm ist's hier am späten Nachmittag. Die Sonne verliert ihre Kraft und das schattige Strohdach wird überflüssig. Im Korbstuhl genießt man die milde Wärme der letzten Strahlen und das Meer scheint als glitzernder Silberteppich einem zu Füßen zu liegen.

Wem die Unterkünfte der Taverne Elia Beach zu bescheiden sind, kann sich in den neueren Resorts der gehobenen Kategorie am Hang einquartieren:

Myconian Imperial Resort & Thalasso Spa Center, Tel. 22890-79500, Fax 79595, imperial@myconiancollection.gr, www.myconiancollection.gr. 5-Sterne-Luxus mit integrierter Wellness- und Beauty-

Farm. Nicht gerade das, was den Reiz von Eliá Beach ausmacht, aber für Vertreter der Splendid isolation unabdingbar.

Watermania
Eliá, Áno Méra, Tel. 22890-71685
60.000 m^2 nasses Paradies erwarten Urlauber im Vergnügungspark Watermania. Das Wildwasserparadies befindet sich direkt oberhalb der Elia Beach und ist immerhin genug versteckt, um die karge Schönheit der Bucht nicht durch rote Wasserbahnen zu verschandeln. Rutschbahnen, Wasserkarrussels, Diskos, Unterhaltungsprogramm, Aerobic-Stunden, Videospiele und Snackbuden konkurrieren gemeinsam gegen den Reiz der lokalen Natur. Das Prospekt des Watermanias verspricht endloses Vergnügen, ist im Park allerdings auf 735 Meter beschränkt. Der knappe Kilometer ergibt sich aus den zusammengefassten Längen der einzelnen Wasserslides, von denen jede auf eine besondere Alterskategorie ausgerichtet ist. In der Eintrittsgebühr ist die Benutzung sämtlicher Attraktionen enthalten. April–Okt.

Rock O Drome – Go Kart Plaza
Tel. 22890-72163
Mäßig besuchte Go-Kart-Bahn zwischen Áno Méra und Mykonos-

Stadt. Wer den Straßen von Mykonos und der griechischen Fahrweise, nicht traut, aber trotzdem nicht darauf verzichten will, von Zeit zu Zeit den Straßenrowdy zu mimen, wird sich im Rock O Drome ganz wie zu Hause fühlen. Auch wenn das Kaliber des Fahrzeuges nicht wirklich standesgemäß ist, so können immerhin ordentliche Kurven gekratzt und lange Beschleunigungsstrecken genossen werden!

Hard Rock Café
Tel. 22890-72163
Entweder man mag sie oder nicht. Ein seit eh und je mit denselben Attraktionen werbendes Fast-food-Restaurant passt in eine europäische Großstadt, das „Acropolis of Rock" in Mykonos wirkt dagegen deplatziert. Es gleicht einem kleinen, wohl organisierten Retortendörfchen, das ganz nach dem Standard seiner großen Festland-Brüder konzipiert wurde und dennoch trotz gleißender Sonne nur ein Schattendasein führt. Hamburger mögen hier nicht so recht schmecken, auch weil sie in einer künstlichen Oase mit Pool in unmittelbarer Nähe von Autostraße und Verbrennungsanlage verdrückt werden müssen. Doch auch das Hard Rock Café hier hat sein Publikum. In der Hauptsaison finden regelmäßig Schaumbadpartys statt, die bei experimentierfreudigen Teenager der Renner sind. Tägl. 12–4 Uhr, es existiert an beiden Busstationen der Hora ein regelmäßiger (Gratis-)Shuttle-Service.

Kaló Livádi – fest in griechischer Hand

Zwischen Eliá und dem Kleinstrand Agía Ánna erstreckt sich zwischen zwei Landzungen die breite, langgezogene Bucht von Kaló Livádi. Bisher erfolgte noch kein Ansturm von Auslandsgästen an diesen immerhin ganz passablen, ja respektablen Strand. So gehört Kaló Livádi ganz den Mykonioten und griechischen Touristen! Was allerdings kein Grund sein sollte, auf einen Besuch dieses Ortes zu verzichten, sondern ganz im Gegenteil, hier kann man ganz unkompliziert in die griechische Strandkultur eintauchen. Eher atypisch für Mykonos ist die Form der Bucht weit und offen. Auf ganzer Länge des Strandes reihen sich freundliche Sonnenschirme aus Palmblättern und verlocken, sich auf den schattigen Liegestühlen niederzulassen, die Ruhe zu genießen und nie mehr weggehen zu müssen!

*Kaló Livádi – wo sich in den Sommermonaten vor allem Griechen tummeln,
scheint in der Nebensaison die Zeit still zu stehen*

Restaurant Kaló Livádi

Tel. 22890-71745

Sehr angenehmes, etwas verschlafenes Strand-Restaurant mit wundervoller Sicht aufs Meer. Während Dutzende von Kleinkatzen um die Beine streichen und von den herrlichen Pastagerichten ablenken, genießt man die schattige Laube der Taverne und den faulen Müssiggang. Sehr empfehlenswert!

Agía Ánna bei Kalafátis

Eine winzige Bucht im Schutz des vorgelagerten Felsenkaps Dimastó und nur knapp 150 m lang. Der Sand ist zwar grobkörniger als der goldene, feine Sandstaub vieler Südstrände, dafür lädt Agía Ánna zu wunderbar ruhigen Stunden ein.

Der Einstieg ins Wasser ist aufgrund des kiesigen Bodens nicht ganz einfach, dafür ist die Bucht zum Schwimmen geradezu ideal, schön geschützt und mit kristallklarem Wasser von strahlendstem Türkis. An diesem Strand wird man weder durch Musik noch durch den Anblick nackter Menschen unterhalten, dennoch ist Agía Ánna bei Mykonos-Kennern ein populäres Ziel. Liegestühle und Sonnenschirme werden angeboten, sogar ein

bisschen billiger als an den belebteren Stränden.

Vom Strand aus hat man einen idyllischen Ausblick auf die Halbinsel Dimastó. Statt ausufernder Hotelkomplexe gibt's hier ein winziges Fischerörtchen mit „Hafen". Mykoniotische Fischer vertäuen dort ihre Kaiks oder die größere Fischkutter und flickemn ihre Netze.

Auf der rechten Seite des Strandes bietet ein kleiner Kiosk Softgetränke, Bier und Eis an. Ausgiebiger speist man in der Taverne „Spilia"des oberhalb von Agía Ànna gelegenen Hotels Anastasia, das Salate und Souvlaki-Spieße in einladender Atmosphäre offeriert.

Über eine gut ausgebaute, kurvige Küstenstraße erreicht man von Áno Méra aus die beiden südöstlichsten Strände von Mykonos … kurz bevor die Insel ins Nichts übergeht und man sich wundert, ob diese karge, stille Gegend noch immer zu jenem berühmt-berüchtigten Eiland gehört, auf dem es so schwer ist, zur Ruhe zu kommen.

Hat man erst einmal das erste Stück der Bergkuppe hinter sich gelassen, eröffnet sich dem Besucher ein gigantischer Blick über die malerische Bucht von Ágia Ánna und den langgezogenen Sandstrand von Kalafatis. Den ersteren der beiden Strände, Ágia Ánna, würde man vielleicht glatt übersehen, gäbe es da nicht seit einigen Jahren einen gepflegten Hotelkomplex, der hoch über dem Strand thront und auf die Traumqualitäten dieses Ortes aufmerksam macht.

Taverne Márkos

Ein Muss – seit zwanzig Jahren über die ganze Insel hinaus für die feinen Fischspeisen bekannt, beim Fischerkai gelegen. Hier befindet man sich noch im richtigen Griechenland. Hunde rennen herum, Ziegen suchen nach Futter, Kinder kreischen und die schweigsamen Fischer flicken ihre Netze. Fast schon zu vollkommen, um echt zu sein. Das Lokal ist eng gestuhlt, wirkt aber dennoch gemütlich in seiner Einfachheit. Im „Winter-" pardon Sommergarten hübscher Meerblick. Es erstaunt schon fast, dass Kreditkarten akzeptiert werden. Geöffnet haben Márkos & Co. ihre Taverne nur im Sommer. Geschlossen wird, wenn der letzte Gast gegangen ist.
Tel. 22890-71771,
Zimmervermietung Tel. 71497

Hotel Anastasia Village

Kat. B, Tel. 22890-71205, Fax 71360, www.hotelanastasia.gr
Hübsch gepflegtes, verschachteltes Hotel im Kykladenstil, hoch über den Felsen der Bucht von Agía Ánna und mit traumhaftester Aussicht beschenkt. Aufgrund der Abgeschiedenheit wird das Hotel vorwiegend von Ruhe suchenden Pärchen bevorzugt oder von Gruppen junger Reisender, die sich selbst Unterhaltung genug sind und die übliche Stille des Ortes kaum störend empfinden. DZ ab € 130 (NS), € 210 (HS)

Kalafátis – wo der Wind bläst

Von weitem ist der weiße Sandstrand ein herrlicher Blickfang, doch aus der Nähe schlichtweg zu lange und ungeschützt, manchmal rihtig kräftigen Winden ausgesetzt, um eine heimelige Atmosphäre zu verbreiten. Am Nordende thront der große Hotelkomplex Aphrodite, der dem ganzen Strand die Aura eines Ferienresorts verleiht. Aphrodite überall! Manch einen wird es schon nerven, wenn die Strandnachbarn manchmal auch die Tischnachbarn beim abendlichen Dinner oder Balkonmitbenützer derselben Hoteletage sind! Die

Straße nach Kalafátis führt an der gesamten Länge des Strandes entlang und endet in einer Sackgasse, an deren Ende sich eine Pizzeria befindet, die aus der bevorzugten Lage am Strandende wenig gemacht hat. Besser besucht ist die danebenliegende Taverne Thálassa. Die weichen, breiten Stühle verlocken zur versonnenen Gemütlichkeit trotz wenig liebevollem Service. Ein delikates, ausgedehntes Mittagessen in der Thálassa-Taverne ist sehr zu empfehlen.

Aphrodite Beach
Kat. A, Tel. 22890-71367, Fax 71525, www.aphrodite-mykonos.com
Lieblingshotel der Reiseveranstalter. Es hat nicht nur jeglichen Komfort zu bieten, den blasse Ferienhungrige zu Hause als verführerisch empfinden, sondern auch ein schier unerschöpfliches Zimmerkontingent, wo Schweizer und Deutsche en masse einquartiert werden können. Eine kleine, bequeme Welt für sich, die ebenso in Gran Canaria, auf Hawaii etc. angesiedelt sein könnte.

Des (Sonnen-)Baders Leid, des Windsurfers Freud: Als einer der windigsten Strände der Insel eignet sich Kalafátis perfekt für diverse Wassersportarten:

Kalafatis Water Sports
Die Wassersportschule bietet alles für Wassersport und Fun an: Jet Ski, Wasserski, Wakeboarding, Kanus, Tretboote, Bananen- und Pneuwasserfahrten … Die Preise sind pro Stunde festgesetzt. Gregory gibt unter der Handy-Nummer 094-462732 gern weitere Informationen. Je nach Windverhältnissen sind gewisse Angebote nicht durchführbar.

Windsurfing Mykonos
Tel. & Fax 22890-72345, office@pezi-huber.com, www.pezi-huber.com
Pezi Huber hat hier ein kleines Nest für leidenschaftliche Surfer geschaffen. In der Strandmitte direkt an der Sackgasse zu Kalafátis sitzen er und sein Team und starren mit verkniffenen Augen auf die Wellen der Kalafátis-Bucht. Nebst qualifiziertem Surfunterricht kann man alle Arten von Boards und Segeln mieten. Die Preise pro Stunde (€ 20–25), Tag (€ 50–60) oder Woche (€ 160–200) verstehen sich inklusive Wetsuit und Harness. Die Miete lohnt sich, denn nur für ganz fanatische Surfer lohnt es sich, die eigene Ausrüstung mitzubringen, die zudem bei Ausländern in den Pass eingetragen wird.

Strände im Osten

Liá

Der östlichste Strand der Insel erfreut sich einer kleinen, treuen Fangemeinde und ist bisher vom Massentourismus verschont geblieben. Auch dank seiner abgeschiedenen Lage. Es gibt keine öffentlichen Verkehrsmittel in die karge Gegend Liás und der Strand ist auf vielen Lankarten nicht verzeichnet. Wer nach Liá will, muss sich mit dem Taxi oder eigenem Mietfahrzeug organisieren. Von Áno Méra kommend, machen kaum lesbare Schilder auf die Abzweigungen nach Liá aufmerksam. Der beschwerliche, kurvige Fahrt dorthin scheint endlos, obwohl der frühere sandige Geröllweg, der sich in steilem Abfall in die Bucht hinunterwindet, inzwischen asphaltiert ist. Nie mag das Blau des Meeres so verlockend erscheinen wie nach der Fahrt nach Liá!

Liá ist ein traumhafter, kleiner Strand, der eine wunderbare Sicht auf die Nachbarinsel Tinos bietet und auch durch seine Versteckheit an Attraktivität gewinnt. Geschützt vor den heftigen Südwinden, ist das Meer meist ruhig und erlaubt Badegästen weite Schwimmtouren ohne Angst vor Strömungen.

Mykonos-Urlauber gewöhnen sich schnell an das pausenlose Pfeifen des Windes. Die plötzliche Windstille und das abrupte Ende dieser Hintergrundmusik empfindet man in Liá anfangs befremdend, bald meditativ. Die hiesige Strandfamilie scheint denn auch in einer Art Meditation versunken zu sein: Nackte Körper liegen unbeweglicher als sonstwo in der Sonne und die Zeit hat aufgehört zu ticken. Dann und wann geht einer schwimmen, wäscht sich im kühlen Nass die Tagträume ab, um bald darauf in neue zu verfallen. Einziges Unterhaltungsangebot dieses Strandes ist Schwimmen und Lesen, unterstützt von Liegestühlen und Sonnenschirmen. Ein gut organisierter Strandservice ermöglicht die Versorgung mit Essen und Getränken, ohne sich auch nur einmal vom Sonnenbett zu erheben. Der angebotene Eiskaffee ist einer der besten der Insel und schmeckt nicht wie viele andere nur nach Nescafé.

Liá ist alles andere als ein internationaler Tummelplatz entfesselter Strandbesucher, weswegen er auch bei Kreisen der Athener Schickeria arg en vogue ist. Wer auf die Nachbarschaft reicher Schiffsreeder verzichten will, sollte sich von den kleinen Trampelpfaden über die

Hügel in noch entlegenere Buchten führen lassen. Sie führen direkt vom Parkplatz in die pure Wildnis hinein. Nach ca. 10 Min. Fußweg erreicht man gerade dann, wenn man glaubt, sich verirrt zu haben, einige kleine Bilderbuch-Strände: Die Ruhe ist hier nicht mehr in, sondern so unumgänglich wie die Lust nackt zu sein. Szenen des alten Mykonos: friedliche Hippies, eins mit der Natur ... In Liá gibt es ein paar Tavernen und mietbare Privatzimmer, jedoch keine Hotels.

Taverne Liá
Die weinumrankte Gartenlaube mit den wenigen Gasttischen erinnert

mehr an ein Familienhaus als an ein Restaurant. Doch die Taverne ist einer der Lieblings-Gourmettempel der Griechen und seit Jahren eine feste Institution auf Mykonos. Ohne die herrliche Küche der Taverne wäre Lias Strand nur halb so beliebt. Nicht selten verbringen Besucher die Strandstunden in belebteren Gefilden und suchen erst zur Essenszeit die entlegene Bucht auf. Lange Fahrten nimmt man für Liás Taverne gerne in Kauf! Das griechische Essen ist von ausgesuchtester und frischester Qualität. Eine feste Karte existiert nur alibihalber, denn es wird gegessen, was der Chef empfiehlt! Vor allem der Hummer

und der Fischrogensalat Taramo-salata sind ein Genuss. Tel. 22890-71015

La Luna

Unmittelbar vor der traditionellen Taverne gibt es – unübersehbar, weil direkt neben den Parkplatz – das Strandlokal „La Luna. Der Besitzer und gleichzeitige Verwalter der Strandliegen, bietet hier eine angenehme ungezwungene Atmosphäre, wo man getrost in Badehose und Schlappen ins Lokal stapfen und wirklich herforagenden Fisch verzehren kann. Es ist nicht so exclusiv, wie bei seinem berühmten Nachbarn, aber für den Stradbesucher, den zwischenzeitlichen Hunger stillen will perfekt. Es gibt allerlei Meeresfrüchte, alle absolut frisch, die der Chef auf Wunsch gerne präsentiert. Ein guter Tipp ist ihn gleich zu fragen, was er heute empfehlen würde, denn es gibt oft nicht auf der Karte aufgeführte Köstlichkeiten. Wer der Sprachen wegen Hemmungen haben sollte, braucht sich keine Sorgen zu machen, der Chef spricht neben griechisch und englisch, spanisch italienisch und natürlich deutsch. Tel. 22890-72150

Strände im Norden

Eine breite Straße verbindet die beiden Hauptorte der Insel, Hora und Áno Méra. Folgt man dieser Straße ca. 2 ½ km, erreicht man nach kurviger Rallye-Strecke die Abzweigung zu den Nordstränden der Insel. Wegweiser sind nur in einer Straßenrichtung angebracht. Wer von der Stadt kommt, kann die unauffällige Abzweigung deshalb leicht verfehlen. Mit Hilfe einer Straßenkarte ist dieses Problem allerdings lösbar: Der Strand Pánormos ist mittlerweile auf allen Karten eingezeichnet und trägt den gleichen Namen wie der breite, tief eingeschnittene nördliche Meereszunge, in die sich der sanft geschwungene Sandstrand senkt. Während Jahrtausenden hat sich das Meer hier in Mykonos' Norden hineingefressen und durch seine amöbenhafte Bewegung südwärts kleine Buchten mit wunderschönen Stränden entstehen lassen, während die andere Seite von einer steilen, kahlen Felsklippe flankiert wird. Hauptsächlich die Badeplätze Agios Sostis und Pánormos haben sich bei vielen Mykonos-Kennern zu absoluten Strandfavoriten entwickelt.

Die Nordstrände der Insel gehören mit zu den schönsten Plätze von Mykonos. Liegestühle und Strandservice haben den Weg hierher noch nicht gefunden, Kuoni, TUI und Neckermann sind fern. Vielen Touristen ist der ca. 30-minütige Weg glücklicherweise zu beschwerlich und zu lange, so dass die Nordstrände einem kleinen „Stammpublikum" vorenthalten sind. In friedlichem, fast intimen Nebeneinander liegen die Besucher im goldenen Sand und „huldigen" der natürlichen Schönheit.

Pánormos

Ein spärlich beschilderten Schotterpfad führt zum ca. 1 km langen Sandstrand von Pánormos. Dieser fällt in nahezu perfekter Bogenform in die Westseite der gleichnamigen Meeresbucht und bietet dadurch einen herrlichen Ausblick auf die kargen, imposanten Felswände der Nordseite. Der Strand ist feinkörnig und fällt flach ins Wasser ab. Moosbewachsene, große Steinplatten im Wasser machen den Einstieg ins kühle Nass mitunter etwas be-

Panormos

175

schwerlich. Das ca. fünf Meter breite Strandband endet in ungleichmäßigen Sanddünen, in denen zuweilen ganze Stranddörfchen aufgebaut werden. Von weitem sieht der Strand deshalb oft verlassen und unberührt aus, erst bei näherem Hinsehen entdeckt man die nackten, unbeweglichen Leiber hinter den Dünen verschanzt.

Die Dünen von Pánormos sind begehrt und oft bereits früh morgens okkupiert, sind sie doch der einzige Schutz vor Sonne und Wind. Ohne die sonst üblichen Strohschirme, muss man in Pánormos mit Handtuch und Sandbett Vorlieb nehmen, woran besonders sonnenempfindliche Urlauber denken sollten. Wer von seinem Tag mehr verlangt als Sonne, Wind und Nacktheit, wird in Pánormos kaum glücklich werden: Wassersport-Einrichtungen fehlen gänzlich, von Strandservice ganz zu schweigen. Je nach Windrichtung kann ein Pánormos-Besuch zu einem unangenehmen Erlebnis werden. Durch die Offenheit der Bucht können heftige Windstöße daherbrausen. Der ungebremste Aufprall des feinkörnigen Sandes gegen die nackte Haut ist unangenehm, vor allem dann, wenn man bereits einen Sonnenbrand zu ertragen hat. Die Freidenker-Gesellschaft von

Pánormos liebt die Unabhängigkeit. Öffentlicher Verkehr ist eine Angelegenheit für Familie „Sauber", die sich mit den staubigen Straßen der Insel überfordert sieht, während der typische Pánormos-Gast den offenen Jeep mit Freuden über Schlaglöcher und Steine jagt. Eine Busverbindung nach Pánormos fehlt, selbst Taxis verirren sich selten in die einsame Gegend und die bunten Kaiks halten sich aus geographischen Gründen an Mykonos' Südseite. Pánormos ist weder praktisch noch organisiert. Familien mit Kleinkindern fehlt der schattige Strandplausch, älteren Menschen die sanitären Einrichtungen. Die unangetastete Schönheit von Pánormos ist folglich das Ziel junger und junggebliebener Genuss-Menschen. In lässiger Nonchalance propagieren sie das wahre Mykonos-Szenengängertum und belächeln die Kollegen an den lauten Südstränden, die scheinbar auf oberflächliche Unterhaltung angewiesen sind. Die Pánormos-Besucher wollen Ruhe, ziehen die Lektüre dem billigen Flirt und das einlullende Meeresrauschen den aggressiven Techno-Rhythmen vor. Alte Schlagwörter werden großgeschrieben: Natürlichkeit, Selbstzufriedenheit, inszenierte Einsamkeit. In das mondäne, junge Volk von

Die gigantische Szenerie der Panormos-Bucht

zentrischen Genießer wusste selbst in der unberührten Einsamkeit des Nordens den Menschen der Natur vorzuziehen. Unvollendete Bauten oberhalb des Strandes empören seit Jahren den Ästhetiksinn der Besucher. Sie errinnern in ihrer Unvollständigkeit an Skelette, deren Glieder herrisch in die Landschaft hineingreifen, um dem Menschen einen Teil der Schönheit der Bucht zu sichern.

Selbst im abgeschiedenen Pánormos muss auf die obligaten Strandtavernen nicht verzichtet werden:

Pánormos mischen passionierte Mykonos-Besucher. Die einstigen Mykonos-Entdecker sind durch die Touristeninvasion von den Südstränden in den Norden vertrieben worden. Die Vertreibung aus dem Paradies muss diese Generation wortwörtlich nehmen: statt Paradise heißt es nun Pánormos. Dennoch gilt nur beschränkt Mitleid: Panormos Schönheit ist so offensichtlich, dass der Strand keines paradiesischen Namens bedarf, um auf die Paradieshaftigkeit aufmerksam zu machen.

Mykonos wäre kaum Mykonos, wenn die Nordbucht der Insel tatsächlich eine ruhende Idylle von Schönheit wäre. Die Insel der ego-

Panormos Beach Tavern

Unterhalb der Parkplatzzone am Strandanfang erfreut sich diese Taverne trotz Abgeschiedenheit einer großen Beliebtheit und ist oft bis auf den letzten Platz besetzt. In der Hauptsaison ist die Bar-Taverne bis Sonnenuntergang geöffnet. Erst bei Einbruch der Dämmerung kehren Panormos-Gänger schweren Herzens in die Stadt zurück. Marco, der nonchalante Tavernen-Besitzer, erklärt stolz: „In meinem Lokal sind alle, die es nicht nötig haben, irgendwelchen Trends nachzujagen. Hier sind die echten Trendsetter der Insel, die schönsten und interessantesten Menschen!" Ganz unrecht kann er nicht haben! Gaultier,

Panormos Beach Taverne

Valentino und viele griechische Berühmtheiten und internationale Modelprominenz sollen schon hier unerkannt und fröhlich bei Marco zusammengesessen haben. Ob Trend setzende Promis oder nicht: Marcos Taverne ist definitiv einen Besuch wert! Tel. 22890-27640

Fisch-Restaurant John Xydakis

Wer sich unter den Schönen und Braungebrannten der Beach Tavern unwohl fühlt, ist in der Nachbarstaverne Xydakis besser aufgehoben. Diese kann weder mit Schönheiten noch Prominenz protzen, dafür mundet die hervorragende Fischküche ausgezeichnet! Das Lokal liegt leicht erhöht über der Bucht und eröffnet einen herrlichen Blick über Strand, Menschen und Küste:

Der Genuss des Anblicks von Mutter Natur und deren Kinder kann perfekt ausgekostet werden – dazu das gute Essen und hübsch gedeckte Tische. Das Lokal öffnet bereits früh morgens und lädt zum gemütlichen Frühstück ein. Es könnte ja sein, dass Panormos Szenemenschen die erfrischenden Morgenstunden für einmal dem obligaten Schönheitsschlaf vorziehen … Tel. 22890-25182

So reizvoll die Nordstrände tagsüber sind, so ausgestorben sind sie nachts. Während rund um die Stadt immer mehr Hotels gebaut werden, blieb der Inselnorden von den ehrgeizigen Ideen der Hotelmanager verschont. Die paar Gäste, die ihre Nächte in der Einsamkeit und Ruhe des Nordens verbringen wollen, müssen oder dürfen mit dem Hotel Albatros vorlieb nehmen. Denn es ist das einzige Hotel in dier Region.

Hotel Albatros

Tel. 22890-25130, Fax 25361, www.albatros-mykonos.com

Für das wunderschön am Hang über dem Pánormos-Strand angelegte Hotel ist eine frühzeitige Reservierung erforderlich. Denn wie der Strand hier sein treues Stamm-Publikum gewonnen hat, so ergeben sind die Gäste des Albatros. Die Gesichter der Gäste sind seit Jahren dieselben, noch immer strahlen sie. Es ist ein Haus für Individualisten und Erholungssuchende. Aufgrund der einsamen Lage ist das Hotel von jedem Konkurrenzdruck befreit: Der Besitzer kann es sich erlauben, seinen Gästen alle Aufmerksamkeit zu erweisen. Hektik und Unpersönlichkeit haben noch nicht Einzug gehalten.

Alle Hotelzimmer haben Ausblick auf die Bucht, die sich weit unter dem Hotelareal ausbreitet, und sind in Bungalows untergebracht, voneinander durch Büsche und Blumenranken abgegrenzt. Die Poolanlage ist direkt an den Klippenrand gebaut und das grüne Wasser des Swimmingpools tritt scheinbar fließend in das Türkis des Meeres

über. Die meisten Gäste buchen pauschal über Reiseveranstalter, ansonsten kommt das DZ auf € 70 (NS) bis € 130 (HS) inkl. Frühstück. Trotz all der Vorzüge ist das Albatros für Partylöwen die falsche Wahl. Der hoteleigene Bus fährt zwar regelmäßig in die Stadt, der letzte Transport ist allerdings bereits um 22 Uhr (wenn auf Mykonos also erst der Abend beginnt). Touristen mit Mietautos werden spätestens nach dem ersten exzessiven Ausgang die Hotelwahl bereuen: Eine 40-minütige Berg- und Talfahrt in der Nacht ist nervtötend.

Ágios Sóstis – Refugium zur Selbstfindung

Wer Pánormos mag, wird Ágios Sóstis noch mehr mögen! Von Pánormos erreicht man die kleine Nachbarbucht in fünf Minuten. Wegweiser nach Ágios Sóstis fehlen zwar, doch von Pánormos braucht man nur noch ein wenig länger auf dem Schotterpfad auszuharren, um dorthin zu gelangen. Der steinige Pfad endet in einer abrupten Sackgasse. Erst wenn man sich an den Klippenrand stellt, erblickt man den herrlichen Strand von Ágios Sóstis und eine winzige Kapelle über der Bucht vollendet den Anblick dieses idyllischen Örtchens.

Idylle in Mykonos Norden
(Kapelle von Agios Sostis)

Viele Touristen kommen nicht hierher. Der Abstieg zum Strand ist felsig und mühsam. Doch der ca. 250 m breite Strand mit dem goldenen, feinkörnigen Sand ist die Klettertour allemal wert. Ágios Sóstis ist wie Pánormos ein Refugium weniger Mykonos-Kenner, die hier schutzlos und nackt in der Sonne braten – New-Age-Anhänger wie Finanzhaie aus Athen zufrieden nebeneinander. In Ágios Sóstis vergisst man die Zeit und vieles anders!

Die aufgedunsene Strandnachbarin singt lauthals Opernarien und entpuppt sich später als berühmte Operndiva. Der italienische Chefarzt hat den strengen Weißkittel abgelegt und hüpft nackt über den Sand. Der texanische Tuchverkäufer hat selbst nach zehn Jahren nicht bemerkt, dass seine Geschäfte in Ágios Sóstis miserabel laufen, der konservative Politiker verspürt Lust auf einen Joint …

Kiki's Place

Die einzige Taverne von Ágios Sóstis hat sich solchen Ruhm eingeheimst, dass sie vermutlich noch lange konkurrenzlos bleiben wird. Kiki's Place ist Kult, sie zu kennen für jeden Genießer ein Muss! Kiki's Reich ist ein wahrer Geheimtipp und als solcher kann es sich die Taverne leisten, nicht nur in der einsamsten Gegend von Mykonos platziert, sondern dazu dort schier unauffindbar zu sein! Durch weiße Mäuerchen vor neugierigen Blicken geschützt und unter einem dicht bewachsenen Laubendach versteckt, sind die verführerischen Grilldüfte der einzige Wegweiser zu diesem Lokal. Und dennoch ist das Zaubergärtchen alltäglich bis auf den letzten Platz besetzt.

Kiki war der Name der Frau des früheren Besitzers. Auch wenn inzwischen Besitz und Kochlöffel in andere Hände übergegangen sind, sind die wunderbaren Salate, gegrilltes Fleisch, Féta, Nachspeisen etc. nach wie vor eine Verführung für Gaumen und Magen. Allerdings nur bis Einbruch der Dunkelheit, denn dann wird die Küche mangels elektrischem Licht geschlossen. Mai–Oktober tägl. ab 11 Uhr

Fteliá – eingeschränkte Strandfreuden

Am südlichen Ende der Pánormos-Bucht liegt Mykonos' bewährtestes Surferparadies. Der Strand ist unübersehbar. Als langes, weißes Band kontrastiert er mit der braunen Inselkargheit. Der Weg nach Fteliá ist gut beschildert, die wenigen Besucher sollen schließlich nicht verloren gehen! Von Mykonos-Stadt kommend, zweigt nach der Gokart-Bahn auf Höhe der kleinen Kapelle kurz vor Áno Méra ein Schotterpfad ab. Obwohl man den Strand direkt vor sich zu haben glaubt, dauert die Holperfahrt fast 20 Minuten. Sonnenbaden und Badeplausch sind am Strand von Ftelia kaum angesagt, außer man legt Wert darauf, in völliger Einsamkeit mit dem Wind zu sein. Keine schützenden Klippen mildern die Kraft der Meltémi-Winde (bis zu Windstärke 7–9), die Wellen brechen kraftvoll auf den weißen Sand und die Meeresströmung ist gefährlich!

Fteliá gehört den Surfern oder zumindest den besten unter ihnen! Für alle anderen wird Fteliá nicht mehr als ein schöner Anblick auf dem Weg nach Áno Méra sein!

Peter der Fotograf – ein Einzelgänger im Partyland

Peter D. M., 52, Modefotograf aus Belgien, reist seit Jahren fast jeden Frühling nach Mykonos, um dort die Schwarz-Weiß-Serie der Bademodetrends zu knipsen. Der erfolgreiche Fotograf kennt die Tücken des Lichts: „Die Launen des Lichts sind schwerer erträglich, als jene der Menschen."

Der professionelle Ästhet bewundert die natürlichen Lichtverhältnisse von Mykonos, schließlich wird Mykonos auch als „Insel des Lichts" gehandelt. Dennoch erstaunt es, dass Peter D. M., Asienfreak und Vertreter anti-materialistischer Ideen, gerade auf dieser touristischen Urlaubsinsel ein Haus kaufen will. Er hat schon viele Häuser angeschaut, die ihn aber alle nicht überzeugt haben. Seine Zukunft auf Mykonos hat er sich dennoch bereits klar ausgemalt: Das zukünftige Heim und die neue Heimat will er nur noch dann verlassen müssen, wenn seine Agentin ihn zu einem Termin an einen Ort bestellt und das Rückfahrticket gleich mitliefert.

Ich lernte Peter 1999 auf Mykonos kennen. Unsere Begegnung wäre zufällig und oberflächlich geblieben, hätte uns die gemeinsame Liebe zu Mykonos nicht neugierig aufeinander gemacht! Ich briet zwecks Recherche mit Laptop und Büchern am Strand, als Peter und sein Fototeam aufkreuzten. Allein am Strand zu sein, ist auf Mykonos selten und noch seltener allein mit einem Laptop zu sein. Nachdem mich die Belgier amüsiert gemustert hatten, kam Peter auf mich zu. Er hielt mich für eine Immobilienmaklerin und wollte mir sofort ein Haus abkaufen. Ein Geschäft, das mir leider durch die Lappen ging … Dafür erzählte er mir von seinen Erfahrungen:

„Erster Fototermin auf Mykonos! Ich hatte vor dem Abflug eine vage Vorstellung von dieser Insel. Sie war alles andere als inspirierend und ich zweifelte am Erfolg der Fotoarbeit. Ich glaubte zu wissen, alles sei verdorben und kaputt auf dieser Urlaubsinsel. Ich befürchtete, die Dekadenz reicher Athener und Ausländer hätte alle Ursprünglichkeit der Kykladeninsel verraten und die allfällige Aufforderung zu Vergnügen und Leichtsinn hätte deren Identität längst zerstört. Sind die Zweifel groß und die Vorfreude gering, erlebt man meistens die schönsten Überraschungen! Ich war erstaunt, als ich auf Mykonos mit einer natürlich schönen Insel konfrontiert wurde, deren Seele intakt schien! Mykonos begegnete mir als selbstbewusste Opposition: Sie agiert in ihrer Purheit als stiller Gegner des Massentourismus und der proklamierten Narrenfreiheit.

Gibt man sich und Mykonos Zeit, wird die Insel zum Freund, der durch sein natürlich-gewinnendes Wesen die Macht zur Verzauberung besitzt. Wie man einer geliebten Person den Grund seiner Zuneigung immer nur halbherzig erörtern kann, ist Mykonos Zauber nur schwer definierbar: Sind es das diffuse Licht, das asketische Landschaftsbild, Traditionen oder die schneidenden Winde, die einem das Gefühl geben, rund um die Uhr stoned zu sein?

Die mykoniotische Landschaft wird als langweilig und dürr bezeichnet. Es wächst nichts, es blüht nichts. Einzig der blaue Himmel und das azurfarbene Wasser bescheren der Insel theatralische Auftritte. Genau diese Einöde ist aber das richtige Pendant zur aufgekratzten Armada hedonistischer Nachtschwärmer und moderner Babylonier. Kein aufwendiges Bühnenbild lenkt von den Akteuren ab, alle Aufmerksamkeit gilt deren Übermut.

Weder antike Tempel noch Berge und atemberaubende Schluchten beanspruchen die Gedanken der Mykonos-Besucher. Die Menschen dürfen sich vollständig auf sich konzentrieren. Über 100.000 Besucher beteiligen sich jährlich am Wettstreit, die Starrheit der Landschaft zu brechen. Ihre vergnügtes Lachen, Rufe und Gesänge lassen die Insel erblühen, während ihre Gegensätzlichkeit für die karge Monotonie entschädigt.

Die Beschreibungen der Kykladeninsel sind zu vielschichtig, als dass sich ein gewisser Typ Urlauber abschrecken lassen würde! Die Menschenvielfalt auf Mykonos ist deshalb bunt und schillernd: Im Süden versammeln sich die Massen, die Jünger des Sonnengottes und Verfechter des Exhibitionismus und Szenegängertums. Es sind oft Touristen, die nach Mykonos kommen, genießen, gehen und vergessen. Der Norden gehört den ehemaligen Kathmandu-Freaks, Esoterikern und pensionierten Weltenbummlern. Es sind die versessenen Mykonos-Anhänger, die immer wieder kommen und einen Sommer lang die Attraktivität dieses rauhen Eilands miteinander teilen. Nachts verschmelzt sich die Menschenvielfalt in den Gassen der Hora. Alle werden von Musik und Tanz eingeladen, sich wegtragen zu lassen und den eigenen Vibrationen hinzugeben: Hippie neben Geschäftsmann, Hausfrau neben Playboy … Vieles gibt's zu erleben. Bevor man es merkt, ist der Tag erwacht und bei einem kalten Eiskaffee bleibt herauszufinden, was die Nacht übriggelassen hat. Mykonos Nachtleben ist bekannt und etabliert. Mir als Partyschreck sind andere Charakterzüge wichtiger. Die Insel lädt ebenso ein, sich zurückzuziehen, ein Buch zu schreiben, zu malen und sich inspirieren zu lassen. Mykonos ermöglicht einerseits die Konzentration auf sich selbst, andererseits findet man hier stets interessante Charaktere, die einen mit neuen Ideen füllen können!

Ich habe Inseln schon immer geliebt. Auf einer Insel fühle ich mich geschützt vor dem Rest der Welt und deren Realität, ohne wirklich losgelöst zu sein. Wenn es dunkel wird und die Lichter der Nachbarinsel zu flackern beginnen, werde ich von einem Gefühl der Dispersion und der Nähe erfüllt, in der ich mich ganz auf das Hier und Jetzt konzentrieren kann. Die geographische Einsamkeit der Inseln ermuntert uns, sie zu umschreiten und jeden Winkel kennen zu lernen … Ich liebe Geheimnisse und bin fasziniert vom Mysterium dieser Welt. Mykonos Eindeutigkeit und Simplizität jedoch wecken in mir Vertrautheit – diese Empfindung ist nicht nur wunderschön, sondern auch entspannend!

Áno Méra

Áno Méra in der Inselmitte liegt so dicht an der Autostraße, dass man glatt daran vorbeifahren könnte. Wäre allerdings schade … Áno Méra ist neben Mykonos-Stadt das einzige dorfähnliche Gebilde auf der Insel, das sich nicht allein dem Tourismus verschrieben hat. Übersetzt heißt Áno Méra „die Regionen da hinten, dort oben". Im leicht abschätzigen Unterton, der diesem Namen anhaftet, schwelt das Mächteverhältnis zwischen diesen zwei Dörfern, das sich konstatiert: das Landei Áno Méra gegen den urbanen Kosmopolit Mykonos-Stadt! Bereits Jahrhunderte vor dem Tourismusaufschwung, der die Hora und ihr Nachtleben zum Star krönte, galt: **Wer in Ano Mera landet, muss eindeutig versagt haben in der Stadt, eine besondere Vorliebe für harte Ackerarbeit haben, sich nicht davon beeinflussen lassen, dass die arme Erde der Landwirtschaft fast nichts abgibt, oder die Schwester des falschen Mannes geschwängert haben.**

Der Mehrzahl der Mykonioten bot Áno Méras windzerfurchene Lage in den Hügeln, so weit vom Meer entfernt, keinen Anreiz zur Ansiedlung. Wer wollte schon freiwillig den Rücken durch mühsame Ackerarbeit quälen, wenn wenige Kilometer draußen im Meer üppig beladene Handelsschiffe verkehrten, an deren Ladung man sich so herrlich bereichern konnte? Heute berauben die „Stadt- und Strandpiraten" der Insel keine Schiffe mehr. Schließlich gibt es nun Touristen, deren „Schröpfung" sogar legal ist. Ein Grund weniger, ins trockene Landesinnere zu ziehen!

Dennoch – Áno Méra gibt es, abgeschieden und ruhig! Den Unterschied zwischen den Mykonioten in der Stadt und auf dem Land, also Áno Méra, merkt man als Tourist deutlich. Letztere „strafen" Touristen, vor allem leicht bekleidete Mädchen, mit misstrauischen Blicken. Während man auf Mykonos kaum nackt genug sein kann, zeigt man hier allzu entblößter Haut keine Toleranz. Schließlich sind die Bewohner von Áno Méra und Umgebung die Nachfahren jener Familien, die sich einst demütig um das Kloster Panagía Tourlianí, der Schutzpatronin der Insel, niederließen. Der Glaube der Dorfbewoh-

Áno Méra, Panagiá Tourlianí

ner, dass tüchtige Arbeit und sittliches Benehmen die Jungfrau gütig stimme und den derben Boden in ein fruchtbares Feld verwandle, lebt in den Landgegenden fort. Obwohl man heute auch in Áno Méra nicht mehr an Wunder glaubt und die Bauern einsahen, dass die Jungfrau das brave Leben nicht wirklich belohnenswert fand (das Ackerland ist noch immer unergiebig), sind tiefe Dekolletés ein idealer Sündenbock für die Kluft zwischen der florierenden Hora und dem vernachlässigten Áno Méra. Deswegen sollte man vorwurfsvollen Blicken nachsichtig begegnen.

Die Hauptattraktion von Áno Méra, Panagiá Tourlianí, liegt im Zentrum am Dorfplatz. Es erstaunt, dass man der Muttergottes von Toúrlos ausgerechnet hier ein Heiligtum erbaute. Sagen erzählen, dass vor Jahrhunderten am Strand von Toúrlos eine Ikone mit dem Bildnis der heiligen Jungfrau gefunden wurde. Da damals alles, das aus dem Nichts zu kommen schien, als heiliges Zeichen ausgelegt wurde, ernannten die Fischer von Toúrlos die „Gestrandete" zur Schutzpatronin des Küstendorfes, die „Panagiá Tourlianí"! Vielleicht waren die Bittstellungen der Fischermänner der Jungfrau zu peinlich oder sie fühlte sich im Küstendorf unwohl. Eines Morgens jedenfalls war die Ikone fort und überließ die Fischer sich selbst. Erst viele Jahre später tauchte die Ikone so rätselvoll, wie sie verschwunden war, im heutigen Áno Méra wieder auf. Da auch die artigsten Damen auf Reisen nie lange allein bleiben, nahmen sich der Panagiá wandernde Mönche an, die das Heiligenbild entdeckten und, fasziniert von seiner Schönheit, der früheren Panagiá Tourlianí ein ehrenvolles Haus bauten. Das Bauwerk der Mönche wurde prächtig! Allerdings schienen die Mönche bei ihrem Bau so beansprucht, dass sie vergaßen, ihrer Patronin einen gebührenden Namen zu geben: So blieb die Panagiá Tourlianí, nunmehr Patronin eines kargen Hügelnests, die Jungfrau von Tourlos!

Das heutige Kloster Tourlianí ist ein Gebäudekomplex aus mehreren, zwischen dem 16. und 18. Jh. erstellten Bauten. Besonders prächtig ist der Innenhof, der mit seinem Marmorbrunnen und dem wunderschön ornamentierten Glockenturm ein Bild göttlicher Idylle abgibt. Das zum Kloster gehörende Kleinmuseum erzählt mit Modellen vom früheren Klosteralltag, der sich sehr vom heutigen unterscheidet: Die heutige Mönchstätigkeit, es sind noch deren drei, ist zu einer Art Gärtnerdasein verkommen – und die undankbare Funktion des Klostertürstehers besteht darin, die heilige Jungfrau vor allzu entblößten Beinen und Schultern zu bewahren. Tägl. 9–13, 14–19.30 Uhr

Das Herz von Áno Méra ist der kopfsteingepflasterte Dorfplatz, zu dem man vom Parkplatz durch eine kleine Gasse gelangt. Dabei sollte man beim Wort Dorfplatz nicht an Marktstände, tratschende Hausfrauen, schreiende Kinder, beladene Esel und an Gigolos auf fadenscheiniger Brautschau denken, denn Áno Méras Dorfplatz gleicht in keiner Hinsicht einer Piazza in Italien. Der „Platia" ist meist menschenleerer und scheint seit eh und je in der Sonne zu dösen. Manchmal werden beim Kiosk in der Mitte Kleinwaren feilgeboten, ansonsten brennt das Kopfsteinpflaster verlassen in der Sonne.

Der Platia ist auf allen vier Seiten von Tavernen, Restaurants und Kaffeestuben gesäumt, so dass sich immerhin dort ein dörflicher Charme verbreitet. Die Lokale sind bei einigen Mykonos-Kennern beliebt und gut frequentiert, aber noch ist der Touristenansturm auf Áno Méras Gourmettempel bescheiden und die Dorfbewohner müssen sich nicht zurückgedrängt fühlen. So genießen sie es, die Gerüchte unter den kühlen Lauben der Tavernen zum Brodeln zu bringen. Und der Dorfplatz ist klein genug, so dass man dem Nachbarn, der in der gegenüberliegenden Taverne seinen Ouzo genießt, das Neueste zurufen kann.

Bäckerei

Die Bäckerei von Áno Méra sollte man sich nicht entgehen lassen. Die kleine „Brotfabrik" befindet sich nur wenige Meter vom Hauptplatz entfernt in einer dunklen Halle. Große, alte Teigmaschinen bewegen sich seit Jahrzehnten beschwerlich durch die zähe Masse, der Bäckermeister füttert unermüdlich den Holzofen mit üppigen Brotleibern. Im Gegensatz zu dem auf Mykonos üblichen schwammigen Brot wird einem beim Anblick auf die mit knusprigem Brot bepackten Regale das Wasser im Mund zusammenlaufen.

Jeder Mykoniote oder Möchtegern-Insulaner mit Stil kommt in die alte Bäckerei nach Áno Méra, um sich mit Brot einzudecken. Hier werden keine Halb-Pfünder herausgetragen, sondern kiloweise Brot nach Hause gebracht! Und man wird entzückt sein, dass nach all der scheußlichen Anglifizierung der Strand- und Restaurantnamen die als Verkäuferin tätige Bäckerstochter vom Englischfieber noch nicht angesteckt wurde und einen schüchtern anstarrt, wenn man unbedacht ein „Loaf of bread" bestellt und dreist annimmt, dass alle Mykonioten Englisch zu verstehen haben.

Käserei

Ist man mit Brot eingedeckt, fehlt noch was darauf oder dazu. Ebenfalls in der Nähe des Platia werden in der Käserei Mikonou exquisite Käsespezialitäten aus Schafs-, Ziegen- und Kuhmilch angeboten und natürlich auch die mykoniotischen Klassiker Féta und Kopanistí. Nach solch einem Vesper ist man dann bestens gestärkt für die weiteren Exkursionen des Tages.

Restaurant Vangelis

Diese Taverne ist das originellste Lokal in Ano Mera. Die äußerst populäre Taverne der Familie Vangelis existiert bereits seit fast 60 Jahren und diese jahrelange Erfahrung bürgt für beste Qualität! Die Vangelis wissen, was ihre bunte Gästeschar schätzt, und tischt dieser, seien es Grillgerichte oder Fisch, stets Leckeres auf. So ist das Lokal Abend für Abend voll besetzt und als Schlemmerparadies inselweit bekannt. Wer Salate sonst als bloße Diätspeise verachtet, wird bei den üppigen Salat-Kreationen hier schnell eines Besseren belehrt. Besonders empfehlenswert sind die Meeresfrüchte-Platte und das Steak vom Holzgrill. Doch zuerst sollte man sich die (Tages-)Empfehlungen des Chefs anhören – es lohnt sich, so dass wir uns hier mit unseren Vorlieben zurückhalten. Tel. 22890-71577

Mykonos kleine „Größe" garantiert kurze Reisedistanzen. Obwohl Áno Méra gerade mal 10 km von der Hora entfernt ist, erscheint den Touristen die Distanz bereits zu weit, als dass sie ein Abendessen im Klosterdörfchen in Erwägung ziehen. Wer nicht extra zum nächtlichen Schlemmerbesuch in das verschlafene Landdörfchen aufbrechen will, sollte wenigstens nach einem Strandbesuch in Eliá, Kalafátis oder Kaló Livádi in Áno Méra einen Stopp einlegen. Man passiert diesen Ort unumgänglich bei der Fahrt zu den Stränden im Osten und ein vorabendlicher Umtrunk am Platia ist ein ultimativer Genuss.

Kloster Paleókastro

Kurz vor Áno Méra weist ein kleines Schild auf das Kloster Paleókastro hin. Hinter der Eingangsfront und deren Pechnase eröffnet sich im Schatten eines Eukalyptusbaumes ein pittoresker Blick auf den hübschen, mit hundert Blumentöpfen geschmückten Klosterhof, der von einer jungen Nonne gehegt und gepflegt wird. Hinter dem Kloster bei der Kapelle soll der fast drei Meter hohe Granit-Menhir ein Überrest einer prähistorischen Kultstätte sein.

Etwas weiter oben, hoch über der Fteliá-Bucht kleben am Hügel die spärlichen Ruinen der Festung des Geschlechtes der Ghisi, einer uralten venezianischen Familie mit direktem Verwandtschaftsgrad zum Dogen Dandolo. Zwei der Ghisi-Sprösslinge taten sich in den Kreuzzügen gegen Byzanz besonders hervor und die Insel Mykonos wurde ihnen als Dank überlassen. Etwas furchtsam erbauten die sonst so tapferen Venezianer ein Versteck im Landesinnern auf den ehemaligen Trümmern einer byzantinischen Festung. Der Besuch dieses unspektakulären Trümmerfeldes lohnt sich mehr wegen der herrlichen Aussicht, die sich von der Bergkuppe bietet.

Delos – Sagenumwobene Nachbarinsel

Nur wenige Kilometer vor Mykonos' Küste liegt Delos, heute ein unbewohntes Eiland aus Stein und Fels, früher das heilige Zentrum der Antike und nach griechischer Mythologie der Geburtsort des Lichtgotts Apollon. Deswegen auch als Insel Apollos bezeichnet, bietet Delos heute eine Aura der Ruhe und Zeitlosigkeit. Die fröhliche Bewohnerschaft früherer Zeiten hat sich vor Jahrhunderten verzogen und die göttliche Insel dem Verfall überlassen. Ruinen, Spuren des früheren Lebens und leere Tempelbauten bilden eine meditative Kulisse, die der griechische Staat zu bewahren versucht: Besucher der antiken Stätte müssen die Insel ausnahmslos bis 15 Uhr nachmittags verlassen haben und werden mit lauten Signalhörnern an die rechtzeitige Rückkehr in die Gegenwart erinnert. Die Trockenheit und karge

Fruchtlosigkeit der Landschaft von Delos wirken noch drastischer, weil die winzige Insel eben und flach ist und kontrastreicher Berge entbehrt. Schlechte Voraussetzungen, um eine bedeutende Position zu erreichen, möchte man meinen! Doch für das Erlangen von Weltruhm sind weder Palmenstrände, saftige Wiesen noch Feldblumen erforderlich. Schaffte erst das schändliche, neuartige Treiben auf Mykonos die Inselexistenz der globalen Ignoranz zu entheben, so basierte Delos Ruhm auf mythologischer Bedeutsamkeit und einer wohlwollenden Laune der Götter!

Die Entstehung der Götterinsel Delos

Die Geschichte von Delos beginnt – wie könnte es anders sein! – mit der Begegnung von Mann und Frau. Können heutzutage Liebe, Untreue und Eifersucht Staatsaffären heraufbeschwören, so hätten in der Antike die Liebeständeleien der Menschen nicht ausgereicht, um den Stein zu Delos' Bedeutsamkeit ins Rollen zu bringen. Der ehrenvolle Titel „die heilige Insel" verrät es: In Delos Geschichte prallen keine minderen Schicksale als jene von Gott und Göttin aufeinander! Welch wundersamen Stoff göttliche Verstrickungen zuweilen

ergeben, kennen wir bereits von Homers Schilderungen des Trojanischen Krieges. So wie Liebe, Eitelkeit und Hass diesen entfacht und verschärft haben, so sind sie auch verantwortlich für Delos' phantastische Geschichte!

Göttervater Zeus war allseits berüchtigt für seine unbändige Liebe zum weiblichen Geschlecht und dessen süße Früchte. Zwar war er verheiratet, doch Gattin und Schwester Hera glaubte sich der körperlichen Liebe meist erhaben und gereichte mit ihrem vernünftigen Wesen kaum Zeus lustvollem Drang. Mit einem ihm typischen Anfall der Fleischeslust beginnt denn auch Delos' buntschillernde Entstehungsgeschichte:

Unzufrieden über die prüde Ehefrau, zog Zeus wochenlang durch sein Reich, um ein neues Objekt der Begierde ausfindig zu machen. Die Suche entwickelte sich aber, sehr zu Zeus' Unmut und unserer Überraschung, zu einem schwierigen Unterfangen. Als modern denkende Menschen sind wir zwar geneigt zu glauben, dem mächtigen Göttervater lägen sämtliche Göttinnen ergebungsvoll zu Füßen, doch solch' Berechenheit scheint sich erst später in das weibliche Geschlecht geschlichen zu haben. Trotz seines Ruhms und Ehre wurde Zeus konsequent gemieden! Die selbstbewussten Göttinnen wussten um Zeus' Frauenverschleiß und selbst dem mächtigsten Mann des Olymps gelang es nicht, den eisernen Stolz der emanzipierten Götterfrauen zu brechen, geschweige denn jene auf Objekte simpler Eskapaden reduzieren zu können. Wohin er auch kam, entweder entschwanden die schönen Olympierinnen, wurden von plötzlicher Migräne heimgesucht oder sie entstellten ihr schönes Antlitz mit hässlichen, abstoßenden Fratzen. Erst bei der liebevollen, unerfahrenen Leto zeigte der Charme des Göttervaters Wirkung. Zeus' Schmeicheleien fielen auf fruchtbaren Boden und mit erröteten Wangen ließ sich Leto zu jenen schicksalhaften Liebesnächten überreden, die ihr Leben grundlegend verändern sollten. Aufgrund seines hohen Alters war Zeus' Fleischeslust bald gestillt und, ohne sich durch Letos Tränen hindern zu lassen, er kehrte gesättigt zur weisen Ehefrau Hera zurück: Auf dem Olymp herrschte wieder Frieden und selbst die Migräneattacken der Göttinnen waren wie weggeblasen!

Den Überlieferungen antiker Dichter können wir entnehmen, dass das friedvolle Zusammenleben der Götter nie lange anhält und die olympische Zufriedenheit stets die Ruhe vor dem Sturm war. So war der Frieden auch diesmal von kurzer Dauer … Die griechischen Götter wiesen genug menschliche Züge auf, um nicht auch der allermenschlichsten Unpässlichkeit ausgesetzt zu sein: Das Bäuchlein der ranken Leto begann sich merkwürdig zu wölben und bald bestand kein Zweifel mehr darüber, dass die junge Göttin schwanger war. Das Gerücht über die ungewollte Schwangerschaft zog im Lauffeuer durch die Götterwelt und gelangte auch zur Ehefrau des berühmten Übeltäters. Hera, sonst kluge und weise Göttermutter, tobte, zeterte und fluchte fürchterlich. Statt sich den ewig buhlenden Zeus vorzunehmen, richtete Hera, in der unverständlichen Manier der Frau, ihren ganzen Hass gegen die werdende Mutter. Furios stampfte sie durch die olympischen Gemächer, verbannte die sanftmütige Geburtsgöttin Eileithyia und verbot sämtlichen Göttinnen, der Schwangeren weder Gebärhilfe noch -ort zu gewähren. Obwohl ihr Bauch immer dicker und schwerer wurde, blieben ihr alle Türen verschlossen und sogar ihre Freundinnen überließen sie ihrem Elend.

Dem Zusammenbruch nahe, wandte sich Leto an den Mitverantwortlichen ihrer elenden Lage: Zeus! Der zukünftige Vater mochte sich noch vage an die gemeinsamen Nächte erinnern und war erstaunt über die missliche Lage der ehemaligen Geliebten. Obwohl für seine Launen und aufbrausendes Temperament gefürchtet, war Zeus nicht böswillig. Ob es die Furcht vor der rasenden Ehefrau oder nur Bequemlichkeit war, die ihn an seiner eigenen Mithilfe hinderten, sei dahingestellt. Immerhin versprach er Leto, eine Lösung zu finden und ihr Unterstützung zukommen zu lassen.

Als gebieterischer Göttervater gewann Zeus seinen Bruder Poseidon als Helfer. Schon manchmal musste der Meeresgott Zeus Frauengeschichten schlichten – und wie jedesmal konnte er sich eine brüderliche Zurechtweisung, doch schnell hatte Poseidon eine Lösung: Vor Jahren bat ihn die Göttin Asteria um ein Versteck, in dem sie vor Zeus Nachstellungen sicher war. Verständnisvoll verwandelte er damals die Hilfesuchende in einen öden braunen Steinblock, der seither verloren auf dem Meeresgrund lag und etwas unpassend Reich war. „Wenn ich nun aus diesem Stein ein kleines Eiland für Leto schaffe, wäre auch mir geholfen", überlegte sich der Meeresherrscher in der eigen-

nützigen Manier der Götter. Poseidon verließ sein Meeresschloss und hob die versteinerte Asteria aus dem Meer. Froh, die Angelegenheit so schnell erledigt zu haben, betrachtete er selbstgefällig das neu geschaffene Eiland. Dass die Insel klein und hässlich war, musste Poseidon zugeben, doch nun hatte Leto ein Plätzchen, um in Ruhe gebären zu können, und er konnte sich wieder über seinen makellosen Meeresgrund brüsten ... Aus dem unsichtbaren Meeresstein war eine „sichtbare Insel" geworden, die der Meeresgott entsprechend benannte: Delos (dt.: die Sichtbare).

Leto bemerkte die Dürre und Unfreundlichkeit ihrer Zufluchtsstätte sehr wohl. Doch die Unglückliche formulierte in Dankbarkeit jene Worte, die, wie wir heute wissen, die Zukunft der Insel vorwegnahmen: „So arm ist deine Erde, liebe Insel, dass niemand seinen Fuß auf dein Land setzen will. Weder Kühe noch Schafe können hier grasen, weder Baum noch Weinstock wird je auf dir gedeihen. Aber sollte ich hier einen gesunden Sohn gebären, dann werden die Opfergaben an ihn so zahlreich und großartig sein, dass dir, liebe Insel, alle Ehre und Ruhm gebühren wird".

Kaum hatte Leto diese Worte gesprochen, setzten die Wehen ein und sie gebar das erste ihrer Zwillingskinder, die kleine Artemis. Der zweite Zwilling wollte allerdings den Leib der Mutter nicht erleichtern. Letos Schmerzen nahmen von Tag zu Tag zu und ihre grausigen Wehklagen erreichten sogar den Olymp. Mitleidig betrachteten die Göttinnen die leidende Leto, der weder Wasser noch Schatten den Schmerz erleichterten. Das Schauspiel auf Delos zeriss fast ihre Herzen und so beschlossen die Göttinnen, Heras Verbot zu umgehen und der ehemaligen Freundin zu Hilfe zu eilen. Selbst unpraktisch veranlagt, sandten sie die Götterbotin Iris zur Hebamme Eileithyia. Und siehe da: Unter der geschickten Mithilfe der Götterhebamme ließ sich am zehnten Tag nach Artemis Geburt endlich auch der Zwillingsbruder zur Geburt überreden. Während sich Leto vor Schmerzen noch immer an die einzige Palme der Insel klammerte, hatte ihr neugeborener Sohn bereits die Bewunderung aller Freundinnen gewonnen. Sie nannten ihn Apollo.

Beim Anblick des strahlenden Götterknaben und den ehrwürdigen Geburtshelferinnen wurde es Asteria alias Insel Delos mulmig zumute. Mit solch vornehmem Besuch hatte sie kaum gerechnet, geschweige denn mit einem so herrlichen Göttersohn! Asteria schämte sich ihrer Kargheit so sehr, dass sie aus ihrem steinernen Körper den Berg Kynthos formte und den Fluss Inopos entspringen ließ. So erfreut war Delos-Asteria über ihr neues Erscheinungsbild, dass sie vor Stolz mädchenhaft errötete und damit ihre Erde wundersam golden erglühen ließ. Noch heute ist dieser Glanz während der Abenddämmerung auf dem Gestein bemerkbar.

Inzwischen trafen immer mehr Göttinnen und Götter auf Letos Zufluchtsstätte ein, bewunderten die frischgeborenen Zwillinge und die ganze Insel befand sich im Festtaumel. Einzig Zeus und Hera waren von den Festlichkeiten ausgeschlossen. Missmutig besahen sich die beiden das vergnügte Spektakel. Während Hera sich darüber ärgerte, hier mit dem untreuen Gatten sitzen zu müssen, während die Freundinnen das vorzügliche Götterknäbchen hätschelten, war Zeus erbost, auf die Wonnefeier verzichten zu müssen. Wochen und zahlreiche Ehestreitigkeiten später entschloss sich das Götterpaar dazu, Delos einen Besuch abzustatten. In ungewohnter Einigkeit musterten sie den neugeborenen Götterknaben – und Zeus erhob seinen zauberhaften Spross zum Gott der

Künste und des Lichts. Der Bann über Leto und ihren Kindern war gebrochen. Hera verzieh ihren ungehorsamen Freundinnen, Delos-Asteria ergötzte sich am neu gewonnenen Titel „Insel des Lichtes", Apollo erfreute mit seinen ersten Lauten und Zeus, ganz Partylöwe, war sowieso in seinem Element.

Selten sah man die Götterfamilie so zufrieden vereint wie in jenen ersten Tagen von Apollos Geburt. Die ehemalige „Verlegenheitsinsel" Delos wurde zum Zentrum der Götter und der Heiligkeit.

Delos heute – Was passiert, wenn die Götter verloren gehen

Heute zeugt leider nur noch wenig auf Delos von der ehemaligen Anwesenheit der Götter … (einzig jene mickrige Palme ist noch zu sehen, die Leto während der Geburt Schatten spendete). Die Erfahrung zeigt, dass Götter aller Kulturen auffallend wenig Spuren hinterließen! Wieso sollte ausgerechnet die fröhliche Göttergemeinschaft der Antike den enttäuschten Archäologen und Touristen der Zukunft gedacht haben? Deswegen sollte man nicht enttäuscht sein, weder Apollos Wiege noch Letos Schweißtuch vorzufinden. Ausreichenden Trost für den Mangel an göttlichen Indizien

bieten die zahlreichen Trümmer und Ruinen unserer menschlichen Vorgänger. Jene haben der Nachwelt ganze Stadtteile, Heiligtümer, Höfe und Atrien, geschmückt mit wunderschönen Malereien, Fresken und Mosaiken, zur Bewunderung überlassen. Mancherorts können noch beinahe vollständig erhaltene Tempelbauten oder intakte Standbilder entdeckt werden. Ein Charakteristikum von Delos ist, dass die antiken Funde kompakt beieinander liegen, und die Ausgrabungen es ermöglichen, wie in einem aufgeschlagenen Buch über Leben und Denken dieser längst vergangenen Hochkultur zu lesen.

Die Kunstschätze sind lebendiger Ausdruck einer starken, selbstbewussten, kunstsinnigen und festlich-frohen Kultur. Die Überreste sind die letzten Zeugnisse dieser untergegangenen Kultur und erzählen die Geschichte der Delier, deren erste Spuren bis in das 3. Jtsd. v.Chr. zurückdatiert werden. Als die Zeit kam, in der sich das Dasein der Götter auf den Olymp beschränkte und sich ihre weltliche Existenz auf den Götterkult der Menschen reduzierte, übernahmen gläubige Griechen gern die heiligen Gestade der Insel Delos. In Bewunderung für die Götterwelt schworen sie, der Insel alle Aufmerksamkeit zukommen zu lassen und den Göttern weder in Pomp noch Schönheit nachzustehen. Aus Respekt vor Apollo war es auf Delos unter Androhung härtester Strafen verboten, sowohl Kinder auf der Insel zu gebären als auch Tote in der geweihten Erde zu begraben. Der Nachbarinsel Rhenia bekam die undankbare Rolle, Insel der gebärenden Delierinnen und der sich im Todeskampf befindenden Menschen zu sein. Wieder einmal hatte der Menschen Glaube grausame und unerbittliche Konsequenzen: Ständig mussten sie ihre altersschwachen Großväter oder kranken Großtanten beobachten, um diese ja rechtzeitig auf die Todesinsel zu bringen und sie dort den Gesängen der Agonie und ihren Schmerzen zu überlassen. Trotzdem schmälerte dies die Attraktivität der heiligen Insel nicht. Zeitweise lebten bis zu 60.000 Menschen auf Delos und rühmten sich, auf der Insel aller Inseln zu wohnen! Sie zivilisierten die Heimat des Lichtgottes und sahen sich als Zentrum seiner Heiligkeit berechtigt, von den kleinen Nachbarinseln horrende Tribute einzufordern. Die Ruinen von Delos lassen noch heute den unglaublichen Reichtum und die frühere Schönheit erahnen, in der Tempel, Statuen etc.

die mythologische Götterwelt zu verewigen trachteten. Selbst kulturell eher Desinteressierte werden bewundernd auf die antiken Überbleibsel starren, sich klein und verloren fühlen angesichts dieser Zeugnisse einer vergangenen Hochkultur.

Die ersten Ausgrabungen auf Delos wurden 1873 von der Französischen Archäologischen Schule vorgenommen und dauern bis heute an. Delos wurde 1990 in die Gruppe des World's Cultural Heritage aufgenommen und steht seither unter dem strengen Schutz der UNESCO. Dennoch sollte ein Besuch von Delos mit einer „relativierten" Erwartungshaltung erfolgen. Schließlich ist viel Zeit mit gravierenden Zerstörungen vergangen und die antike Ruinenstätte von Delos diente in vorangegangenen Jahrhunderten als Steinbruch für bauwillige Kykladen-Bürger. Die Höhepunkte einer Besichtigung sind die Löwenterrasse (bei den heutigen Löwen handelt es sich um Kopien, die originalen Marmorskulpturen befinden sich im Museum von Delos), prächtige Mosaikböden (szenische Abbildungen sowie klassisch griechische Ornamente und Symbolik) und der Hügel Kýnthos mit einem spektakulären Panoramablick. Am besten kauft man sich an der Eingangskasse einen Führer über die Ausgrabungsstätte. Die schön bebilderten, kompetenten Bücher sind in mehreren Sprachen erhältlich.Unbedingt sollte man sich im Voraus auf die intensivste Sonneneinstrahlung und Sommerhitze einstellen. Schließlich befindet man sich im Zentrum des Lichts, die Sonne brennt unerbittlich und Schatten hatte schon Leto vergeblich gesucht. Trotz quälender Hitze sollte man sich aber nicht vor der Erklimmung des Kýnthos-Hügels drücken. Der Aufstieg auf Asterias Prunkstück ist schweißtreibend, aber oben erwartet einen ein frisches, wohl tuendes Lüftchen und die Aussicht auf Delos Nachbarinseln ist schlichtweg gewaltig. Gekühlte Getränke und Imbisse werden im Museumsshop verkauft.

Anreise – Reise ins „Zentrum des Lichts"

Vom südlichen Pier im Hafen von Mykonos-Stadt fahren Di.–So. von 9–13 Uhr je nach Saison drei bis fünf große Boote nach Delos. Zur Rückfahrt legen diese zwischen 12 und 15 Uhr in Delos ab. Tickets (hin und zurück) können in jedem Reise- und Hafenbüro erstanden werden und kosten € 15. Einzelfahrten werden nicht verkauft, denn der heilige Boden muss spätestens um drei Uhr nachmittags von Touristen gereinigt sein, was durch den Ticketverkauf der Schiffsgesellschaften unter Kontrolle gehalten werden kann. Die ca. 45-minütige Fahrt von Mykonos nach Delos ist faszinierend, wenn nicht gerade der Wind bläst und man arg über die Wellen schaukelt. Der Kontrast zwischen der lauten Insel Mykonos und der Annäherung an die in der Hitze der Sonne „meditierenden" Insel Delos könnte nicht größer sein – als befände man sich auf einer Zeitachse der griechischen Geschichte und Kultur von gestern und heute, und die Schifffahrt wird zur herrlichen Zeitreise. Noch charmanter ist die Anreise mit dem bunten Fischerboot Glaros, das täglich um 11 Uhr den Strand von Ornós verlässt.

Öffnungszeiten & Preise: Di.–So. 9–15 Uhr, € 6 inkl. Museum und Ausgrabungs- bzw. Lageplan (erhältlich solange Vorrat reicht), der eine Besichtigung um vieles vereinfacht. Alternativ kann man an einer geführten Tour, z.B. vom Mykonos Accomodation Center, inkl. Bootsfahrt und Eintritt, für ca. € 40 teilnehmen.

Kykladenkunst

Der Überfluss an mykoniotischen Pseudo-Kitsch-Künstlern der Gegenwart sollte nicht darüber hinwegtäuschen, das die Vergangenheit der Kykladenkunst einige sehr einflussreiche Künstler hervorbrachte, die die Kunstentwicklung in Europa stark beeinflussten. Die simplen, leicht surrealen Marmorplastiken der Kykladen gelten noch heute als absolute Perfektion der Steinbearbeitung. Die Marmorskulpturen bestechen durch ihre Einfachheit. Meist stellen sie lange, flache Frauenfiguren dar, die ganz dem aktuellen Trend der Verherrlichung von androgynen Frauenkörpern entsprechen.

Kykladenarchitektur

Strahlend weiße Kubushäuschen prägen Mykonos wie seine karge Landschaft. Der Architekt Le Corbusier, einer der berühmtesten Stadtplaner der Moderne, ließ sich von Mykonos' Kyladenarchitektur inspirieren und meinte in seinem Buch „ville radieuse": „Was die Architektur sagen kann, hat sie hier gesagt!" Dass manchmal „weniger mehr ist", belegt die Kykladenarchitektur: Mit einfachen geometrischen Grundformen wie Würfel, Zylinder, Halbkugel und Kegel hat sie phantasievolle, individuelle Bauwerke erschaffen. Die Bauten haben sich über Jahrtausende den geographischen und klimatischen

Bedingungen angepasst und dabei sämtliche Epochen überlebt, ohne von ihrem avantgardistischen Stil abzuweichen. Die abgerundeten, ineinander verfließenden Formen entsprechen heute sogar dem puristischen Geschmack postmoderner Architektur.

Bis vor wenigen Jahrzehnten bauten kykladische Familien ihre Heime selbst. Sie verwendeten für den Bau die natürlichen Ressourcen ihrer Insel (Granit, Kalkstein und Schiefer) und konzentrierten sich auf die funktionalen Aspekte ihrer Bauten. Die mindestens 60 cm dicken Hausmauern boten Schutz vor Wind und Hitze. Die unebenen Dächer ermöglichten den natürlichen Fluss des Regenwassers in die Zisterne neben dem Haus. Enge Gassen und direkt aneinander gebaute Häuschen mit den verwirrenden Treppenaufgängen brachen die Kraft der Meltémi-Winde. Der neutrale, weiße Kalkverputz hielt das lästige Ungeziefer fern.

Die Technik unserer Gegenwart machte das praktische Denken unserer Vorfahren überflüssig. Der einstige Kykladenbauer muss als Hotelier dem launischen Wegweiser der Ästhetik folgen. Obwohl die mühsame Bauarbeit nur zu gerne an Arbeiter und Maschinen delegiert wird, wird die Bauweise der Vorfahren noch fast identisch angewendet. Diese entspricht dem Schönheitsempfinden des 21. Jh. und der ursprüngliche Baustil duldet keine Alternativen. Die auf die Natur ausgerichtete Kykladenarchitektur hat durch den Tourismus ihre Ursprünglichkeit verloren. Die natürlichen Einflüsse sind nicht mehr Wind, Hitze oder Ungeziefer, sondern Urlauber, die auf ihre Portion Kykladenatmosphäre nicht verzichten wollen. Diese ergötzen sich an den pittoresken Hauswürfeln und schießen Fotos en masse, um den Charme der blumenumrankten Hausfassaden festzuhalten!

Doch der Frieden trügt! Die dekorativen Kykladenbauten sind auf der Ferieninsel Mykonos zum Initiator eines hitzigen Disputes geworden: Einerseits wollen immer mehr Touristen die Kykladenhäuschen bewundern, andererseits empfinden die Hoteliers die enge Bauweise als unpraktisch und wissen kaum mehr, wie alle in den kleinen Wurfelhäuschen unterzubringen sind. So wird jede Bautätigkeit unterstützt, die Hausplanung aber durch strikte Bauvorschriften der kreativen Eigenständigkeit beraubt! Die freidenkerischen Bewohner und Gäste von Mykonos werden seit 1972 für ihre Bauvorhaben eisern in Zaum gehalten: Geradlinige Mau-

ern dürfen die 12-m-Grenze nicht überschreiten, ein drittes Stockwerk wird nicht geduldet, Hauskanten müssen abgerundet sein und die Hausmauern und Innenwände so weiß, wie die Fensterläden und Balkone farbig zu sein haben! Mykonos' Baustil wirkt dank der strengen Bauregelung noch immer so charmant, als wäre die Zeit stehen geblieben und die Insel noch nicht zum Touristennest geworden! Immerhin kann man so die Postkartenszenerie eines romantischen Kykladendörfchens weiterhin genießen. Und wenn die Mykonioten einmal im Jahr ihre Häuser, Kirchen und Treppenkanten mit Kalk übertünchen, dann schmälert das Wissen um die Baugesetze so wenig den Reiz dieses Schauspiels wie die Hintergründe der abgerundeten Bauformen kaum von unserer Bewunderung ablenken.

Wer die Vorschriften befolgt, darf bauen. Und gebaut wird viel! So charmant die fertigen Kykladenhäuser wirken, so sehr irritieren ihre unvollendeten Kollegen. Mancherorts wird das Inselbild durch Baugruben und Baustellen gestört, deren Erscheinungsbild kaum von effizienter Arbeit zeugt. Viele Baustellen sind Reste eines ehrgeizigen Plans, der, verhindert durch plötzlichen Bankrott, nie mehr umgesetzt wird. Denn in Griechenland ist es schwierig, eine Hypothek zu erhalten. Die wenigen Privilegierten, die sich vor den horrenden Zinsen nicht abzuschrecken brauchen, müssen einen einwandfreien Leumund besitzen, um die Hypothekenaufnahme gewährt zu bekommen. Der Leumund ist eine zweischneidige Sache, deshalb ist es üblich, das Traumhaus aus Eigenmitteln zu finanzieren. Doch viele Griechen überheben sich finanziell und der Bau ihrer Ferienresidenz zieht sich über Jahre hinweg: Im Sommer wird gespart, im Winter, wenn die Saison zu Ende und die Arbeitskräfte billiger sind, wird gebaut. Manchmal wird nur das Grundsegment mit Eckpfeilern errichtet, weil das Geld nicht für mehr reicht! Zwei, drei Jahre Bau- und Sparpause sind häufig. Wenn ein Bau kurz vor Fertigstellung steht, eilt die Vollendung dem Bauherrn selten. Ein fertiges Ferienhaus schafft zwar Bewunderung und Frieden in Mykonos' Landschaftsbild, doch der Staat profitiert noch mehr davon. Der griechische Volkssport „Steuerhinterziehung" wird so exzessiv betrieben, dass selbst die Verminderung der Ferienresidenz-Ästhetik nicht davon abhält, dem Staat ein Schnippchen zu schlagen! Pro forma lassen viele Griechen Baugru-

ben im Garten stehen oder deuten mit Eckpfeilern auf dem Dach ein weiteres Stockwerk an, welches weder geplant noch je fertiggestellt wird. In der Bauphase sind Griechen steuerlich unantastbar, so bemüht man sich gern, den Anschein so lange als möglich zu wahren! Pech für den Staat und den verletzlichen Schönheitssinn der Touristen.

Traditionen – was davon übrigblieb

Die Mykonioten haben sich der Metamorphose vom Fischer zum Hotelier, vom Hirten zum Bartender unterworfen. Durch Anpassung konnten sie Armut und die Rückständigkeit der Insel überwinden. Das ärmliche Mykonos initiierte genau das, was die Welt von ihm erhoffte: die Kapitulation als eigenständiger Wirtschaftsraum und die Reduzierung zur touristisch perfekten Ferieninsel! Die neue Daseinsform fiel den stolzen Mykonioten anfangs nicht einfach. Doch mit jedem fremden Ankömmling schrumpften auf Mykonos Armut und Rückstand und mit der sommerlichen Okkupation gewann die Insel wieder materielle Freiheit und Selbstsicherheit!
Was allerdings von den mykoniotischen Traditionen bewahrt wurde, pflegen die Einheimischen mit

Taubenhäuser

Die turmähnlichen Bauten sind charakteristisch für viele ägäische Inseln. Während die Nachbarinsel Tinos Taubenhäusern übersät ist, findet man auf Mykonos nur noch wenige der schönen Prunkstücke. Die Taubenzucht wurde auf den Kykladen durch die Venezianer eingeführt. Dem Seefahrervolk galten Tauben als besondere Leibspeise und auch die Griechen waren schnell davon überzeugt. Der Bau eines Taubenhauses war reglementiert: Der Bauplatz musste gewährleisten, dass der Taubenturm von den Vögeln ungehindert angeflogen werden konnte und windgeschützt lag. Die Einfluglöcher waren auf der windstilleren Seite des Rundbaus anzubringen und die Taubenhäuser mit traditionellen Ornamenten wie Rhomboiden, Dreiecken, Sonnen oder Abbildungen von Zypressen zu versehen.

Ein Taubenhaus gehörte zur vollständigen Ausstattung einer griechischen Farm. Neben Stall, Heuschober und Lager steht beim Wohngebäude das Taubenhaus. Auf Mykonos stehen die meisten Taubenhäuser inzwischen leer oder sind zu Liebhaberobjekten exotischer Bauherren geworden, die aus den Bauten sophistisch angehauchte Lofts zaubern.

großer Hingabe und Stolz … Die zu plötzlicher Weltoffenheit verdammte Insel verpflichtet sich mit gleicher Sorgfalt und Ehrfurcht ihren Kapellen und Heimen! Trotz propagierter Extravaganz haben die Insulaner nichts an Eigenwillen und Bescheidenheit eingebüßt und die Mykonioten hüten eifrig ihre hiesigen Sitten.

Obwohl die Mykonioten gern über die Touristen spotten und den Gästen nicht immer hilfsbereit begegnen, wissen sie genau, wie viel die

Insel diesen zu verdanken hat. So leben Mykonioten und Touristen zwar nicht miteinander, doch zufrieden nebeneinander: Während der Mykoniote die gewinnbringenden Flausen der Touristen großzügig zu übersehen weiß, ist der Bauer auf dem Esel das begehrteste Fotoobjekt der Touristen. Mykonos ist eine Insel der Gegensätze und gehört noch lange nicht den Touristen! Die schwarz gekleidete Witwe, die hocherhobenen Hauptes durch die Gassen schreitet, scheint die fröhliche Transvestitengruppe neben ihr nur bedingt wahrzunehmen oder sich jedenfalls nicht an den grellbunten Kleidern und eindeutigen Gesten zu stören. Auf Mykonos gilt: Jedem das seine! Erklärungen und Rechtfertigungen braucht es nicht.

Dieses tolerante Nebeneinander vermeidet, dass Mykonos zum Vergnügungspark geschmackloser Touristen wird, und macht die Insel so einmalig! Szeneninsel hin oder her: Die Gegensätze sind zu verschieden, um ein einschlägiges Programm zu propagieren. So findet jeder alles! Statt verkrampftes Miteinander wird ein gelöstes Nebeneinander zelebriert. Und Mykonos scheint das Talent zu haben, sich jeden Besucher sofort gefügig zu machen. Seine kleine Fläche und Übersichtlichkeit überfordern weder den Orientierungssinn noch den Wunsch nach Vertrautheit. Das Angebot an Restaurants, Clubs und Bars ist großzügig, doch nicht so verwirrend, dass es ein besonderes Insiderwissen bedürfte, das vermeidet, stets an den falschen Orten zu landen! Die Gäste fühlen sich heimisch auf dem kleinen Mykonos und dank dieser Zugehörigkeit wird der improvisierenden Insel manch Makel gerne großzügig verziehen.

Unsere liebsten Ferienorte sind durch die Touristenströme zu Schmelztiegeln vieler Nationen und Eigenheiten geworden. Selbstverständnis und Ursprünglichkeit vieler Ferienziele sind nur noch auf wackeligem Grund gebaut und deren Bande zum eigenen Land durch die internationale Gästeschar gelockert. Mykonos ist da keine Ausnahme. Seine Schönheit wird von Reiseunternehmen aller Welt herumgereicht und das mykoniotische Gesicht erfolgreich vermarktet. Mykonos gehört im Sommer nicht mehr nur den Griechen. Dann verwandelt sich die Insel zum modernen Vielvölkerstaat, dessen griechische Nationalität kaum mehr wahrgenommen werden kann! Erst wenn es kälter wird und die Besucherströme von dannen ziehen, wird die internationale Lebensform von den traditionellen Eigenheiten abgelöst. Die mykoniotischen Einwohner haben einen Winter lang Zeit, sich vom Trubel zu erholen und dürfen ihre Insel ungestört genießen.

Auch wenn selbst die Griechen auf die Internationalität ihrer Jetset-Insel hinweisen, darf nicht vergessen werden, dass Mykonos einer Region angehört und mit typischen Charakterzügen der griechischen Nationalität behaftet ist. Und die

Liebe zur Ferieninsel darf nicht allein auf Sonnenschein, munterem Nachtleben und prächtigen Sandstränden beruhen.

Ökologische Probleme der Kykladen

Auch in der Ägäis ist das ökologische Gleichgewicht aus dem Gleichgewicht geraten. Immer weniger junge Mykonioten sind bereit, in der arbeitsintensiven Landwirtschaft ihr Einkommen zu verdienen. Durch den Rückgang der Zahl der Bauern liegen heute große landwirtschaftliche Gebiete brach, der Boden versteppt und die Weiden vertrocknen. Der lebensnotwendige Niederschlag vermag nicht mehr in den verhärmten Boden zu sinken und geht durch den Oberflächenabfluss verloren. Die Degeneration der Vegetation wegen der unkontrollierten Beweidung durch Ziegen und Schafe trägt zu einer katastrophalen Bodenerosion bei, die durch die Meltémi-Winde verstärkt wird, weil die wenig fruchtbare Erde durch die heftigen Windstöße weggetragen und im Meer oder ziellos auf der Insel verstreut wird. Gegen die Verkarstung der Insel müsste dringend etwas unternommen werden. Solange allerdings das Geschäft mit den Touristen blüht, wollen immer weniger Einwohner den Boden ihrer Insel bewirtschaften. Es ist einfacher, dem Reiz des schnellen, einfachen Geldes zu erliegen, als sich auf eine sichere Existenz berufen zu wollen!

Viele Kykladeninseln besitzen kein eigenes Grundwasser oder Quellen für den Eigengebrauch. Früher reichte das im Winter in Zisternen gesammelte Wasser aus, um eine Familie zu versorgen. Für die anspruchsvollen Sommergäste mussten andere Lösungen gefunden werden. Auf Mykonos wurde eine Meerwasser-Entsalzungsanlage gebaut und die Insel durch ein aufwendiges Rohrsystem mit dem wasserreichen Páros verbunden, das das Wasser direkt in Mykonos Reservoir pumpt. Dennoch sollte man gerade auf Mykonos Wasser sehr maßvoll verwenden! Regelmäßig bricht trotz aller Warnungen die Wasserversorgung zusammen – da können die Touristen schimpfen, so lange sie wollen …

Dynamitfischerei

Angelruten und Fischnetze sind zu romantischen Fischermannsklischees geworden, stattdessen wird immer mehr mit Dynamit hantiert. Der Fischfang mit Sprengstoff ist in der Ägäis zwar gesetzlich verboten, aber er wird stillschweigend geduldet und praktiziert. Durch die Explosion im Wasser zerbersten die Lungenblasen der Fische und die toten Tiere können mühelos an der Oberfläche eingeholt werden. Den Kampf zwischen Mensch und Natur hat die Technologie längst für sich entschieden! Die heutige Ägäis ist weitgehend leergefischt. Der Fischfang spielt auf Mykonos nur noch eine geringe Rolle. Meeresfrüchte und Fische der Speisekarten sind oft ebenso importiert wie 95 % der restlichen Nahrungsmittel.

Die mühsame Fischerarbeit ist wenig begehrenswert. Der Tag beginnt, wenn andere schlafen gehen, und statt die eigenen Launen auszuleben, ist man den unberechenbaren Launen und Tücken des Meeres ausgesetzt! Fischer wird nur noch, wer kein eigenes Land besitzt und sich nicht wie der Nachbar dem Tourismus verschreiben kann.

Griechenland spezial

Politik und Gesellschaft im modernen Griechenland

Ausländische Gäste werden auf Mykonos nicht nächtelang mit den Einheimischen im Kafenion sitzen, nervös mit den Steinen ihres Kombolois klappern und sich erhitzten Gemüts an politischen Diskussionen der Mykonioten beteiligen. Solche Urlauberfantasien lösen sich auf Mykonos als Wunschvorstellung schnell in Luft auf. Abgesehen davon, dass Mykonos den typischen Politlokalen des gemeinen Volkes, den Kafenions, vollends entbehrt, geben sich die Mykonioten den Touristen gegenüber verhalten. Sie sehen sich zwar gern als kleine Hobbypolitiker, doch die politische Meinung Fremder interessiert sie nicht. Seine haarscharfe Analyse des griechischen Systems soll der Urlauber für sich behalten, die Tradition des Kombolois den Mykonioten überlassen und sich dafür den Urlaubsfreuden widmen! Auf der Urlaubsinsel lässt man die Gäste einzig in der übermütigen Unterhaltungspolitik mitwirken, welche von Mykonos-Tourismus launisch gestaltet wird. Die Hippie-Revolutionen von Paradise und der Feldzug des homophilen Super Paradise haben aus Mykonos zumindest im Sommer ein politfreies Eiland geschaffen, wo man die Verstöße gegen Griechenlands Gesetze und Traditionen gern zu übersehen pflegt.

Die Geburtsstunde des Griechenlands der Neuzeit war der erfolgreiche Befreiungskampf der Griechen gegen die osmanische Herrschaft, aus dem Griechenland 1830 als Königreich hervorging. Zu den dunkleren Kapiteln gehört der Obristenputsch rechtsextremer Offiziere unter Georgios Papadopoulos von 1967, der in eine 8-jährige Militärregierung mündete. Erst 1975 wich die willkürliche Militärjunta einer parlamentarischen Republik. Staatsoberhaupt ist der vom Parlament für fünf Jahre gewählte Präsident. Beherrscht wird die Parteienlandschaft von zwei großen Politparteien: Der PASOK (Panhellenische Sozialistische Bewegung) und der konservativen ND (Nea Dimokratia). Drittgrößte Partei ist die KKE (Kommunistische Partei Griechenlands). Die Grünen spielen in Griechenland keine Rolle. Mag die knallgrüne Parteifarbe der PASOK auch auf ökologische Gesinnung schließen, so sieht sich die Partei vielmehr als Hoffnungsträger Griechenlands, und die Farbe der Hoffnung, Grün, soll dieses Eigenverständnis untermalen.

Seit dem Kriegsende 1974 wechseln sich die PASOK und die ND an der Macht ab. Der momentane griechische Ministerpräsident, Andrea Papandreou, wird wieder einmal von der PASOK gestellt. Griechenland bemüht sich eifrig um seine eigene Integration in Europa und das Weltgeschehen. Seit 1980

gehört Griechenland der NATO an, bereits ein Jahr später wurde es als 10. Mitglied in den Kreis der EU-Länder aufgenommen.

Schon bevor der Massentourismus vielen die Türen zur weiten Welt öffnete und die Zahl der deutschen Touristen in Griechenland jährlich stieg, pflegten Deutschland und Griechenland engen Kontakt zueinander. Deutsch übertrumpfte die internationale Sprache Englisch und wurde an den griechischen Schulen als erste Fremdsprache unterrichtet. Generationen junger Griechen strömten zum Studium nach Deutschland und glänzten dort durch hervorragende Leistungen. Nach dem 2. Weltkrieg folgten den Studiosi Tausende von griechischen Familien, die sich in Deutschland eine neue Existenz aufbauten, sich neuen Kontakten öffneten und dabei – im Gegensatz zu anderen Volksgruppen – sehr freundlich aufgenommen wurden. Andererseits schwärmten deutsche Lehrkräfte und Verehrer des antiken Geistes – Philhellenen – an die Küsten Griechenlands, um dort hautnah kennen zu lernen, was sie zu Hause in Lehrbüchern gelesen hatten. Von ihren Lehrreisen brachten sie eine noch fundiertere Liebe zu Griechenland und ein gereiftes Wissen über die antike Kultur nach

Hause. Deutschland gilt nicht von ungefähr als eine der wichtigsten europäischen Wirkungsstätten der hellenischen Kultur. Man gedenke z.B. des 1850 verstorbenen Gustav Schwab, der die berühmteste Sammlung griechischer Mythologien verfasste, oder des Archäologen Schliemann! Die beiden NATO- und EU-Mitglieder teilen sich zu diversen Balkanregionen historische Beziehungen. Eine Zusammenarbeit hinsichtlich Lösungsvorschlägen für diese heutigen Krisengebiete ist im Interesse beider Nationen.

Nach Kriegsende 1945 herrschte in Griechenland Aufbruchstimmung: Die Bevölkerungszahl sank in den Jahren der „griechischen Völkerwanderung" um fast die Hälfte. Vor allem die griechische Inselwelt schien der Gefahr der Auswanderungsepidemie zu erliegen. Die Bewohner ganzer Inseldörfer zogen von dannen, versuchten im Ausland neue Existenzen aufzubauen und das griechische Trübsal hinter sich zu lassen. Die ehemaligen Zentren der Schifffahrtindustrie und des Welthandels hatten jegliche Bedeutsamkeit längst verloren. Das Inseldasein des 20. Jh. bedeutete vor allem Abgeschiedenheit und wirtschaftliche Rückständigkeit. Ziel der griechischen Auswanderer

war nicht nur Deutschland, sondern vor allem der große Inselkontinent Australien reizte. In dem noch kaum bekannten Land bildeten sich griechische Siedlungen, die heute ganze Flächen der Vorstädte um Sydney beherrschen und (in)offiziell als „griechische Stadtteile" bezeichnet werden. Ob im gelehrten Deutschland oder im tropischen Ozeanien: Wo auch immer er ist, der Grieche bleibt Grieche. Ihr Patriotismus ist unauslöschlich und ihre Heimatliebe beinahe blind zu nennen. Ihre Situation im freiwillig gewünschten Exil bezeichnen die Auslandgriechen stolz „Diaphora", was „die Betonung des Unterschieds zweier Dinge" bezeichnet. Die Bedeutung dieses Schlagwortes ist so klar, wie sie die griechische Seele widerspiegelt: Griechische Herkunft lässt sich nie verleugnen und der Samen der hellenischen Weisheit, die einst die ganze Welt erhellte, wird stets fruchtbar bleiben! Trotz Gutwilligkeit der neuen Heimat gegenüber und erfolgreichem Integrationsprozess in die ausländischen Länder wird der typische Grieche nie davon aufhören zu sprechen, irgendwann nach Griechenland zurückzukehren. Die Selbstverständlichkeit der Rückkehr in die Heimat scheint den Auslandgriechen allerdings so friedlich und unbedacht zu stimmen, dass dieser Traum meistens unerfüllt bleibt: Irgendwann kommen Kinder zur Welt, das Geschäft beginnt sich zu rentieren, ein Haus wird gebaut und plötzlich vermögen die Enkelkinder das griechische Alphabet kaum noch vom Hebräischen zu unterscheiden! Die Rückkehr wird mit den Jahren immer unwahrscheinlicher, und so täuschen sie sich in der Gesellschaft ihrer perfekt organisierten, griechischen Gemeinschaften über diese Tatsache hinweg. Ihr Leben im Ausland ist ein zufriedenes, selbst wenn es die stete Vorbereitung einer Rückkehr beinhaltet, die nie erfolgen wird.

Laut internationalen Statistiken besitzt Griechenland die niedrigste Kriminalitätsrate der Europäischen Union. Die Zahl der kriminellen Gesetzesübertretungen beträgt noch nicht einmal die Hälfte des EU-Durchschnitts. Beeindruckend, denn diese Rate würde ohne die beiden Großstädte Athen und Thessaloniki noch um einiges niedriger ausfallen. Beruhigend zu wissen, dass in unserem Ferienland die Ehrlichkeit noch immer als Tugend gilt. Sich allerdings aufgrund solcher Statistiken in allzu großer Sicherheit zu wähnen, wäre falsch. Dass Griechenland im allgemeinen kaum als Neststätte

der Moral und Tugend bezeichnet wird, ist nicht nur auf die weit verbreitete Steuer-UN-Ehrlichkeit zurückzuführen – und Mykonos ist keine Insel der Heiligen! Auf der Kykladeninsel hört man allerdings tatsächlich kaum von Diebstählen, geschweige denn von noch gewichtigeren Kriminaldelikten. Illegale Tätigkeiten auf der Ferieninsel sind nachweislich meist auf Ausländer (Diebstahltouristen, abgebrannte Ferienreisende, illegale Einwanderer) zurückzuführen und die Funktion der mykoniotischen Polizei beschränkt sich eigentlich auf den kläglichen Versuch, den Verkehr zu kontrollieren. Breitbeinig und mit schmucken Uniformen bekleidet, stehen die Polizisten vor den beiden Haupteingängen des Städtchens und sorgen dafür, dass wenigstens sie den ahnungslosen Urlaubern eine gesunde Portion Angst und Schrecken einjagen … wenn auch nur mit ihrer Trillerpfeife!

Viele werden auf Mykonos das Gefühl haben, nur von Athenern umgeben zu sein, denn die Insel ist das ganze Jahr über von Athenern überflutet! Das internationale Mykonos scheint prädestiniert dazu, Ferien- und Wochenendziel der extravaganten, ausgehfreudigen Athener zu sein. Ihre Freude am

Duft der weiten Welt und die konstante Suche nach dem hedonistischen Leben veranlasst viele Athener, die nur einen Katzensprung entfernte Freudeninsel mehrmals im Jahr anzusteuern. Von den 12 Millionen Einwohnern Griechenlands sind gut 4 Millionen im Ballungsraum Athen beheimatet. Fast ein Drittel der Griechen bezeichnet sich also zurecht als „Athener" und als solcher ist ihm die Reise nach Mykonos ein Muss!

Auf der Weltkarte stellt das in Inseln zerklüftete Land der Griechen ein kaum wahrzunehmender Flecken dar. Das kleine, mittelmäßig organisierte Land besitzt kaum Kriterien, um im Weltgeschehen eine bedeutende Rolle einzunehmen. Es erstaunt daher umso mehr, dass Griechenland eine der größten Handelsflotten der Welt besitzt. Fast 16 % aller Transportschiffe auf den Meeren sind griechischer Herkunft. Sind es zwar selten die blauweiß gestreiften Flaggen Elladas, die über dem Schiffsdeck flattern, so sind die großen Schiffsreedereien vielfach griechischen Ursprungs. Wer kennt ihn nicht, den Griechen Onassis, einen der reichsten Männer seiner Zeit! Seine Berühmtheit hat sich der geschäftige Seemann lange vor seiner Heirat mit Jackie Kennedy-Onassis und der Affäre

mit Maria Callas eingeheimst. Obwohl längst tot und an Reichtum überholt, gilt er noch heute als Vorbild für die griechische Schiffreedergesellschaft: übermäßig reich, auffallend lebenslustig und sagenumwoben! Mit der Bedeutung der griechischen Seemacht hat sich Griechenlands Anspruch auf Weltbedeutung denn auch erledigt. Wirklich rosig sieht es mit der griechischen Wirtschaft nicht aus. Die Bilanzen sind defizitär und die Importgüter übersteigen die Exportgüter um vieles. Das Verhältnis zwischen den Kosten des Lebensunterhalts und dem Durchschnittseinkommen ist prekärer als in den meisten mitteleuropäischen Nachbarländern. Kein Wunder ist in Griechenland die Steuerhinterziehung zu einer Art Volkssport geworden, den alle Gesellschaftsschichten mit Leidenschaft oder gar Amüsement betreiben.

Blau und weiß sind die Farben der griechischen Flagge. Sie haben ihren Ursprung in der Zeit der Unabhängigkeitskriege gegen die türkische Oberherrschaft. Das weiße Kreuz der griechischen Flagge trägt den Namen des Schlachtrufes „Freedom or Death", Freiheit oder Tod. Tatsächlich sind die Griechen ein enorm patriotisches Volk und die angeborene Trägheit findet genau dann ein Ende, wenn der Heimatstolz verletzt wird.

Die griechische Finanzkrise

Die grundlegenden Probleme der griechischen Wirtschaft waren seit vielen Jahren allseits bekannt: eine fehlende Konsolidierung des Staatshaushalts, hohe Arbeitslosigkeit, die anstehende Privatisierung des öffentlichen Sektors und notwendige Umstrukturierung der überschuldeten staatlichen Rentenversicherung, eine ausufernde Korruption und Steuerhinterziehung …

Dennoch platzte die Nachricht wie eine Bombe, als Ende November 2009 der neue Ministerpräsident Andrea Papandreou ein drohendes Staatsdefizit von 12,7 % des Bruttoinlandsprodukts bekanntgab. Vor dem Hintergrund der globalen Immobilien- und Finanzkrise schreckten die internationalen Finanzmärkte und die anderen Euro-Staaten gehörig auf, zumal die griechische Wirtschaft im Ausland exorbitant hoch verschuldet ist. Die Lage erhielt eine zusätzliche Brisanz, weil die griechischen Defizit- und Schuldenstandszahlen jahrelang falsch waren bzw. aufgrund politischer Einflussnahme beschönigt wurden. Im Frühjahr und Sommer 2010 war der drohende Staatsbankrott offen-

sichtlich. Unter Einfluss der führenden Ratingagenturen Standard & Poor's, Moody's und Fitch, die die Bonität Griechenlands dramatisch herabstuften, schnellten die Zinsen für griechische Staatsanleihen in ungeahnte Höhen und die Destabilisierung des Euro spitzte sich zu. In hektischen Sondersitzungen einigten sich die europäischen Regierungschefs und Finanzministerien auf ein umfangreiches Rettungssystem mit Milliardenkrediten (insgesamt 500 Mrd. € plus 250 Mrd. € vom IWF), die an den internationalen Finanzmärkten aufgenommen und mit einem Risikoaufschlag an Griechenland weitergegeben wurden. Bedingung für das gewaltige Hilfsprogramm waren drastische Sparprogramme sowie ökonomische und administrative Umstrukturierungen, die die griechische Regierung unverzüglich einzuleiten hatte. Erste Maßnahmen waren die Erhöhung der Mehrwertsteuer auf 21 % und die Kürzung der Beamtengehälter, die sich bist dato nicht nur eines 13., sondern sogar eines 14. Jahresgehalts erfreuten. Der Kallikratis-Plan sah eine Kürzung der Verwaltungsausgaben von jährlich knapp 2 Mrd. Euro vor. Das Rentenalter sollte auf europäisches Niveau und übergangsweise die Mineralölsteuer sowie weitere Konsumsteuern angehoben werden. Ein weitere Maßnahme zielte natürlich! (wieder einmal) auf die Bekämpfung der Steuerhinterziehung.

Die Proteste in der Bevölkerung waren heftig. Neben medienwirksamen Demonstrationen kam es zu massiven Ausschreitungen und einem 24-stündigen Generalstreik. Mehr als zwei Drittel aller Griechen stehen den Sparmaßnahmen ablehnend gegenüber. Doch das allzu süße Leben scheint erste einmal vorbeizusein, denn selbst die rigorose Umsetzung des vom griechischen Parlament am 6. Mai 2010 verabschiedeten Sparpakets stellt lediglich eine akute Krisenstrategie dar und ist noch längst nicht die Lösung der ökonomischen und finanziellen Probleme Griechenlands.

Die griechische Religion

97 % der Griechen gehören der griechisch-orthodoxen Staatskirche an. Der hohe Prozentanteil beruht auch auf dem Austritts-Verbot aus der Gemeinschaft seitens der Kirche. Die griechisch-orthodoxe Kirche basiert auf dem christlichen Glauben. Sie bildete sich bei der Aufteilung des Römischen Reiches in einen östlichen und westlichen Teil als Ausläufer der katholischen Kirche und verbreitete den christli-

chen Glauben in der östlichen Welt auf autonomem Weg.

Kirche und Priester spielen im Alltag der Griechen eine große Rolle und genießen großen Respekt. Selbst im „ägäischen Sündenbabel" Mykonos mischt sich unter die halbnackten Verrückten plötzlich ein mit schwarzen Soutane umwickelter Papa (dt.: „Priester"), der mit langem Bart, hohem Zylinder und klirrenden Goldketten kein gegensätzlicheres Bild bieten könnte. Die griechischen Papas dürfen vor der Priesterweihe heiraten und die Ehe auch als Diener der Kirche weiterführen. Einem strengen Zölibat unterstehen nur Nonnen, Mönche und Bischöfe. Als Angestellte im Dienste der Staatsreligion müssen sich Kirchenmänner und -frauen mit einem kärglichen Beamtensold zufrieden geben. Deshalb sind viele Kirchendiener nebst ihren religiösen Verpflichtungen anderweitig, finanziell ergiebiger tätig. Sie unterhalten oft Bauernhöfe, unterrichten an der Universität oder spekulieren an der Börse.

Kirchenbesuchern werden die markant geschmückten, glänzenden Ikonen an den Wänden auffallen. Sie sind meist üppig verzierte, auf Holz gemalte Gottesbilder, die Christus, die heilige Jungfrau oder andere Heilige darstellen. Ikonenimitationen sind heute beliebte Souvenirs, die Originale heißbegehrte, wertvolle Sammlerstücke. Die schillernde Welt der griechischen Mythologie mag spannender sein als die Geschichte der griechischen Staatskirche. Die antiken Legenden handeln von griechischen Göttern und Göttinnen. Die Entwicklung der Mythologie wurde im 7. Jh. v. Chr. abgeschlossen. Allerdings begegnet man den Göttersagen noch heute auf Schritt und Tritt. Die phantastischen Sagen über die launenhaften Götter werden noch immer stolz zitiert, lockern die strengen Geschichtsstunden in der Schule und erweisen sich als praktische Erklärungsmuster. Die antike Götterwelt ist nicht nur Ursprung vieler Namensgebungen und Metaphern, sondern beschreibt mit ihren Zweideutigkeiten, ihrer Diesseitsbezogenheit und der frohen Lebensbotschaft die moderne Lebensweise. Mit ihren homophilen Inhalten und dem Aufruf zu bedingungsloser Leidenschaft ist die griechische Mythologie Lieblingslektüre und Sprachrohr homosexueller Kreise und emotionsbetonter Freigeister geworden.

Die Griechen der Antike schrieben alle unsichtbaren und geheimnisvollen Kräfte der Natur und des Lebens Göttern zu. Sie glaubten, dass Tag und Nacht, Wachsen und Reifen, Sonne und Regen, Wolken, Wind und Sturm wie die ewige Bewegung des Meeres von göttlichen Wesen hervorgebracht und gesteuert wurden. Die griechischen Götter basierten auf den Erscheinungen des Alltags und den Charakterzügen der Menschen. Man attestierte ihnen sämtliche übermenschlichen Eigenschaften zu, ohne ihnen aber die menschliche Gestalt abzusprechen. Sie waren voller Macht, Schönheit und Unsterblichkeit, bedurften aber wie die Menschen der Nahrung und des Schlafes und waren ebenso mit den Leidenschaften und Schwächen der Menschennatur behaftet.

Während der christliche Gott Schöpfer des gesamten Erden- und Himmelreichs war, waren die griechischen Götter, von der Erde (Gaia) hervorgebracht, der göttlichen Allmacht beraubt und standen dem Menschen näher. Die Griechen standen ihren Göttern sehr frei gegenüber. Die allzu menschlichen Züge der Olympier erweckten keine zu große Ehrfurcht. Wenn einem ein Gott nicht zusagte, suchte man bei einem anderen Trost und Zuflucht. Dankgebete waren selten und Bittstellungen an die zuständige „Obrigkeit" gerichtet, die, ihrer Laune oder Sympathie folgend, darauf einging oder nicht. Selbst das Götterreich, der Olymp, war wie ein irdisches, hierarchisches Staatsgebilde aufgebaut, das vom Göttervater Zeus patriarchalisch und willkürlich regiert wurde. Moralische Vorbilder waren die antiken Götter wahrlich nicht. Sie logen, betrogen, und waren stets auf den eigenen Vorteil bedacht.

Die griechische Mythologie enthält keine Offenbarungen oder spirituellen Lehren. Der Glaube zentrierte sich in einer betonten Freude am diesseitigen Leben. Versucht der wahre Christ im Tod die Erlösung zu erhoffen, so graute den antiken Griechen die Jenseitsvorstellung. Sogar die tapfersten aller griechischen Heldengestalten zeigten nichts von tapferem Märtyrertum, sondern klammerten sich ans Diesseits und beklagten wehmutsvoll die Kürze des irdischen Daseins.

Mykonos' Alltag der Gegenwart weist durchaus

„Göttliche Stargalerie" des Olymps

Zeus: Der exzentrische Göttervater, der mehr schlecht als recht seine Götterfamilie unter Kontrolle hält. Zeus ist der einzige der Götter, der um das Schicksal, die Moira, weiß, aber nichts dagegen zu tun vermag. Sein Temperament ist zügellos, stets bereit für ein außereheliches Abenteuer, ob mit Mann oder Frau!

Hera: Die vielfach betrogene Gemahlin und Schwester des Zeus. Ihre rasende Eifersucht ist überall gefürchtet. Trotz ehelicher Schwierigkeiten sind Hera und Zeus ein durchaus respektables Paar.

Aphrodite: Göttin der Schönheit und der Liebe. Ihr Liebreiz besänftigte sogar Ares, den zerstörerischen Gott des Krieges.

Apollo: Gott des Lichtes und der Musen. Er ist eines der vielen unehelichen Kinder von Zeus und hat durch seine Geburt auf Delos die Insel zur Kultstätte erhoben und zum Zentrum des Lichts gemacht.

Artemis: Die etwas vernachlässigte Zwillingsschwester von Apollo, die im Schatten ihres Bruders stand. Enttäuscht zog sie sich zurück und schenkte ihre Aufmerksamkeit den Tieren. Sie gilt als Beschützerin der Tiere und ironischerweise als Göttin der Jagd.

Dionysos: Ein besonders wichtiger Gott auf Mykonos. Er ist der Gott des Weines und der wilden Liebe. Der umstrittene Gott, meist im Gefolge von liebestollen und betrunkenen Untertanen, prägte den Ausdruck des Bacchanal, einer Art frühzeitliche Orgie, die so harmlos begann, wie sie in sexueller Verwirrnis endete.

Ähnlichkeiten mit der hedonistischen Götterfamilie der Antike Griechenlands auf, man denke nur an die Entführung des schönen Jünglings Ganymed, der aufgrund seiner Liebreize von Zeus in die Götterwelt erhoben wurde und ihm dort dienen musste, oder die Geschichte des selbstverliebten Narziss, der nicht aufhören konnte, sein Spiegelbild in der reflektierenden Wasseroberfläche zu betrachten. Mykonos gewährt seinen Besuchern dieselben Extravaganzen, die sich schon Zeus und Co. herausnahmen. Abwechslungsreich, verrückt und gnadenlos menschlich, so war's auf dem Olymp und so gestaltet sich auch Mykonos' Leben.

Die heutigen Griechen greifen gerne auf die mythologischen Sagen der Antike zurück mit einem erstaunlichen Talent in Sachen positiver Selbstinterpretation ihres Volkes. Die mythologischen Sagen wandeln sie nonchalant zu ihrem Vorteil um, legen sie als Beweis ihrer Auserwähltheit aus oder feiern sie gar als Begründer der modern denkenden Welt. Sie sind die Nachkommen der klugen Athene, besitzen die Schönheit der lieblichen Aphrodite, das Temperament des impulsiven Zeus! Wie man die Fehler der Götter nicht negativ deutete, lassen sich die Griechen ihre gesunde „Menschlichkeit" nicht anzweifeln und vertreten selbstbewusst, dass erst das Unvollendete zum Perfekten werden kann! Und so wenig man sich ernsthaft über Zeus' Zorn, Heras Eifersucht und Athenes Besserwissertum ärgern kann, so schwer fällt es, den charmanten, vorgaukelnden Griechen zu widerstehen.

Zeus, Hera, Artemis und Apollo! Götter begegnen einem auch auf Mykonos zuhauf. Göttinnen, die eifersüchtig über ihre Gatten wachen. Götter, die mogeln, streiten und lügen. Eine farbenfrohe Vergangenheit wie ein spannender Gesellschaftsroman, den man kaum mehr aus den Händen legen will!

Die griechische Sprache

Es fasziniert, Griechen bei ihren lebhaften Diskussionen zuzuhören. Fremdartig sind die Klänge, die ihren Mündern entspringen und an einen fröhlichen Singsang erinnern. Griechen verleihen jedem Satz mit einer energischen Gestik Nachdruck und kreierten dadurch einen ganz eigenen Sprachstil.

Seit 3500 Jahren überliefert, ist die altgriechische Sprache eine der ältesten des indogermanischen Sprachraumes. Jeder Illusionist, der sich mit Altgriechisch die Schulzeit erschwerte, wird enttäuscht feststellen müssen, dass ihm sein Sprachwissen in den Griechenlandferien nicht viel bringen wird. Die blumige Sprache Homers ist passé, und um das griechische Alphabet zu entschlüsseln, ist kein jahrelanges Studium von Nöten. Grammatik und Satzbau des Neugriechischen, der heutigen griechischen Sprache, sind zwar eine Weiterentwicklung des klassischen, attischen Griechisch, in dem einst Platon zu uns sprach, doch Jahrhunderte voller Veränderungen liegen dazwischen, die die heutige Sprache zu etwas Neuem werden ließen. Neugriechisch existiert in zwei „Varianten": Katharevusa, das Hochgriechische, das als Beamtensprache gilt. Ähnlich wie sich die saloppen Schweizer in ernsthaften Angelegenheiten des Hochdeutschen bedienen, überlassen die Griechen das Katharevusa der Bürokratie, Politik und Wissenschaft. Das Pendant zum viel belächelten Schwiizerdütsch ist das Dimothiki, die Alltagssprache des griechischen Volkes. Dimothiki zu sprechen gilt selbst in den aristokratischsten Kreisen als in, vor allem, wenn es schnell bis zur Unverständlichkeit gesprochen wird. Bücher und Gedichte in der volksnahen Umgangssprache zu schreiben, gilt als besonders kreativ wie griechischer Mundartrock in der Musiksparte.

Griechische Schimpfwörter oder die Fähigkeit, sich emotionsvoll auszudrücken

Griechen wären keine Südländer, wenn sie ihre Aussagen nicht mit lautmalerischen, deftigen Ausdrücken würzen würden. Sie bedienen sich ihrer Schimpfwörter allerorts so natürlich wie die jüngste Generation unserer Gefilde ihre „Easyness" und stete „Mega-Geilheit" zelebriert. Zum erklärten Lieblings- und bekanntesten Schimpfwort der Griechen zählt der Ausdruck „Malaka" (je nach Gebrauch und Deklination auch Malakas oder Malakia). Wortwörtlich weist das Wort auf die intime, lustvolle Eigenbeschäftigung erigierter Männer hin. Doch so wie unsere 15-Jährigen selten eine Erektion besitzen, wenn sie etwas als geil befinden, sprechen die Griechen öffentlich von was anderem als Masturbation, und der Ausdruck „Malaka" hat sich längst verselbstständigt.

„Malaka" wird sehr subjektiv verwendet und gewinnt erst mit der gewählten Betonung des Sprechers seine eigentliche Bedeutung: Malaka kann ebenso Spitzname des guten Kumpels und des Dorftrottels sein, wie es als Ausruf des Erstaunens oder Ausdruck der Freude verwendet wird. Als Ausländer sollte man solche Ausdrücke meiden: Gesellschaftlich akzeptierte Schimpfwörter unterliegen einer Gebrauchsnorm und es wäre schade, wenn die ungeschickte Expression der Freude böses Blut schafft!

Mykonos ist außer einem Teil Griechenlands durch den Tourismus ein internationales Geflecht, ein Flickenteppich verschiedenster Charaktere und Anschauungen. So bedient sich das kleine Eiland denn auch vorwiegend der internationalsten aller Sprachen, dem Englischen. Vom zahnlosen Bauer zum analphabetischen Hotelier bis zur italienischen Ulknudel oder dem blasierten Franzosen: Auf Mykonos wird Englisch gesprochen! Es erstaunt, dass die Griechen mit ihrem krankhaften Hang zum Patriotismus in locker und gekonnt die englische Sprache beherrschen. Mag der Akzent zuweilen etwas komisch anmuten, so sind ihre englischen Grammatikkenntnisse oft einwandfrei und das erlernte Vokabular ergiebiger als das der weltgewandten Touristen. Einzig bei der Namengebung von Restaurants, Bars und Hotels beweisen die Griechen Fantasielosigkeit im Ge-

brauch ihres englischen Wortschatzes. Auf das Hotel Sunshine folgt das Hotel Sunrise, dem die Sunset-Bar angehört, die ihrerseits mit der Moonlight- und Moonnight-Bar konkurriert. Und: Was haben sich die Mykonioten gedacht, als sie aus Kalamopódi Paradise und aus Plindrí Super Paradise machten?
Besonders stolz sind die Griechen auf ihre eigene, exklusive Schrift. Doch Stolz hin oder her: Der Einfachheit halber sind auf Mykonos sämtliche Straßenschilder und Aufschriften in der uns vertrauten lateinischen Schrift geschrieben.

Man muss nicht Philologe sein, um das griechische Jahrhundertwort ausfindig zu machen. Sinnlich geflüstert, ängstlich geschrien, unter Lachern hervorgepresst oder als zorniger Warnruf: Die Vielfalt des griechischen Lieblingswortes „Ella" übertrumpft die Variationsmöglichkeiten des französischen Voilà bei weitem. Je nach Gestik, Betonung und Situation variiert die Bedeutung von „Ella" vom befehlenden „Komm!" zum gespielt-strengen „Hör doch auf!", vom bedrohlichen „Nimm Dich in Acht!", dem nach Bestätigung heischenden „Nicht wahr?" bis hin zum „Mach es mir!" Als Ausländer fährt man mit einem „Ella" immer gut!

Essen in Griechenland

Die Küche von Mykonos hat sich der internationalen Badeferienkultur angepasst. Man findet alles, was der viel gereiste Magen begehrt: bioorganische Getreidespeisen, deftige Hausmannskost, libanesische Kebabstände, italienische Cantinas, auf Mexiko getrimmte Tavernas und asiatische Nudelküchen. Eine große Auswahl und vielseitiges Essen sind auf Mykonos gewährleistet. Mykonos wäre schließlich nicht Mykonos, wenn seine Restaurants nicht zu den besten des Landes gehörten und in Sachen Dekor und Ausstattung nur bedingt mit anderen internationalen Schauplätzen mithielten. Doch was wollen wir in Griechenland mit Tortilla und Frühlingsrollen, wo Sombreros und Chopsticks eigentlich nicht recht in die Umgebung passen wollen?

Denn man will hier vor allem eines: griechisch genießen, griechisch trinken und griechisch essen! Beim griechischen Essen scheiden sich allerdings die Geister. Die griechische Küche genießt nicht gerade den besten Ruf. So positiv die meisten Urlauber von Griechenland und seinem azurblauen Wasser schwärmen, so skeptisch wird die griechische Küche beurteilt. Sogar passionierte Griechenland-Gänger bekräftigen: „Griechenland ist paradiesisch, wenn nur die Küche eine andere wäre!" Teilweise mit Recht. Einmal in einer falschen Taverne, und die Esserfahrung kann einem tatsächlich den Appetit auf alle griechische Speisen verderben. Wie jeder touristische Ort wurde auch Mykonos-Stadt von billigen, unpersönlichen Tavernen heimgesucht, die nicht über jeden Zweifel erhaben sind. Die Invasion der Touristen, das Bedürfnis der Kunden nach speditivem Service und billigem Essen, die Anspruchslosigkeit gewisser Urlauber, dazu diejenigen, die auch im Urlaub ihre heimische Küche vorgesetzt bekommen wollen, sind mit verantwortlich für jene Touristenfallen.

Doch man kann hier den Urlaub mit der frischen, üppigen Küche Griechenlands genießen, die nämlich sehr wohl existiert. Man kann erfreut feststellen, dass Griechen genauso wenig nur von Féta, Moussaka und Oliven leben wie Franzosen von Camembert und Italiener von Lasagne. Mykonos kann durchaus mit lukullischen Überraschungen aufwarten und beste griechische Küche anbieten, gegen die es nichts einzuwenden gibt. Hammel- und Lammfleisch, Fisch und Geflügel sind Klassiker der griechischen Küche, die stark vom Orient beeinflusst und daher ziemlich schwer ist. Die Zubereitung mit bestem, kaltgepressten Olivenöl macht die Nationalküche Homers jedoch bekömmlich und gesund.

Es erstaunt, dass Fisch auf dieser meerumgebenen Insel so teuer ist. Doch Fisch ist auf allen Kykladeninseln eine Rarität geworden. Exzessive Dynamitfischerei hat die ergiebigen Fischgründe der Kykladen fast leergefegt und Fisch zum Luxusgericht werden lassen. Er wird auf Mykonos immer im Kilopreis berechnet, und Restaurantrechnungen können durch ein simples Fischgericht kräftig ansteigen. Am preiswertesten sind Fisch-Souvlákis, die griechischen Fischspießchen. Die auf dem Holzkohlengrill gebratenen Schwertfischspieße sind ein Insel-Renner, bereits ab € 8–10 erhältlich und so einfach zuzubereiten, dass auch der schlechteste Koch kaum danebengreifen kann! Weitere günstige Meeresspeisen sind Marídes (Heringe), Kalamares (frittiert besonders gut) oder die spottbilligen, salzigen Garnelen.

Es wäre allerdings schade und auch vergebens, beim Essen sparen zu wollen. Will man seinem Magen etwas Gutes tun, fällt die Rechnung auf Mykonos unumgänglich hoch aus. Auf der exklusivsten aller grie-

chischen Inseln muss Qualität teuer bezahlt werden. Die auffällige Diskrepanz zwischen den billigen Kebab- und Sandwichständen der Rucksacktouristen, den günstigen Familientavernen ohne Flair und den stilvollen, einladenden Restaurants der Insel wächst nicht nur im finanziellen Bereich. Eine Gemeinsamkeit allerdings haben alle griechischen Lokale: Für Gedeck, Weißbrot, Butter und Wasser wird jeweils ein Minimalbetrag von € 1–2 berechnet. Dieser Aufpreis ist unumgänglich, selbst wenn man weder Brot noch Wasser will und die nett gedachten Zusätze unberührt stehen lässt.

Heimisches Gemüse oder Früchte existieren auf Mykonos wegen der trockenen, unergiebigen Erde fast nicht. Auf den Nachbarinseln aber wächst und gedeiht dank dem angenehmen Klima alles prächtig und wird täglich nach Mykonos exportiert. Und die griechischen Tomaten und Zwiebeln schmecken köstlich. Den bei uns gängigen griechischen Salat muss man hier versuchen: Nirgends schmeckt dieses simple Gericht aus Gurken, Fétakäse, Tomaten und Olivenöl besser als auf einer griechischen Insel!

Die griechische Küche ist eine einfache Küche. Statt kompliziertem Pochieren, Tranchieren oder

Flambieren werden die Speisen im ursprünglichen Zustand gegrillt, gebraten oder fritiert. Aufwendige Saucen sind unbekannt. Die Würze ist oft die einzige Zubereitungsvariante der Speisen und an ihr wird nicht gespart. Die gängigsten Gewürze sind Oregano, Pfefferminze, Thymian und Rosmarin.

Die griechische Mahlzeit ist auch Feier, Vorwand und Initialzündung der Geselligkeit und glückt umso mehr, je gelungener der Anlass. Dass ein Candlelight Dinner zu zweit in Paris schön sein kann, attestieren auch die Griechen. Doch bei ihnen zu Hause soll der Tisch voll, die Stimmung laut, die Runde groß und am liebsten noch etwas größer sein. Feuchtfröhliche Dekadenz, sich von den vielen Speisen biegende Tische, lautes Gelächter, Musik und schwebende Lampions … Die Klischees werden auf Mykonos exzessiv ans Limit getrieben!

Griechen und wahre Urlaubsgenießer lassen sich beim Apéro Zeit und gehen frühestens um 21 Uhr essen. Die unumstrittene Hauptmahlzeit der Griechen zieht sich dementsprechend bis nach Mitternacht hin und kommt dann zu einem Ende, wenn das Nachtleben auf Mykonos so richtig los geht.

Appetitanregende Vorspeisen werden zum Auftakt einer Mahlzeit angeboten. Griechische Mezédes oder Mezes (Vorspeisehäppchen) sind üppig und schwer. Die griechische Küche hat ein so großes, vielseitiges Vorspeisenangebot, das Urlauber oft dazu verführt, sich auf die Mezedes zu beschränken und mit ihnen das Essen auch abzuschließen. Nichts für einen richtigen Griechen! Seine Mahlzeit setzt sich traditionell aus Vorspeise, Hauptspeise und meist noch einer Süßspeise zusammen. Einen Gang auszulassen, ist undenkbar und wird mit Proletentum und Stillosigkeit gleichgesetzt. Maßvolle Bescheidenheit und proportioniertes Denken sind dem Griechen ein Greuel. Mag der Hunger noch so klein sein, die Quantität der Bestellung schmälert sich dadurch kaum. Man wundert sich stets, in welcher Menge Griechen ihre Vorspeisen bestellen und noch mehr, wie viele Speisen unberührt wieder in die Küche wandern. Wer dazu erzogen wurde, das Essen zu würdigen und den Teller leer zu essen, wird kaum verstehen, dass griechische Schlemmer von den kleinen Vorspeiseplättchen genau das und soviel sie wollen herunterpicken. Der Rest muss einem guten Stück Fleisch oder Fisch vom Grill Platz machen. Andere Länder, andere Sitten: Wir sind in Griechenland, hier muss das Leben verschwenderisch sein, um richtig zu schmecken!

Beliebte Vorspeisen sind **Keftédes** (würzige Hackfleischbällchen), verschiedene Käse (Féta, Kopanistí), entweder kalt oder fritiert (saganaki cheese), gefüllte Auberginen, Shrimps, gegrillte Tintenfische … Je aufwendiger die Vorspeisen, desto simpler gestaltet sich der Hauptgang. Die Krönung jeder Mahlzeit besteht aus Fleisch oder Fisch direkt vom Grill. Reis ist oft einzige Beilage, der dazu meist verkocht, fade und kaum genießbar serviert wird.

Viele griechischen Gerichte werden lauwarm oder kalt serviert. Bei Reklamationen beteuern Küchenchefs gerne, dass der Geschmack des Essens kalt besser zu Geltung komme. Zweifelnde, die ihr Steak aber heiß brutzelnd bevorzugen, sollten nicht zögern, den am Nebentisch flirtenden Kellner auf seine eigentliche Aufgabe hinzuweisen.

Griechen zeigen gern, dass sie das Leben unkompliziert genießen. Das dekadente Bild der Tischrunde, die selten aus Hunger sondern aus purer Lust an der Geselligkeit zusammenfindet, wird durch den Zigarren rauchenden, in seinem Teller herumstochernden Patriarchen perfektioniert. Rauchen während des Essens wird großzügig geduldet, selbst konsequente Nichtraucher schauen wortlos über diese Unsitte hinweg. An erster Stelle stehen aber die finanzielle Lässigkeit und verschwenderische Großzügigkeit. „Über Geld spricht man nicht, ob man's hat oder nicht, ausgegeben wird es sowieso!" Sparsamkeit darf dem freien Geist keineswegs auferlegt werden und wird nicht geduldet. Dementsprechend sind die Diskussionen um die Rechnung laut und temperamentvoll. Jeder scheint unbedingt sein Geld loswerden zu wollen, und der Bezahlende ist der erklärte Sieger des Abends. Undenkbar der vernünftige Vorschlag, die Rechnung untereinander aufzuteilen. Dies nennen die Griechen abschätzig „deutsch bezahlen", auch als amüsierter Seitenhieb auf die Pfennigfuchserei und Reserviertheit der Mitteleuropäer, die lieber Rechnungen dividieren, als sich schleunigst ins Nachtleben zu stürzen!

Äußerlich unterscheiden sich die Restaurants auf Mykonos kaum. Das Stil-Denken der Athener Schickeria und die Ferienästhetik der Touristen haben die Lokale in Blickfänge verwandelt. Die ursprünglichen griechischen Esshallen, die in ihrer farblosen Kargheit an eine Bahnhofshalle erinnerten, sind den Kunstwerken internationaler Innenarchitekten gewichen. Windlichter und weinumrankte Lauben schaffen heimelige Tavernenromantik und das Zusammenspiel der kubischen Kykladenarchitektur mit dem avantgardistischen Design eine großstädtische Szenenatmosphäre. So wie es nicht nur Kleider sind, die den Menschen ausmachen, garantiert die Attraktivität eines Lokals noch lange keine gute Küche. Die besten Restaurants der Insel sind noch immer diejenigen, wo der Besitzer zugleich Koch ist und mit seiner Person für die Qualität des Essens und das Wohlergehen der Gäste bürgt, und die, die ihre Ursprünglichkeit bewahrt und die Tradition der griechischen Familientavernen mit Erfolg weiterführen. Statt Massenabfertigung für Touristen wollen sie ihren Gästen ein kurzweiliges Zuhause sein, wo gesellige Gemütlichkeit oberstes Gebot ist.

In diesen Häusern wird der Gast auch mal freundlich in die Küche gebeten, wo er sein Mahl aus den brodelnden Töpfen selbst zusammenstellen darf. Die Präsentation der Küche ist selbstverständlich Aufgabe des Kochs und des Hausherrn. Gewinnt man seine Sympathie, zeigt er gern die geheimen Schätze seiner Küche. Stolz lässt er den neu gewonnenen Freund probieren und kosten, öffnet die überfüllten Schränke und zeigt den frischen Fisch mit verschwörerischem Blinzeln, als wäre das Tier speziell für diesen einen Gast gefangen worden. Bei solcher Sonderbehandlung kann man sich eines exzellenten Mahls sicher sein. Dann sollte man nicht mit Lob sparen! Selbst das offensichtlich übertriebenste Kompliment stößt auf fruchtbaren Boden und wer zu sparsam rühmt, riskiert, sich beim nächsten Mal mit einem griechischen Salat zufrieden geben zu müssen!

Das Gastgewerbe auf Mykonos ist noch nicht so perfektioniert, dass die Form der Behandlung nicht Frage der Sympathie wäre. Mag einen der mimosenhafte Küchenchef aus unbestimmbaren Gründen von Beginn an nicht, so muss auch im besten Lokal von der Karte bestellt werden und man läuft Gefahr, nur Überreste vorgesetzt zu bekommen.
Wenn die Ferien zu Ende gehen, stürzen Touristen verzweifelt auf Souvenirs und kaufen alles, was

sie zu Hause irgendwie an den Ferienort und die unbeschwerten Tage erinnern könnte. Man sollte sich aber bei diesen Streifzügen auf bleibende Objekte beschränken! Féta, Retsina und Oliven benötigen mehr als ein durch Erinnerung gestütztes Wohlwollen, um im kalten Deutschland genauso gut zu schmecken! Kali orexi …

Griechische Küchenklassiker:

Baklavá: gerne als Nachspeise verschmaust. Pappsüßer, honigdurchtränkter Nuss- oder Mandelkuchen mit türkischen Wurzeln, der definitiv eine Kalorienbombe ist.

Souvláki: Spießchen mit Fleisch oder Fisch vom Grill, die überall angeboten werden und mit denen man (abgesehen von den manchmal fragwürdigen Beilagen) nicht viel falsch machen kann.

Dolmádes (Dolmadákia): Mit Hackfleisch oder Reis gefüllte Weinblätter. Manchmal werden sie in Essig eingelegt, wodurch sie einen etwas säuerlichen Beigeschmack erhalten. Ähnelt der Schweizer Bergspezialität Capuns.

Moussaká: Eine Art griechische Lasagne mit viel Käse, Hackfleisch, Auberginen und Tomaten. Sieht oft etwas unappetitlich aus, ist aber nahrhaft und geschmackvoll.

Pastitsio: Griechischer Nudelauflauf mit Hackfleisch und Tomaten, der gut und deftig schmeckt, wenn die Makkaroni nicht wie üblich zu einem Brei verkocht sind.

Frühstück

Das Frühstück führt in Griechenland ein stiefmütterliches Dasein. Griechen trinken morgens meist nur eine Tasse Kaffee – die Zelebrierung des Frühstückseis gilt als Spleen der Nordländer. Viele Hotels haben sich jedoch dem Gusto der Sommergäste anpassen müssen. Die Buffets der größeren Hotels sind daher üppig und vielseitig. Kleinere Familienbetriebe haben sich immerhin dazu durchgerungen, das Morgenmahl wenigstens um eine Scheibe Brot oder ein Brötchen, etwas Butter, ein kleines Schälchen Marmelade und vielleicht noch ein Stück Wurst und/oder Käse zu erweitern. Eine Teekultur gibt es in Griechenland nicht. Meist gibt es gerade mal eine Sorte billigen Schwarztee. Deswegen hält man sich besser an Kaffee, falls man Pulverkaffee mag. Unbedingt sollte man frischen Fruchtsaft verlangen. Fruchtsäfte sind oft vorhanden, müssen aber extra verlangt werden. Die beim Frühstück minimalistisch veranlagten Griechen offerieren freiwillig meist nur das Mindeste.

Wein

Retsina gehört zu Griechenland wie die weißen Häuschen und die struppigen Tragesel. Dennoch probieren wenige Touristen diesen so typischen Wein und Weinkenner verziehen gelegentlich säuerlich das Gesicht, wenn sich das Gespräch auf den Nationalwein der Griechen richtet. Tatsächlich ist Retsina eine besondere Art von Traubensaft. Von der EU offiziell zur griechischen Spezialität erklärt, erinnert er beim ersten Schluck an verdünntes Terpentin. Seinen spezifischen Geschmack verdankt der Retsina dem Zusatz von Harz der Aleppo-Kiefer. Vorwiegend aus weißen Trauben hergestellt, wurde der Retsina früher in Fässern gelagert, die mit Aleppo-Kiefernharz abgedichtet wurden. Dadurch nahm der Wein seinen unverwechselbaren Geschmack an. Das Lagern in jenen Holzfässern ist heute meist passé und das Harzaroma wird direkt in den Wein gegeben.

Außer der snobistischen Oberschicht, die es lieber mit französischem Wein hält, lieben die Griechen ihren Retsina. Nicht gerade für maßvollen Alkohlkonsum bekannt, schätzen Griechen ihren sehr billigen Nationalwein umso mehr, da er leicht bekömmlich ist und am nächsten Tag kaum bösartige Spuren hinterlässt. Selbst Freunde eines guten Tropfens können trotz Skepsis auf Mykonos zu richtigen Retsina-Fans werden. Wenn langsam die Sonne untergeht, die brennende Hitze des Tages sich in eine angenehme Wärme verwandelt und man sich bei Oliven und Fétakäse auf den Abend einstimmt, ist Retsina genau das richtige Getränk. Zuhause in der kalten Schweiz ist Retsina allerdings ein ungenießbarer Schauertropfen.

Griechenland hat natürlich mehr als nur Retsina zu bieten! Gerade Thrakien und Makedonien im Norden sind für ihre erlesenen Rotweine bekannt. Ausgezeichnet sind Naussa-Weine, deren einheimische Traube Xynomavro einen würzigen, vollfruchtigen und tiefroten Wein liefert. Die Namen Boutari (besonders leichte Weine), Château Pigassos und Tsantali wären ebenfalls gute Empfehlungen, wenn nur die Etikettenbeschriftung in einer für uns verständlicheren Schreibweise vorgenommen werden würde (Weinetiketten sind fast immer auf Griechisch beschriftet)!

Oúzo

Allseits bekannt ist der berühmtberüchtigte Oúzo und nicht minder umstritten als sein Kollege Retsina. Oúzo ist ein Anisschnaps, den die Griechen meist mit etwas Wasser verdünnt (er kriegt dann die richtige milchige Konsistenz) zum Aperitif trinken. Oúzo soll – wie Bier? – bei großer Hitze erfrischend und angenehm sein. An heißen Sommertagen sollte man sich aber für das eine oder andere entscheiden, der parallele Konsum von beiden bringt entsetzliche Kopfschmerzen mit sich.

Kaffee

„Griechische Nächte sind lang." Um sich am Morgen danach einer guten Laune zu erfreuen, hilft Kaffee. In Griechenland, dem Land der passionierten Kaffeetrinker, ist man da bestens aufgehoben. Auf Mykonos wird Kaffee in vielen Varianten genossen: Nescafé zum Frühstück, Espresso nach dem Mittagessen, Ice Coffee am Strand, Cappuccino zwischendurch und den Kafé ellinikó als Verdauerchen nach einem schweren Nachtessen. Bestellt wird er skétos (ohne Zucker), métrios (wenig Zucker) oder gliko (süß). Griechischer Kaffee ist, zumindest wenn man ihn in einem typischen Kaffeehaus bestellt, stark und ungefiltert. Den Kaffeesatz also schön setzen lassen, bevor man die Tasse leert! Der auf Mykonos servierte

Eiskaffee, Frappé, ist ein Mix aus 2 Espressos, etwas Eis, Wasser und Milch … ein erfrischendes, aufputschendes Getränk, das überall angeboten wird und unbedingt probiert werden sollte.

Bier

Bier gibt es auf Mykonos mittlerweile in allen Sorten. Meist sind es unter Lizenz gebraute, holländische Biere wie Amstel oder Heineken. Importwaren sind auf Mykonos jedoch auch oft anzutreffen und der Bierfreund wird auf der Partyinsel bestens versorgt sein. Das erfolgreichste griechische Bier trägt den sinnigen Namen „Mýthos".

„Griechischer Knigge"

„Ich fühle mich hier wie zu Hause." Ein Lieblingsausspruch der Touristen, begleitet von einem wohligentspannten Seufzer. Doch wieso soll man eine weite Reise auf sich nehmen, um sich in derselben Alltagsbefindlichkeit wiederzufinden wie zuvor! Urlauber wünschen damit wohl, sich nicht verloren zu fühlen und selbständig schalten und walten zu können. Es gibt Orte, die es einem leicht machen, sich zu Hause zu fühlen, während man an anderen immer der fremde Besucher bleibt. Mykonos ist zu unkonventionell und unorganisiert, um Touristen überhaupt je als Besucher empfangen zu können. Die Insel wird jeden Sommer zum Zuhause zigtausender Urlauber, die sich in ihrer Ferienheimat in einer selbstverständlichen Natürlichkeit bewegen, als lebten sie seit Jahren hier. Das kleine Mykonos macht es Gästen einfach, einen eigenen Rhythmus zu finden. Die Insel akzeptiert jedes Verhalten und offeriert jedem Urlaubstyp das Gefühl vom vertrauten Zuhause.

So erfreuen sich die sommerlichen „Bewohner" einer geschäftigen, vertrauensseeligen Wohligkeit. Doch mit der Vertrautheit beginnen auch die kleinen Nachlässigkeiten dem Gastland gegenüber – umso mehr, wenn es sich um eine kleine, anarchische Insel handelt, die sowieso alle Normen und Verhaltensmuster entbehrt. Der Urlaub wird erst dann gelingen, wenn man der Insel und ihren Bewohnern gegenüber Anstand und Respekt bewahrt. Dies ist mehr als nur Frage des guten Stils, den die hippe Szene von Mykonos geradezu verehrt! Um vor ungewollten Fehltritten gefeit zu sein, sollten charakteristische Wesenszüge, Sitten und Bräuche des griechischen Volkes bekannt sein.

Griechische Gastfreundlichkeit …

Griechen sind gastfreundliche Leute. Mit etwas Freundlichkeit und Charme wird man auf offene Türen stoßen und gehört bald zum Kreis der vertrauten Gesellschaft. So gastfreundlich sie sind, in der Gastrolle beweisen die Hellenen wenig Talent: Der typische Grieche liebt es, zu zeigen, erzählen, bewirten … die Situation in seinen Händen zu wissen! Griechen fühlen sich als Gast untergeben und unsicher. In seiner Unbelehrbarkeit ist der Grieche ein denkbar schlechter Zuhörer, was der höfliche Gast zumindest teilweise können sollte. Sich unübertrefflich fühlend, sieht sich der Grieche als der bessere Gastgeber. Wird man eingeladen, sollte man dies genießen … die heitere, unbeschwerte Laune ist dem griechischen Gastgeber mehr Dank als eine Gegeneinladung!

… und ihre Grenzen

Die Gastfreundschaft hat durch den Tourismus gewisse Wunden abgekriegt. Vor allem Mykonioten ziehen sich im Sommer gern zurück. Das rege Treiben der „Wahlmykonioten" wird mit neutraler Gleichgültigkeit ohne besondere Warmherzigkeit beobachtet. Allfällige Unfreundlichkeiten der Einwohner sollten nicht zu streng bewertet werden. Als bescheidene Fischer zu reichen Hotel- und Grundstückbesitzern mutiert, haben die einfach denkenden Mykonioten zu schnell an Macht gewonnen und Nutzen aus dem Tourismus ziehen können, um die Gäste manchmal richtig ernst nehmen zu können oder sie zu pflegen. Andererseits braucht es nicht viel, um sich den Griechen zum Freund zu gewinnen! Sensibles Taktgefühl, etwas Enthusiasmus, einige griechische Wörter und Sätze münden oft in eine Einladung zur fröhlichen Tischrunde.

Die Weitläufigkeit des Zeitbegriffs Griechen neigen zur Unpünktlichkeit! Zeit ist in Griechenland oft nichts Exakt Messbares, Definiertes, sondern vage, ein dehnbarer Begriff, der der Subjektivität des Einzelnen unterliegt. Organisatorische Richtlinien sind für die Griechen zwar ein Fixpunkt, aber ein unverbindlicher. Das Leben bietet doch so viel Aufregendes, als das man es verhindern könnte, abgelenkt zu werden! Verschoben ist nicht aufgehoben: Kommen tun die Griechen schließlich immer und mit charmantem Lächeln trösten sie über die Verspätung hinweg, die gar nicht erst zum Thema wird! Wundern wir uns über diese Non-chalance, wundern sich die Griechen höchstens, dass ihre Verabredung trotz des offensichtlichen Ärgers gewartet hat.

Touristen, die sich über langsamen Service, unpünktlichen Transport oder unspeditive Arbeitsweise beschweren, müssen von den Griechen gar nichts mehr wollen: Der Kaffee wird nach halbstündiger Verspätung dazu noch kalt serviert werden, die Taxifahrt wird durch brüskes Bremsen und waghalsige Umwege zum Alptraum und die Nachttischlampe wird während des ganzen Urlaubs nie mehr leuchten. Mit einem Lächeln erreicht man hier mehr als durch Reklamationen! Dass Charme immer wirkt, wissen auch die Griechen und so kann man ihnen auch kaum wirklich böse sein, wenn sie in beschwichtigender Pose ihr beruhigendes „siga, siga" (langsam, langsam) mit eleganter Handbewegung betonen. Im Ferienmekka Mykonos soll es keine Hektik geben: „Sofort" (griech. „amesos") bedeutet auf Mykonos „bald" – und zwar genau so bald, bis man Lust darauf hat. Man verabredet sich nicht „um zwölf Uhr mittags", sondern „gegen zwölf Uhr mittags" (griech. „kata"). Aus „avrio" („morgen") wird „irgendwann halt einmal"! Die Griechen sind Meister in der Auslegung ihrer Zeitadverbien – besonders wenn sie in angenehmer „parea" („Gesellschaft") in einer Taverne sitzen. Die Griechen sind überzeugt: Nichts kann so wichtig sein, dass man dafür auf eine schöne Zeit, eine hitzige Diskussion oder ein gutes Glas Retsina mit Freunden verzichten sollte …

Und sollte etwas tatsächlich wichtiger sein, wird sich die Wichtigkeit bis zum Folgetag kaum schmälern. Avrio – ein Wort, das Lustlosigkeit, Desinteresse und Faulheit so schön zu verbergen weiß.

Nichts ohne mein Handy

Als richtiger Grieche ist man stolzer Besitzer des allerneusten, modernsten Mobiltelefons, das man ständig bei sich trägt. Während wir Mitteleuropäer immer noch vorwurfsvolle Blicke ernten, wenn im Zug der Sommerhit des kleinen Nokias ertönt, machen Griechen immer und überall auffälligen Gebrauch ihrer Handys. Am Strand in einen Liegestuhl gepflanzt, lachen, streiten und diskutieren sie in ihr Telefon. Oft befindet sich der Gesprächspartner gar am Nachbarstrand, von welchem er per Handy über die aktuelle Strandatmosphäre berichtet. So telefoniert man sich durch, diskutiert allerlei Belangloses, einigt

sich mühsamst auf einen Treffpunkt und gegen fünf Uhr nachmittags hat's dann die Mobilkommunikation geschafft, sich doch noch an einem Ort zusammenzufinden – meistens genau in jener Strandtaverne, wo sie täglich sind!

Einladungen

Griechen können sehr spendabel mit ihren Einladungen umgehen. Ein zusätzlicher Gast bedeutet immerhin eine Stimme, einen Tänzer und einen Esser mehr am Tisch. Die Taverne ist groß und will gefüllt werden. Mit wem aufgestockt wird, ist zweitrangig! Einladungen in griechische Privathäuser sind dagegen eher selten. Vor allem auf Mykonos. Die Tavernen sind die Randzone, wo der Grieche alle duldet und willkommen heißt. Die Heime ihrer Kinder und Frauen hinter den weißen Kalkmauern öffnen sie selten.

Die griechischen Männer

Als Nachkommen von Adonis, der als Schönheitsideal gefeierten mythologischen Männergestalt, sind die griechischen Männer einer besonderen Aufmerksamkeit ausgesetzt. Hat sich die Großartigkeit von Adonis Samen auf die Nachkommen ausgewirkt? Griechische Männer sind im allgemeinen tatsächlich auffallend schön und gut gebaut. Nebst angenehmem Äußeren können sie mit weiteren Eigenschaften glänzen! Im Gegensatz zu den heißblütigen Italienern sind griechische Männer sehr zurückhaltend. Die laute, eindeutige Anmache liegt ihnen nicht und das halbe Dorf muss eine allfällige Vorliebe auch nicht gleich mitbekommen. Alleinreisende Frauen können gelassen durch die Gassen laufen, ohne den Eindruck zu erwecken, auf der Suche zu sein …

Griechische Männer scheinen hübsche Mädchen sogar zuweilen kaum wahrzunehmen. Das Gespräch mit dem Kumpel ist wichtiger als die schönen, gebräunten Beine der Passantin – ein Verhalten, das die moderne, selbstbewusste Frau irritierend und faszinierend zugleich findet! Der Mykoniote sucht selten einen One-night-Stand. Mag sein, dass Treue ein besonderes Charakterzeichen der Griechen ist oder dass die Nachkommen von Zeus zu träge sind, wirre Liebesgeschichten kurz nacheinander über sich ergehen zu lassen. Zweifellos wissen sie, dass Mykonos klein genug ist, davor gefeit zu sein, Begegnungen mit der alten Liebe zu verhindern! Und es mag peinlich sein, Hand in Hand mit der neuen Gefährtin ge-

sichtet zu werden, nachdem man wenige Stunden zuvor das Bett mit einer anderen geteilt hat. Frauen sollten nicht enttäuscht sein, wenn ihr griechischer Adonis nie auf die Idee eines Tête-à-Têtes mit Kerzenlicht kommt, sondern laute, fröhliche Abende mit seinen Freunden plant! Männerfreundschaft gilt den Griechen als heilig und darauf kann auch nicht verzichtet werden, wenn die Liebe knospt. Es gilt als höchstes der Gefühle, die neue Bekanntschaft den Freunden vorzustellen, und die Affäre gilt erst dann als gebucht, wenn die Kollegen ihre Zustimmung angedeutet haben!

Unschuldig sind griechische Männer aber keineswegs. „Pame ja kamaki!" ist die griechische Version des „Gehen wir auf Aufriss". Wörtlich versteht man unter einem „Kamaki" eine Art Besenstil mit Dreizackspitze, den man bei der Tintenfischjagd verwendet. „Zarte Dämchen" mit zappelnden Tintenfischen zu vergleichen, die mit einem Stoß erledigt werden können, ist kaum schmeichelhaft und dennoch Realität. Die übermütige Urlaubsstimmung und die prickelnde Atmosphäre von Mykonos verwandeln viele Frauen in ungeschickte Opfer, die sich allzu leicht in den grünen Ozeanen griechischer Augen verlieren. Wenn die Charterflieger abheben, sieht man in der Flughafenhalle die verweinten Augen junger Mädchen. Ungläubig starren sie auf die verhasste Fluggesellschaft, die sie gefühllos und nichtsahnend in die Heimat zurückbringen will. Ohne Kostas, Yiannis oder Dimitris, der ohne die Ablenkung der blonden Susanne bald die brünette Elena heiraten wird!

Die griechischen Frauen

Griechinnen sind stolze, temperamentvolle Frauen. Die Nachfolgerinnen Helenas scheinen genau zu wissen, was sie wollen und vor allem, wie sie es auf bequeme Art erreichen können. Die perfekt inszenierte Weiblichkeit ist die stärkste Waffe der Griechin. Auf ihre Fraulichkeit zählen denn die Griechinnen auch meist mehr als auf ihre staatlichen Rechte. Seit 1952 wahlberechtigt und seit 1975 vor dem Gesetze gleich, scheinen die griechischen Frauen herausgefunden zu haben, dass die rechtliche Gleichstellung oft mühsame Arbeit und Verantwortung mit sich bringt, die sie lieber den Männern überlassen. Außerdem spricht ihnen das Gesetz nichts zu, das nicht auch durch eine anmutige Kopfbewegung und eine zärtliche Geste bewirkt werden könnte.

Der Grieche und die Griechin

Griechen sind ein Herdenvolk. Je größer die Gesellschaft, in der man sich befindet, desto besser! Größere Ansammlungen neigen zur Gruppenbildung: männlich und weiblich. Dort entfalten sich die geschlechterspezifischen Verhaltens- und Kommunikationsmuster, man/frau genießt hier die Unkompliziertheit des Kompagnons, dort die Nähe der vertrauten Freundin.

Auch die jungen Griechen stürzen sich am liebsten „im Rudel" ins Nachtleben. Laut, ungetrübt und anzüglich wandern sie durch die Gassen, als gehöre ganz Mykonos ihnen. Hat bei den griechischen Jungs der Spaß ein abruptes Ende, wenn sich der deutsche Karl oder der italienische Massimo an die griechischen Mädels heranmachen, pflegen diese für ihre vergötterten, männlichen Landsmänner die schönsten Touristinnen nicht nur ausfindig zu machen, sondern auch anzusprechen! Die neue, ausländische „Kollegin" wird freundlich im Kreise aufgenommen, das übliche Konkurrenzdenken unter Frauen ist für einmal kein Thema. Wehe jedoch jener Frau, die den angebotenen Adonis nicht umgehend akzeptiert …

Weibliche Touristinnen

Sonne und Meer bringen die Sinne in Wallung. Welche Frau schwärmte mit 15 nicht noch lange vom netten Giulio aus Rimini, welcher Mann fantasierte als Teenager nicht von den schnippischen Französinnen der Côte d'Azur? Machen die Jahre klüger? Nicht nur Zeus hatte Mühe, in der vergnügten griechischen Götterwelt seiner Ehefrau zu gedenken, auch viele „alleinstehende" Touristen und Touristinnen suchen jeden Sommer die Flirtinsel Mykonos auf, um dort eindeutige Gelüste zu befriedigen! Großteils sind es für einmal die netten Frauen von nebenan, die auf Mykonos ihren Adonis suchen und meist auch finden! Typische „Geständnisse":

Gaby L. aus Dortmund: „Natürlich war ich nicht auf der Suche. Ich wollte mit meiner Freundin einen lustigen Urlaub machen, Mann, Kinder und Haus einmal sich selbst überlassen. Ich war über mich selbst überrascht, wie ich auf die stolzen, schönen Griechen reagierte! Schöne Männer gibt's überall und ich weiß noch heute, warum ich meinen Mann geheiratet habe. Trotzdem, die Griechen sind halt nicht einfach schön! Sie sind so lebendig, selbstzufrieden und scheinen die Frauen kaum bewusst wahrzunehmen …

Renate B. aus Bern: „Es sind die Augen. Nirgends findet man dunklere, treuherzigere Augen als in Griechenland. Sie sind nicht nur feurig wie die der Italiener, klug wie die der Deutschen oder romantisch wie die der Franzosen! Sie sind alles zusammen und man will gar nichts anderes, als diesen Blicken zu glauben …"

Sylvie D. aus Bordeaux: „Ich habe Giannis vor zwei Wochen kennengelernt und meinen Urlaub wegen ihm verlängert. Mein Freund zu Hause weiß noch nichts, aber ich werde es ihm beim nächsten Anruf erzählen … Giannis ist so, wie ein Mann sein muss: schön und stark, aber dennoch kein Bilderbuch-Mann! Ich darf Frau sein. Er hält und beschützt mich … und ich muss mich deswegen nicht schämen. Ein simpler Ferienflirt? Nein, er war's ja nicht, der mich angemacht hat. Ich habe ihn angesprochen, nachdem er mich auch nach fünf Tagen Strandnachbarschaft immer noch nicht bemerkt hatte!"

In der Abflughalle von Mykonos sieht man denn die Touristinnen mit schmerzverzerrten Gesichtern sitzen. Ein letztes Telefonat, schauen ob der Handyempfang noch stabil ist … Viele von ihnen kommen nie mehr zurück. Kostas, Giorgos und Iannis waren doch nicht so vertrauenswürdig! Nur bei einigen wenigen wird der Ferienflirt ein nicht nur irrealer Ferienwunsch nach Adonis.

Die Familie

Wie in anderen südlichen Ländern gilt die Familie in Griechenland als heilig und unantastbar! Die Scheidungsrate der Griechen ist um einiges niedriger als in der Schweiz oder Deutschland. Die griechische Familie basiert nicht nur auf dem Motiv der Altersversorgung oder wirtschaftlichen Unterstützung. Sie ist eine emotionale Stütze, auf die man sich blindlings verlassen kann! Die pubertären oder mid-life-crisis-bedingten Problemjahre scheinen die Griechen nicht aneinander auszulassen und wer alt ist, muss noch längst nicht out sein!

Wenn Griechen feiern, ist oft der ganze Familienclan zugegen. Familienfeste sind keine verpönten Anlässe, sondern unterhaltsame, fröhliche Zusammenkünfte, die weder der kleine Enkel noch der alternde Großonkel so schnell verlassen will.

Kleidungsvorschriften

Selbst auf Mykonos darf in Kirchen und Klöstern keine Haut gezeigt werden. Die braungebrannten Schultern und Knie sind in den geweihten Hallen zu bedecken. Ansonsten wird einem auf der Insel das bare Nichts kaum verübelt – sofern man nicht mit dem Badekleid durch die Straßen geht.

Lebenssinn

Griechen mögen rechthaberisch, egozentrisch, unzuverlässig und prahlerisch sein, ihr Sinn für Genuss und Lebensfreude ist aber mehr als nur ansteckend. Anders als andere Südländer lassen sie sich diesen weder durch das hitzige Temperament noch krankhaften Ehrgeiz schmälern, sondern geben sich in kindlicher Manier dem Dolce Vita hin. Mit dem Wissen um ihre Philosophen schreiten sie frohgemut durchs Leben und quälen sich nicht damit, dieses groß zu hinterfragen. Macht etwas Spaß, verlangsamt man den Schritt, während Langeweile das Schritttempo vorantreibt. Als ob es so einfach wäre!

Gewohnt, der Seele Abgründe, die Bestimmung des Egos und die Vergänglichkeit des Seins zu analysieren, tun viele dieses Laisser-faire als Oberflächlichkeit ab. Doch wie man Homers vergnügungssüchtige Göttergestalten in ihrer Menschlichkeit einfach mögen muss, kann man sich dem Charme der Griechen nicht vollends entziehen. Sartres Erkenntnis, dass der Mensch sich selbst macht, setzt uns mitunter doch ganz schön unter Druck. Nur zu gerne würden wir wenigstens zeitweise dem Schicksal die Lebensfäden übergeben …

Erbe der Antike – der Stolz der Griechen

Stolz, Nachkommen der Begründer der Philosophie zu sein, sehen sich die Griechen noch heute gern als weise agierendes, tiefgründiges Volk, das den Alltag auf einem strikten Ehrenkodex und Wertmaßstäben aufbaut. Eine demütige Anspielung auf die ruhmvollen Vorfahren der Antike bringen ausländischen Gästen viele Freunde und noch mehr Vorteile. Unwissenheit scheinen Sokrates und Aristoteles dem griechischen Volk ein für allemal genommen zu haben. Der typische Grieche scheint deshalb eine Antwort auf alles zu wissen, die von Ausländern besser nicht laut hinterfragt wird! Kritik, und sei sie diplomatisch angebracht, wird einfach ignoriert und einem noch jahrelang übel genommen.

Mit bewundernswerter Nonchalance pocht Griechenland auf sein antikes Kulturerbe und glaubt sich deswegen einer ewigen Sonderposition in Europa berechtigt. Während alle Welt die alten Griechen kaum in direkte Verbindung zum heutigen Griechenland setzt, sehen sich viele Griechen als die direkten Nachkommen, Erben und somit als eigentliche Besitzer sämtlichen antiken Kulturgutes. Die Darstellung der objektiven Realität der Gegenwart und der tatsächlichen Lage der Dinge ist verpönt.

Katzenfreu(n)de

Die Gassen von Mykonos-Stadt sind katzenfreundlich. Keine gefährlichen Autoräder und zig Touristen, die gerne was von ihrer Mahlzeit abgeben! Die Klugheit der Katze wurde schon von antiken Kulturen bestaunt: Die Tiere wissen genau um die Essenszeiten ihrer Urlauberfreunde und so sieht man die schlanken Katzen mit den auffallend großen Ohren vor allem nachts um die Gartenkneipe streifen. Von Restaurantbesitzern verhasst, den ausländischen Gästen geliebt, geht es Katzen auf Mykonos im Sommer gut. Im Winter und in der Nebensaison haben die Vierbeiner allerdings nicht viel zu wollen. Mykonioten sehen sie als bloße Nutztiere und behandeln sie als solche. Katzen sollen Speisereste und Küchenabfälle entsorgen, Mäuse jagen und es ja nicht wagen, das Haus zu betreten. Die Früchte ihrer Liebe überleben selten, und wenn, erwartet sie eine ähnliche

Zukunft wie jene der altersschwachen Mutter.

Viele Urlauber zeigen Mitleid gegenüber den charmanten Vierbeinern. Das barsche Verhalten der Mykonioten zu ihren Katzen weckt bei vielen Unverständnis und Ärger. Oft fungieren Touristen als Retter in der Not: Die kleine Tigerkatze des Hotels wird ins Flugzeug geschmuggelt, damit sie zu Hause aufgepäppelt und an Gummibaum und Whiskas gewöhnt werden kann.

Tieradoptionen werden von der lokalen Tierschutzorganisation „Friends of the animals of Mykonos" unterstützt. Sie kümmern sich um herrenlose, ausgesetzte und misshandelte Tiere, führen Sterilisationen durch und wollen ein Tierheim für langwierige Behandlungen errichten: Tel. 22890-29042, www.mykonosanimals.com

Anomie

Dieser griechische Ausdruck bezeichnet den Zustand fehlender oder geringer sozialer Normen. Gesetze sind trotz aller gegenteiliger Bekundungen nie für alle gleich gültig. Dem besonders Klugen und Schlauen bietet sich immer eine Lücke, durch die hindurchgekrochen werden kann. Die Griechen sind darin Meister, ihre Paragraphen auszudehnen oder völlig zu umgehen: In Griechenland passen sich die Gesetze den Menschen an und nicht umgekehrt. Je nach Name, Ruf oder Aussehen ändert sich eine Situation um 180 Grad … Vetternwirtschaft.

Rousfeti (dt.: „Gunsterweisung") ist der gesunde Selbstschutz und die berechnende menschliche Neigung, stets nach dem größten Vorteil und angenehmsten Weg zu suchen.

Nomen est omen

Nicht nur dank Globalisierung können Touristen den Luxus von zuhause mittlerweile auf Sri Lanka ebenso wie in Schweden oder auf den Antillen genießen. Der moderne Tourist ist kein Wiederholungstäter. Für Standardpreise reist er diesen Sommer nach Mykonos, für denselben Preis vergnügt er sich nächstes Jahr am Strand von Pattaya. Deswegen scheint es vielen Hoteliers und Restaurantbesitzern überflüssig, diesen unsteten Gast zu verwöhnen oder umsorgen! Der Urlauber des 21. Jh. kommt und geht. Jede Extramühe ist vergebens und zahlt sich nicht aus. Mit mehr als 50.000 Chartergästen pro Sommer hat Mykonos gelernt, seine Gastfreundschaft spärlich einzusetzen. Mykonos-Touristen müssen sich Aufmerksamkeit und besondere Pflege schon verdienen. Wer sich weder durch jährliche Besuche noch durch Interesse und Entgegenkommen verdient macht, wird in der grauen Masse der Urlauber nur mittelmäßigen bis schlechten Service erfahren.

Auf Mykonos, wo sich in den letzten Jahren das Stammklientel stets vergrößerte, ist dies besonders markant: Die Kluft zwischen der Behandlung von Touristen und dem des Stammpublikums wird immer größer und unangenehmer! Bekannte Gesichter essen besser, werden schneller bedient, charmant beraten und oft gar eingeladen. Nomen est omen!

Die Griechen messen Status und Bekanntheit einer Person eine wichtige Bedeutung zu. Diese harmlose Art des Klientelismus zieht sich durch bis in die Politik. Ist man den richtigen Leuten bekannt, kriegt auch der etwas faule Bruder einen guten Job, der unzuverlässige Schwiegersohn plötzlich seinen Bankkredit und die Ehefrau trotz 10-jähriger Kinderpause ihre Managerstelle. Namedropping wird auf Mykonos groß geschrieben. Wer den richtigen Namen nennt, hat schon halb reüssiert. Amüsiert wird man feststellen, wie beiläufig der bekannte Freund X und die reiche Verwandte Y ins Gespräch einfließen. In Mykonos sind nicht nur Ruhm, Geld und Macht türöffnend, sondern auch die Bande zur Ausgehszene der Insel: Es wundert daher nicht, dass der Besitzer des Sale 'n' Pepe einer der besten Freunde aller Mykonos-Gänger ist, der Türsteher des Madclub schon fast ein Bruder und der Kellner im Pierros ein besonderer Vertrauter!

Der Grieche und Europa

Während wir uns mit dem Sprichwort „Morgenstund hat Gold im Mund" für den neuen Tag rüsten, setzt der Grieche mit dem Gemeinplatz „die alten Griechen haben schon alles gesagt" ganz andere Positionen fest. Dieser Satz setzt jedem Fortschrittswillen die Grenze des Überflüssigseins und Zuspätkommens. Offensichtlich ist besonders der Spott gegen jene Nationen, die heute um die kulturelle Spitzenposition Europas rangeln, obwohl die Mächteverteilung bereits vor Jahrtausenden festgelegt wurde.

Wie der Weise, der sich auf seiner Erfahrung und Klugheit zur Ruhe setzt, um die Selbstfindung der unwissenden Folgegenerationen zu beobachten, scheint sich Griechenland auf seiner Vergangenheit ausruhen zu wollen. Der griechische Ursprung des Wortes EUROPA ist Trost genug über die aktuelle Abseitsstellung und eine größere Ehrerbietung als die Zugehörigkeit im Kreis der gegenwärtigen Spitzenmächte Europas.

Mit seinem barbarischen Kulturerbe ist der Westeuropäer den Begründern des Humanismus natürlich weitaus unterlegen. So werden Westeuropäer oft mit dem Ausdruck „Koutofrangos" betitelt, was wenig schmeichelhaft etwa der „dumme Westeuropäer" bedeutet. Der feststehende Begriff hat sich je länger, je mehr auch im Tourismusgewerbe ausgebreitet. Obwohl die verhöhnten Westeuropäer beste Einkommensquelle sind, ist gute Behandlung oder Respekt nicht immer gewährleistet. Die Großzügigkeit hängt vom eigenen Bedürfnis ab: So ist der Tourist mittlerweile ersetzbar, den langweiligen Realismus des EU-Haushalts hingegen überlässt man gerne den tüchtigen Koutofrangos!

Zeus beschützende Allmacht

Waren die mythologischen Sagen ursprünglich Erklärungsmuster für Unerklärliches der Natur und des Lebens, bieten heute die Mythologie und deren Verfasser bestes Potenzial, das eigene Leben und Dasein zu mythologisieren. Was

früher gehegt und gepflegt wurde, wird jetzt nur noch als dünkelhafte Erklärung für die Auserwähltheit des eigenen Volkes gebraucht: Besonders öde Umstände können mit schillernden Sagen aufgemöbelt, fragwürdige Traditionen gerechtfertigt werden.

In einem ist eine direkte Nachkommenschaft zu den weisen Griechen der Antike unverkennbar: Das Erzähltalent der Griechen scheint in Bedeutsamkeit und Blumigkeit tatsächlich direkt von Homer abzustammen, der dem gebirgigen Land mit seinen Sagen und Epen wundersame Bedeutung und göttliche Bestimmung verlieh!

Volkstänze und Musik – Griechenland besingt sich!

Dass die älteren Generationen treu ihren Patriotismus pflegen, wissen, akzeptieren und erwarten wir sogar. Dass der Großteil unserer Jugend dem Heimatland rebellisch, desinteressiert oder ignorant begegnet, belächeln, bewundern oder kritisieren wir. Deswegen erstaunt es, wenn selbst die wildesten, frechsten und gelangweiltesten jungen Griechen eine treue Ergebenheit zu ihrem Land zeigen, deren Unerschütterlichkeit in nichts dem Patriotismus ihrer Mütter, Großmütter und Urgroßmütter nachsteht. In Griechenland werden alte Traditionen auf stolze, freudige Weise gepflegt. Nationalfeiertage, lokale Besonderheiten und regionale Bräuche gehören in die Agenda von Jung und Alt. Die Griechen sind sich einig: Ihr Land war, ist und wird „in" bleiben. Bestes Beispiel für die alterslose Bewunderung der altgriechischen Kultur ist die lebendige Tradition der Volkstänze. Der griechische Volkstanz ist weder zum amüsanten Museumsobjekt geworden noch dient er als exotische Darbietung bei Großanlässen. In Griechenland lebt der Volkstanz bei Jung und Alt, bei Arm und Reich wie bei den Städtern und den Landeiern.

Wenn die Jugend Mitteleuropas irritiert das Gesicht verzieht, wenn sich die Gelegenheit zur vergnügten Polka oder klassischem Walzer bietet, sind es in Griechenland vor allem die Jungen, die jubeln, wenn zum Sirtaki gebeten wird. Die Lehre der Volkstänze ist seit eh und je fester Bestandteil des griechischen Schulunterrichtes. Generation um Generation werden sie weitervermittelt einschließlich der nötigen Sensibilität und Ehre gegenüber alten Traditionen. So wie Griechen die volle Tafelrunde dem Nacht-essen zu zweit vorziehen, gibt der griechische Tanz selten die Gelegenheit, die Liebste um die Taille zu fassen. Die Gemeinsamkeit mit der Partnerin ist auf die eigenen vier Wände beschränkt, während man sich in Gesellschaft auf die Gruppe konzentriert. Griechische Volkstänze sind vorwiegend Gruppentänze, die kaum zu partnerschaftlicher Romantik inspirieren. Bei den meisten Tanzformen haben Frauen sowieso nichts zu suchen: Der Tanz gehört in Griechenland den Männern! In verschwörerischer Kumpanei fassen sich die Männer an den Schultern und im Halbkreis gibt man sich den schwermütigen, verzögerten Bewegungen hin, während sich die Frauen ihren eigenen Interessen widmen oder ihren Gatten gutmütig zuklatschen. Die griechischen Tänzer erinnern in ihren langsamen Bewegungen an Marionetten, die von einem unsichtbaren Puppenspieler sanft bewegt werden und dadurch die Abhängigkeit zum Schicksal darstellen sollen. Die Tanzschritte sind simpel. Die Spannung des griechischen Tanzes liegt in der Variation der Geschwindigkeit der Bewegung und dem abrupten Richtungswechsel. Die bekannteste griechische Tanzform ist wohl der Syrtos – ein Reigentanz, der in einem offenen Kreis getanzt wird.

Das typisch griechische Orchester ist die Zygia. Zu einer vollständigen Zygia gehören eine Klarinette, eine Violine, eine Laute und ein Santouri. Letzteres wurde durch den Film „Zorbas the Greek" weltbekannt – jener Film, für den auch der Tanz „Sirtaki" erfunden wurde. Der Sirtaki ist ein Gemisch aus mehreren überlieferten Tänzen und gilt heute irrtümlicherweise als der urgriechische Tanz schlechthin. Die Filmchoreografen haben gute Arbeit geleistet: Das Bild des wilden Anthony Quinn alias Zorbas, der sich mit seiner ganzen Lebenslust und Energie den sich steigernden Musikrhythmen hingibt, wurde nicht nur zum Klischeebild des griechischen Tanzes, sondern verkörperte das Ideal der griechischen Mentalität und Lebensfreude.

Viele Hotels veranstalten „Griechische Abende" mit Tanzeinlagen. Der griechische Charakter ist allerdings bei solcher Organisiertheit seiner Freiheit beraubt und die geliebten Tänze werden nur halbherzig dargestellt. Um vieles lebendiger geht es zu, wenn Griechen für kurze Zeit spontan den Techno-Nachtclub übernehmen und aus einer Laune heraus ihre Volkstänze zum Besten geben! Tanz und Musik gehen unbestritten Hand in Hand

und auf Mykonos ist Musik allgegenwärtig: Bereits das Frühstücksomelett wird musikalisch untermalt, am Strand wird die träge Stimmung durch fröhliche Sommerhits aufgepeppt, das schnurrende Autoradio muss das freche Hupen der anderen übertönen, rührende Melodien setzen den Sonnenuntergang in Szene und in den Nachtclubs wird durch freche Rhythmen die unkontrollierte Fröhlichkeit der Betrunkenen angeheizt! Viva la musica! Auf der Insel der Trendsetter ertönt nicht nur Musik internationaler Popgruppen. Griechische Musik wird überall gespielt und verteidigt ihre Vorrangposition selbst auf der Touristeninsel erstaunlich temperamentvoll. Mag sein, dass für „Uneingeweihte" die griechischen Lieder kaum voneinander zu unterscheiden sind, oder sie unterliegen einem gewissen Standard, von dem nicht abgewichen werden darf?

Jedenfalls haben die Griechen eine unverkennbare Schwäche für tiefe, melancholisch anmutende Stimmen, die entweder die verlorene Liebe besingen oder die Bürden des Lebens thematisieren. Die begleitenden Musikinstrumente sind dabei ebenso einprägsam, wie es der quäkende Singsang der indischen Flöte ist.

Kleiner Sprachführer

Deutsch – Griechisch

ja	ne [nä]
nein	óchi
hallo!	jassoú! jassás!
guten Tag/Morgen	kali méra!
guten Nachmittag/Abend	kali spéra!
gute Nacht	kali níchta!
auf Wiedersehen	adío!
bitte	parakaló
danke	efcharistó
Ich bin hungrig	pinao
Ich bin durstig	dhipsao
Ich bin müde	ime kurasmenos
Ich möchte essen	thelo na fao
Willkommen!	Kalós ilthate
Es macht nichts	dhen pirazi
Es tut mir leid	lipame
Okay/richtig!	entaksi
Das ist schön	ine poli oreo
sehr gut!	polí kalós
Was kostet das?	Póso kaní?
Darf ich das haben?	Boro na echo?
Wie geht es Ihnen?	Ti kánete?
Es freut mich, Sie kennen zu lernen!	Chero polí!
Ich habe mich verirrt	Chathika
nicht!	mi!
gut	kalós!

schlecht	kakós!
groß	megálos
klein	mikrós
rechts	deksjá
links	aristerá
Hilfe!	Voithia!
hier!	Edho!
dort!	Ekí!
Ich verstehe kein Griechisch	Dhen milao elinika!
Sprechen Sie Englisch?	Milate anglika?
Ich bin Deutscher!	Ime germanos!
Herr (Anredeform)	Kirie
Frau (Anredeform)	Kiria
Mein Name ist …	To onoma mu ine …
Wie spät ist es?	Ti ora ine?
Ich möchte ein Taxi!	Thelo ena taksi!
Restaurant	to estiatorio
Taverne	i taverna
Frühstück	to proyevma
Mittagessen	to yevma
Abendessen	to dhipno
Fisch	ta psaria
Im Ofen gebacken	sto furno
gekocht	to vrasto
gedünstet	me saltsa
gedämpft	to psito
gegrillt	to tiyanito
kalt	krio
am Spieß	tis suvlas

Register